弦歌不辍

董倩 —— 著

新华出版社

图书在版编目（CIP）数据

弦歌不辍 / 董倩著. — 北京：新华出版社，2024.8.
— ISBN 978-7-5166-7505-2

Ⅰ. K820.7

中国国家版本馆CIP数据核字第202485EC33号

弦歌不辍

著者：董　倩

出版发行：新华出版社有限责任公司

（北京石景山区京原路 8 号　邮编：100040）

印刷：河北盛世彩捷印刷有限公司

成品尺寸：170mm×240mm　1/16　　印张：18.5　字数：285 千字

版次：2024 年 8 月第 1 版　　　　　印次：2024 年 8 月第 1 次印刷

书号：ISBN 978-7-5166-7505-2　　　定价：59.00 元

 微店

 视频号小店

 抖店

 京东旗舰店

 扫码添加专属客服

 微信公众号

 喜马拉雅

 小红书

 淘宝旗舰店

不管你是正年轻，还是已经老去，每个人的人生中都会经历极难的时刻：高考发挥失常、大学毕业找不到工作、做生意把本都赔光、在各种竞争中输得一败涂地、生病、离婚、父母撒手离去……遭遇这些，一切在刹那间变得沉重起来，空气浓稠得像泥沼，人陷进去动弹不得，只剩下脑子在拼命地转，却怎么也转不出一条出路。好像不相信一样，一遍一遍问自己，为什么是我呢？怎么会落到我头上呢？

可是，怎么就不会呢？

人是贪心的，有了，就想更长久地有，有更多。追求了却得不到，或者拥有了再失去，难过就来了，甚至会感到绝望，因为在人们心里，得到才是常态，失去则是偶发。科技的发达和生活的便利让我们比以前更容易获得物质，这种轻松和平常自然会影响到人的心态，就很难面对重大的失去，很难过这道关卡。如果这个时候能从绝望里跳出来，或许就有了一个新视角，思考问题的角度也不会那么单一。

跳出自己，就会看到其他人的活法是怎样的。他们是不是跟自己一样？

他们遇到的都是什么困难？他们怎么去渡过这些难关？你会发现，原来自己熟视无睹的日常，在有的人那里是难以企及的；自己抱怨不已的平淡，在别人那里视若珍宝；甚至自己觉得天生就该具备的健全的身体，在不少人那里都是永远无法拥有的……当意识到这些，你心里会不会一震？

我们身处的社会评价体系就是一座喜马拉雅山，人被分配在不同的位置和高度。有身居高位、看上去无所不能的强者，也有起点极低、身处坐标轴负值的小人物。起点很低的那群人，放在公共认知体系里，或许被认为天生就输了，因为他们终其一生所取得的成就，离别人的起跑线也还有相当长的距离。但是，对应着整个社会的奋斗阶梯，每一个人心里都有一座珠穆朗玛峰，尤其是起点很低的人，明知结果，却仍然付出十倍百倍努力在攀登。

我做了30年新闻记者，采访过分布在不同海拔的人物。有刘洋、翟志刚这样的航天员，通过自己几十年不间断的努力和无数人的托举，站在中国空间站的机械臂上看浩瀚星空；有任正非这样的企业家，凭借非凡的远见和实干，让企业赢得了全世界的尊重；有于敏这样的科学家，用聪明的大脑和赤子的热忱，与同事一起研制出了原子弹、氢弹，让国家直起了脊梁骨；也有马龙、苏翊鸣这样的运动员，超越了自己和体育项目的种种极限成为冠军……他们在各自领域开拓着"边疆"，是一群"我要飞得更高"的人，让人羡慕，让人敬佩。

与此同时，我也不断地与另一群人对话。

他们是有视力障碍的马奕菲，从小就生活在漆黑的世界，却能演奏钢琴和小提琴，被星海音乐学院作曲专业录取；是失聪的江梦南，听不到，却能与别人无障碍地用语言交流，从吉大、清华一路读到博士；是被人叫"废人"的无臂青年陈兹方，生活在贫困的大山里，用两只脚让自己和乡亲们发家致富；是身体有重度缺陷的刘大铭，不仅在英国读完本科，还在北京创业成功，运营着一个团队；是嫁到毛乌素沙漠里一心寻死的殷玉珍，硬是在沙漠里种出一片森林；是被人说心比天高的农妇白茹云，在《中国诗词大会》的舞台上吸引了无数人的目光；是丢了儿子的朱晓娟，不离不弃地寻找……他们有的身体残缺，有的生活在社会最底层，有的被命运扔到了犄角旮旯。

为什么他们不认命？为什么他们这么不屈不挠？他们哪儿来的用不完的动力？如果换作我，我会作何反应？会像他们一样吗？

航天员、企业家、世界冠军们比普通人付出的努力多很多，他们要登顶海拔很高的山峰，氧气稀薄，举步维艰，成功了，就是一览众山小，赢得众人的膜拜。他们很辛苦，但他们经受的不是苦难，是主动去探索去磨炼，他们的努力会得到社会的加倍回报，财富、名誉、地位接踵而至。他们是人类的骄子，他们的努力标志着人类能达到的高度。

残障人士和他们的父母不是在登顶，而是溺水的人在拼命自救，挣扎出水面之后再用尽全力上岸，带着各种缺陷努力融入正常人的社会。他们一生要付出的努力和坚韧，远比企业家、航天员和体育冠军们多得多。海水苦涩，但海水能晒出海盐，这盐就是百味之首。他们的攀登，不是自愿的，是被生活逼出来的。因为他们知道，任由绝望蔓延根本没有出路，唯一的出路只有向上。他们的攀登，或许永远也达不到成功者的高度，但是却彰显着生而为人的高贵。

在苦海里挣扎穿行的每一日，都是在绝望里寻找希望，他们会珍惜每一点辛苦取得的成果。处在那种极端糟糕的命运里，拼命努力反而是一种解脱。

我们要看到这个世界上还有这样一群人，他们的初始条件差，但是他们仍然可以努力改变。

这本书里，收录了14位近十几年我采访过的小人物。从他们的人生中，你能看到成功和失败、幸运和倒霉、健全和缺陷。我把他们的故事记录下来，并且希望更多人能够看到，借此向他们表达温情和敬意。而对于每一位阅读者，我想引用荣格曾经说过的一句话：每件促使我们注意到他人的事，都能使我们更好地理解自己。

CONTENTS

自立

利人

ZILI LIREN

· 刘大铭

我看过刘大铭写的书《命运之上》，他坦然幽默地讲述自己从小到大跟病、跟畸形身体、跟一次接一次大手术打交道的全过程。文字不是青少年直白的励志，也不是史铁生人到中年的沉重，更像是久居内陆初到海边吹过来的一阵海风。不熟悉，但那味道会紧紧抓住你，让你想更深地呼吸，去感受出到底哪里不一样。看完我想，大铭有一点是"幸运"的，他从有记忆开始，就没过过一天普通人的好日子，所以他不用去与没病时的状态进行比较，不会有落差。可另一方面，他也是不幸的，因为一天正常日子都没有过，从那么小就要开始面对自己身体与周围人的差异。

这是我本来的想法。

直到见到他，跟他对话后，我觉得我想多了。他的幸与不幸，根本不是我们普通人能定性的。多数肢体健全人的生活宽度和厚度与他根本不在一个维度。

初见大铭，我在飞速分辨轮椅上坐的刘大铭到底是小男孩还是小伙子：他的身体是五六岁男孩的，四肢细弱，鞋子也是巴掌大；可他的五官是成年人的，而且有着稳重、沉静、内敛的成年人性格。童年的身体和成年的脸庞，虽然身体比例匹配，但很有视觉冲击力。我使劲控制着自己别乱看，趁着谈话间隙，很快扫了一眼：淡蓝色牛津布衬衣，深蓝色裤子，童码衣服也十分显大，能想象到里面被疾病牢牢捆绑折磨的身体。

我想，大铭一定是观察到我对他偷偷地打量。其实我在不知所措，我怎么样才能让他觉得我们之间没有不一样，或者我不在乎他的不一样呢？接下去的谈话，反而是他让我一点点放下不安变得坦然的过程。我从小心翼翼躬身发问，到渐渐能够直起腰来真正若无其事地放松与他交谈。

　　刘大铭身体与别人的巨大不同，是横在他与外界之间的巨大障碍，归根结底只能靠他自己移走。大铭的心一定要从这与人相异的躯体里挣脱出来，才能把他从桎梏中彻底解放。这是一个与外部世界彼此认识和接纳的过程。这是一个狭义的物质世界：他会置身于好奇、惊讶、同情和可怜的眼光里，他必须适应、接受这些很不舒服的种种事情，融于这个早已形成的社会规则。这也是一个广义的精神世界：有那么多卓越的灵魂引领人类的发展，这都与躯体无关。大铭内心经历过艰难的跋涉：小时候以为自己跟别人一样，长大了认识到自己跟别人不一样，想方设法跟别人一样却根本做不到。这之后经过很长时间，终于在心里承认下自己的不一样，而只有长途跋涉历经艰难，才会化羽成蝶，真正冲破残缺的肢体，成为自由有力的灵魂。

　　这个过程，是大铭用苦难换来的。当别的小孩早上穿好衣服去上学，大铭要套上手术服被推到ICU手术室；别的小孩等待的是考试成绩好坏，大铭等待的是医生宣布他身体状况；别的小孩放完了暑假会升年级，大铭不知什么时候就

再也去不了学校。复杂的手术、漫长的恢复、巨大的钢钉、难熬的疼痛，对一个孩子来说，实在是太过沉重了。

都是来这个世界一遭，别人的养分是甜和舒畅，大铭的养分是苦和疼痛。他就像石砾冰隙里的雪莲，一般植物根本无法存活的恶劣生长环境，雪莲花却在零下几十摄氏度严寒和空气稀薄的缺氧环境中傲霜斗雪、顽强生长。基本上是等价交换的，雪莲的稀有也造就了它独特的价值。

事在人为。刘大铭把内心的巨石搬开之后，在更广阔的世界里看到了自己的价值。大铭挣回来自己的生命，和比生命更重要的做事机会。大铭的时间是他用苦难换回来的，如果仅仅花在自己一个人身上，得不偿失，必须去满足更多人的需求，才抵得上受过的那些罪。他去国外读大学，在圆自己梦想的同时，更为同样有身体障碍的人群开出一条路；他带人一起创业，去帮助那些有各种心理困惑的人解决问题。他用了生命的所有，先去做一个不靠别人活着的自立的人，再倾尽所能给别人提供帮助。大铭的人生意义归结为四个字：自立，利他。

这个小身体里装着命运的惊涛骇浪。在每一场生死搏斗里，在每一次命运的逼迫下，是生存还是死亡，是苟且还是搏斗，大铭把人生分分秒秒地切段掂量，反反复复地思考生存的意义和价值。就是在这不得不进行的深刻思考里，他渐渐形成自己清晰准确、简练到位的逻辑。

当从无数次几乎要了他命的狂风暴雨中幸存下来，大铭已经不再在乎扭曲的肢体，形骸只是盛着他自由灵魂的载体而已。大铭已经是那只从乌云里飞出来的轻盈海燕。

刘大铭最打动我的，是在访谈几近结束时他无意间说出的一句话："在现实生活中，我更希望每个人都能过上朴实的、安逸的、大概率都能有的生活。这可能是我对世界的美好祝福。不需要有多么特别，也不需要有多么渺小，你只需要成为平凡又伟大的'中间值'。"

这才是大铭真正让人喜欢，而不仅仅是敬慕的地方：知其不可奈何而安之若命。

董倩：大铭，你创业到今年是第三年了，这三年生意做得怎么样？

刘大铭：我觉得还不错，在一个阶段性的、好的成长过程中。

董倩：你的团队有多少人？

刘大铭：做短视频和直播并不需要多少人，所以全职有5个人，兼职有8个，一个小团队来做短视频和直播以及图书电商。

董倩：是你一个人投资，还是由众多投资人一起组成？

刘大铭：在我毕业回来那年，我们拿了一轮投资。

董倩：你做的是什么生意？

刘大铭：短视频与直播。短视频主要是拍摄一些心理学和成长类短视频。盈利目前有两个途径，第一个是我那本书《命运之上》，第二个是知识付费产品。刚开始做了一套英语课，从今年开始做心理学内容。

董倩：知识付费的英语课，谁来上？

刘大铭：我来上。

董倩：目标受众是谁？

刘大铭：一切想要学好英语的人，内容是英语语法讲解。在英语赛道上走得不会很久，接下来可能会专注积极心理学。我本科是学心理学专业的，再有我自己的成长经历就是积极心理学的具体体现，另外，现在积极心理学还属于市场的空白蓝海状态。我主要想提升人们感知幸福和获得幸福的能力。我们现在只有三个产品，第一个是我的一本书，第二个是英语课，第三个是积极心理学课程，学会如何学习。

董倩：现在英语学习的课程太多了，你的竞争力体现在哪里？

刘大铭：核心竞争力就是我的个人IP，能更广泛地被人所知。在产品同质化情况下，有一种方法可以让产品脱颖而出，就是谁来教和谁来做，它的核心回到了这个人身上，这是差异化。我觉得我能更好地给大家带来信任感和专业知识。信任度是基于大家对我个人成长故事的了解，专业度来自我多年在英国读书，用英语拯救过自己的生命。这可能是我选择从英语切入的重要原因。

董倩：你自己判断这些与众不同，在现实市场，能如你所愿有很多人来购买吗？

刘大铭：我认为反馈还不错，从数据上来看还可以。这里面有两个逻辑，第一个是去找一个天花板足够高的赛道，然后成为其中一小部分。英语赛道很大，即便在里面占很小一部分，仍能获得比较可观的营收。第二个，品类等于品牌。从今年开始，我还是希望转回到自己擅长的专业，深耕积极心理学。

董倩：既然英语能做得好，你又有能区别于别人的优势，为什么不继续做下去？

刘大铭：最根本是我认为没办法把事情持续做大、做强。这个市场足够大，但是你占据份额始终那么小。必须能够独自开拓一个品类，让自己能够占据非常显著的优势地位。这个世界已经不再需要一位有特色的英语老师，但还需要能够为别人带来信心、力量和心理学改善方法的心理学研究者。

董倩：但你一开始为什么走英语这个赛道呢？

刘大铭：因为那个时候团队能力还不够。做一套课程，不是靠一个人能够完成的，需要很多人一起阅读文献，调查市场，再做产品。我创业初期还不是非常懂这套逻辑，所以我选择了最擅长的、试错成本最小的。

董倩：试到什么时候，你觉得还是你的老本行比较好？

刘大铭：2022年9月，我参加了东方甄选，和董宇辉进行了一次对话。我发现，所有观众，任何一个看到我的人，都希望在我身上获得信心、力量、可能性。我英文水平有多棒，我是多么好的一名心理学学者，我是创业者还是作家，对大家来说只是一个标签。透过这些，他们看到的是一个具有可能性的生命，能带给他们信心、力量和成长。当我知道大家从我这儿最想得到的其实是一种内心力量的时候，我认为我不应该再局限于看得见的东西，而应该回到我的核心，把它变成产品，标准化地服务大家。

董倩：为什么直到你参加直播，才意识到自己的价值是在这儿，而不是在别的地方？

刘大铭：人很难知道自己最擅长的东西，比如我一开始比较排斥大家只从我身上获得励志这个标签。生命是一个自立的过程。每个人都会有各种各样的困难，我是显性的、身体上的困难。身边很多人是隐性的困难，比如人际关系、经济问题和心理问题。每一个人都会遇到生命的挑战和艰难。我克服了身体缺陷，而对于任何一个身体没缺陷的人，同样可能也在遭遇缺陷的困扰。每个人活得都很励志，都很不容易。我认为我没什么特别，只是一个自立的过程，而每个人都应该自立。

生命具有一切可能性。对我来说，可能性就是一个自立的过程。对别人来说，也许是激励，是启发，是向上的力量。如果有更多人看到我的故事，能够有安慰有对比，获得向上的力量，这可能是价值所在。我觉得接纳自己，找到自己最擅长的优势是一件很困难的事情。

在我少年时代，我非常希望证明自己和别人没什么不一样。所以我要好好学习，我要积极接受治疗，以后要出书，上大学，然后创业。这可能是我向世界证明我和你们一样的过程。到了后面，我觉得我和大家是真正存在差异的，我在行动上受限，在思维方式上比较偏执。但这并不令人沮丧，我也不需要向别人证明什么，我只要成为我自己就已经很好了。虽然看起来是一个自己了解自己价值的过程，但根本上，是接纳、面对自己的过程。

最有价值的东西由三部分组成，第一是你自己想做什么，你内心的激情；第二是你能做什么，你过去的积累给你带来了哪些技能增长；第三是社会需要你做什么。在这个时代背景下，真正留给我们的事情其实不多。如果这三者交集，能发现在这个时代，在我这种情况下，应该去做的一件事情，就是用科学的方法启迪人心。这是我为自己找到的心愿和使命。

董倩：在英语这条赛道上，如何生产产品已经显而易见。那你准备走的这条新赛道，用什么产品才能实现市场化，不仅有利于社会，关键还要有利于你，让它能够生钱？

刘大铭：特别好的问题。精神是无法变成商品和服务的，从我身上感受到的可能性、力量和信心，不是商业化的产品。很好的一条路径就是先过渡到积极心理学这门科学，回到实验室的研究文献中，接下去就能科研成果化。等于就是把实验室成果代入现实生活中，让它变成一个产品。

我举一个具体例子。我们在做的第一个积极心理学的产品，是学会如何学习。从认识大脑结构开始，教会大家一种学习思维，改善学习的能力。这是有实验室结论的，比如有间隔学习法，让大脑停顿、休息，然后再重建耐受力，以此改善拖延症状。

董倩：市场的反馈怎么样？

刘大铭：刚刚把它做好，今年目标是将这个课程做到一千万元人民币。经过多方估算，我认为这是一个比较科学的推论。这是一个客观存在的市场，单个SKO（销售启动）可以做到这个体量。

长期来看我希望能够做成两件事情。第一，能在积极心理学赛道上出现一系列产品和服务，帮助提升和改善人们获得幸福的能力；第二，今年我们新开了一条业务线叫本地生活服务，希望用线上经验和能力帮助线下商家在实体经济中获得增长。这是两个事业上的目标，还有一个生活上的目标，希望能够基于自己的成长和认识，写出更多、更好的作品。

写作是我的生活，是我表达和对话的一种办法。我没有读过幼儿园，只能和日记对话，那是我最初的朋友，现在也一样。有一些事情，没法和朋友、家人、亲人深入交流，但是可以和自己写下的文字进行交流。

董倩：通过线上为线下的实体带来服务，你能给谁带来什么服务？

刘大铭：希望能够为酒店和旅游行业带来增长，通过短视频和直播扩大影响半径。在线下一个场地，它能覆盖的影响范围有限，通常可以影响到半径为5到50公里的人。但线上，同一时间无差别触达更多感兴趣的人，能在单位时间内更大效率分发产品，让他们能更便宜地获客。

董倩：我要说的你别介意，你自己的半径很受制于你现在的状况，那为什么还想帮助别人扩大半径？

刘大铭：我受制的半径只是物理空间上的，而人的影响半径恰恰不是物理空间。能走到哪些地方，能有多大自由活动的范围，都不影响我们如何看待这个世界。读一本书，打破了时间维度；与一个人交流，打破了经历维度；做一件事，打破了自己原有认知维度……所以我觉得，人不应该把限制定义为物理空间。我认为真正的限制是思维的限制，是你想用多大力量能使周围人拥有更好心态的限制。

董倩：你当时为什么要读心理学专业？

刘大铭：第一我在中学读过一本书，说身体有缺陷的人，通常心理疾病发病概率至少是普通人的3倍以上，这对我来说很震撼。我发现我比较偏执，但我是一个没有心理问题的人。

董倩：偏执是不是心理问题？

刘大铭：我认为对我来说是优点。

董倩：为什么是优点？

刘大铭：无论发生什么，都可以不偏离自己想要做成的事情。

董倩：或者我理解你说的偏执就是执着？

刘大铭：是的。

董倩：你为什么不用"执着"，而用"偏执"？

刘大铭：按照写作的习惯，执着是褒义词，我还是希望用贬义词来形容自己的优势。

董倩：为什么？

刘大铭：偏执有时候是优势，有时候是缺陷。高中大家都认为我应该专注地休息，因为我刚刚做了脊椎手术，但是我非要带着这个从胸口一直到脚踝的塑料护具趴在床上写作，这个动作可能会导致刚刚植入体内的脊椎螺丝钉松动，从而让我接受二次手术。我知道这些，但偏要这么干。当时没有什么比我写出这本书更有意义和价值。

董倩：如果你身体受损了，也许生命的长度也短了。

刘大铭：但是如果没有写书的动作，我也不会有来之不易的生命。我既然有了更有质量的生命，就应该去过更有意义的生活。换言之，如果生命只是为了换来更轻松、惬意的生活，生活就太轻松、太简单了，我希望能用如此来之不易且有质量的生活，去换取更有意义的事情，比如写作。我希望时间能过得有意义。我的时间是用苦难换来的，所以应当把时间用在我认为正确的地方，而我认为正确的地方就是记录我从有记忆开始，一直到我成年这段时间与众不同的生活经历和思考，能给更多后来者带来启发和感受。

董倩：你发现不少身体受到折磨的人往往有心理疾病，但你没有。为什么别人有，而你没有？

刘大铭：我读大学的时候得到了部分解答。可能来自几个原因，第一，原生家庭会影响我对世界的理解，与他人的关系。我父母关系比较融洽，他们没有把我当作特殊孩子来养育，给了我信心和激励，让我一直相信我比真实的情况要好，但其实我比他们说的情况更糟糕，这是我成年之后才领悟到的。我行动比别人艰难，经常辍学，我的反应能力和学习能力就是平均水平，但是他们给了我信心，让我相信我是这个世界上最聪明的人。甚至我可以在每一次进入重症监护室之后，再像普通人那样回到学校重新开始学习。他们培养了我的耐受力，使得我的心理没问题。

第二，跟人的基因和性格有关。我是天生的乐观主义者，我所理解的幸福不是解决身上的痛苦，而是在漫长生活中找到能感觉到的幸福。如果一天中发生了五件事，四件都非常坏，丢了手机，丢了钱，家里有人发生了不幸，事业受阻，但是晚上回家，发现有人为你准备了丰盛的晚餐，这最后一件事情就可以对冲其他四件。我只需要先享用好这顿晚餐，再去做其他事。我躺在重症监护室时很糟糕，呼吸不顺畅，还随时面临出血，但是我希望能在世界一流大学接受教育，我希望能找到手术的方案，活得像别人一样长，我希望能出版一本好书放在新华书店书架上……当我把这些事情对我的很多医生说，他们都说，这不应该是你的梦想，你的梦想就是一件事：想办法活下去。但对我来说，只是想到这些事情已经足够让我幸福了。

董倩：你是先天就乐观，还是后天培养出的乐观？

刘大铭：后天的部分较大，先天占较小的比例。

董倩：所以你说你天生乐观，这也不准确？

刘大铭：对，不准确。

董倩：乐观也是慢慢形成的？

刘大铭：是。后来我才知道，这种心态原来叫积极心理学。

董倩：好的原生家庭，乐观的性格。还有什么？

刘大铭：最后一个，是能够通过反思认识到自己的局限性。如果在青年时代没有具体的目标和追求，这是无所求，另一种是求而不得，情况有很多种。其中一种是没有准确认识到自己与客观现实中的差距，没办法找到一条清晰路径达成目标。我是一个比较务实的理想主义者，给自己定一个看起来不太可能的目标，找到准确路径，在实现过程中获得正反馈。拿我做手术来说，很多专家认为不可能，但我翻译了自己的病例，写了手术可行性方案，写了求救信，最后争取到十个半小时的手术机会，还是做了。

董倩：有很多人都觉得，现在你所取得的一切是求而不得的。可是你为什么求了还得了？

刘大铭：关键在于是否能找到路径，能否设定一个准确的目标。

董倩：什么是准确的？在你身上，专业的、权威的医生说，你是达不到这个目标的，但为什么你能打破别人对你的判断？

刘大铭：常识，就是这件事是可以的，但大部分人认为很艰难。我做手术，有很多医生这样说，但这不代表整个地球的医生都没有办法。它只是一个概率的问题，并不是能与不能的问题。这件事情是可能的。通常来说，苦难可以让人更容易做成一件事情，你的阻力可以让你更好地冲刺。

董倩：阻力恰恰是冲刺过程中最大的障碍，你却把它看成动力和助力。

刘大铭：看我们怎么理解。我玩弹弓，看起来是往后拉，但拉到极致，可以弹得非常远，比普通出发的小球要飞得更快，更有穿透力。所以我认为阻力是在蓄力。

在某一个时段，人们都认为地球是平的，太阳是围着地球转的，但都错了。人类追求客观常识本身就是艰难的过程，这是我们作为这个物种非常渺小的地方。但令人激动的是，这个世界总有那么多不知道的客观事情存在着、发生着。

董倩：你是被限制在一个空间里的，为什么还要跑到那么远的地方学习？

刘大铭：我小时候非常喜欢两位科学家，一位是英国物理学家史蒂芬·霍金，另一位是曼彻斯特大学的著名校友——艾伦·图灵。艾伦·图灵说过一句话，至今仍然挂在我们数学楼上，"无人可信之人，成就无人可做之事"，这句话激励我去看看世界长什么样子。

在此过程中遇到了一些非常大的阻力。我是第一个本科阶段坐轮椅在英国读书的留学生，当时我可以去，但是他们不知道要给陪我的人发什么种类的签证。我用了8个月时间，给英国女王、首相和内政部长写信。自己找了律师，通读了英国移民法，最后找到一个法律上可以被论证的漏洞，把它写进信里，改了这部法律，给我特批了一张签证。这个事情确实很艰难。我毕业时总领馆出席了我的毕业典礼，我说我是第一个，但一定不会是最后一个。我读书一开始是很狭隘的，单纯觉得身体上有缺陷，所以努力学习，争取学习到更多知识。

董倩：这有什么狭隘的？

刘大铭：这就是狭隘的，因为我要学习，我要上好学校，我的成长和别人没有关系。但后来我发现不是这样的，中国现在有缺陷残障同胞8700万人，英国总人口只有6600万。高考恢复以来，有缺陷残障同胞中能进入清北本科阶段读书的不到100人，在世界前50强大学里，到英国留学的只有我一个人。进步应该体现在，有一个人做到了这件事，就为更多人开辟了通道，让他们也有机会去做这样的事情。所以我的一个心愿是，让中国身体有缺陷的人越来越多走向世界，接受高等教育，为人类知识体系作出贡献。我去英国读书，真正意义在哪儿？如果让我现在再回过头去总结，我认为是为一切想要学习的人提供一种可能性和信心。

董倩：俗话说天塌下来有高个顶着。如果论疾病严重程度，恐怕你的程度算是级别比较高的。如果要为更多身体残障的人群做开拓，也应当是身体残疾程度轻的人，他们有更多的力量和精力。

刘大铭：这是一种被选择的过程，一开始没想到身上肩负着那样的使命，但是后来却发现这个事情到了自己身上。

董倩：你说到去英国这件事，很多健全人遇到这种障碍会想算了，你为什么咬住不放？

刘大铭：可能也是性格原因。留学是一个希望获得更多知识的人想去完善自我的过程，在逻辑上是正确的，应该坚持。另外你的人生是你选择要这样过的，应当有负责任的能力，不仅是对自己负责，也有老师、同学、家人对你的信任和期待，所以你必须把它做到最后。

董倩：如果当时不是你反复坚持，没有花这8个月的时间学习他们的法律，后果又会是什么样？你损失的是什么？

刘大铭：我当年在重症监护室希望在世界一流大学接受教育的心愿就落空了。我看了那么多年的史蒂芬·霍金和艾伦·图灵的故事，最后我没有在他们曾经生活过、学习过的地方去学习，是一种遗憾。在接下来的生活里，面对自己曾经一直在坚持和渴望的心愿，我会有深深的遗憾。没有学习到知识，我会有非常强烈的失落感。所以还是希望能够争取到。

董倩：大铭，面对你这样一种综合的身体状况，也许很多人心里会觉得，你有想法得不到才是常态，为什么在你看来，有想法，一定要坚持得到，这才是自己的常态？

刘大铭：有一些不是你想得到就能得到的。理想，是你愿意拿什么东西去和它交换，是一个等价交换的过程。我定了一个目标，我会付出一切代价达到它，想尽一切办法去学习。有很多事情不能如愿且简单地去做。我喝水，要求助别人，所以我只能喝能解决口渴量一半的水，因为喝多了要去卫生间，又要二次麻烦别人，就让人把喝完的水放得离我近一点，最后要对别人表示感谢，这是我喝水的全部细节。而对于普通人，口渴，找水，喝。一个简单的喝水，我其实失去了非常多简单的自由。这种在简单事情上对我极不友好的限制，促成我要解决一些在现实世界中更大、更复杂难题的偏执，这是等价交换。

董倩：其实你的如愿和一般人的如愿可能不太一样。简单喝水你做不到，但去最好的大学读书，写一本书和创业，这些对很多人来说相当艰难的，你反而做到了。

刘大铭：这是对我的夸奖。对我来说没有简单与困难之分，喝水简单吧，但很复杂困难，创业也一样，既简单又困难。

董倩：也许对你来说，喝水和创业的复杂与简单程度不相上下。

刘大铭：喝水难一点，创业显然要容易得多。

董倩：这是你我之间不大一样的地方。

刘大铭：对。在人生不同阶段，复杂难题也会变得简单。

董倩：这么费劲，做了这么多次痛苦的手术，为了什么？其实这也牵涉到一个问题，人活一辈子，来世界上这一遭到底为了什么？

刘大铭：截至我现在的年龄，我认为就是四个很简单的字：自立、利他。自立，做好自己，克服自己与生俱来的缺陷和困难，包括身体上的、经济上的、人际关系上的，人生中遇见的一切不可抗拒的缺陷，都应该由你自己接纳、理解，然后超越和宽恕。利他，如果能克服与生俱来的缺陷，你应当有意愿和能力去帮助还没有自立的人实现自立。

我很庆幸生活在今天，去看世界不需要用脚丈量，因为我有互联网、人工智能。我扩大半径的范围来源于三方面：第一个就是不断学习，来拓展对世界的认知，包括书本上的知识和在苦难中反思的经验，还包括向他人学习；第二是阅读，书的杠杆作用很高，你可以通过一本书获取很多经验；第三，还是要不断地反思，我们总有做得好的地方，也有很多不完美，认识到自己的不完美并改善自己，能够让自己成为一个更好的人。这是我丈量世界的三个办法。

董倩：你觉得你的半径比一般人的大还是小？

刘大铭：我不能跟别人比较，对我来说已经足够宽广了，宽广到可以让我非常简单、纯粹和坚韧地去做我认为正确的事情。

董倩：你成长的过程也是认识自己和认识世界，不断和谐融洽相处的过程。从什么时候开始，你认识到自己跟别人不一样？

刘大铭：少年阶段，我非常希望证明我和别人一样，别人来我家，都说这个孩子很聪明，很漂亮，可惜他身体不好。我非常不喜欢别人说"但是"，我希望他们夸奖我的部分能够无限放大，以此对冲后面"但是"的话。这是我想证明自己的过程。

到了16岁，我做了两次腿部手术，从胸口到脚踝都打了石膏，整个人像木乃伊一样，被固定了183天。伤口没愈合，我感觉到很疼很痒，隔着石膏挠不到，苍蝇、飞虫在脚趾上、睫毛上，却无力驱赶，我会觉得很无能，有很大的困惑。我努力向别人证明我和他们一样，但实际上我正在过的生活和别人不一样，这种现实中巨大的落差让我明白，我和世界其他人不一样。在这个阶段，我树立了几个心愿，包括做手术、出书、上大学、创业，后来我用10年时间完成了。

到了现在，我认为我就是世界的一部分，而疾病也是我的一部分。我所理解的生活和我向往的理想，本身是很自然的过程，我希望能跟它们共同存在，共同成长。我的疾病能够提醒我，我的理想可以支撑我，我所过的生活可以让我的每一天都更有意义。

董倩：这是一个无奈中认下来的过程？

刘大铭：我倒觉得能让我在这个年龄，很早发现人生的激情和目标，很幸运。我和一些比我年长很多的人探讨生命的意义，大家都觉得我吃饱了撑的没事干，这个问题是非常虚无的。现实中有太多无奈，工作的不顺心、人际关系的不和睦、经济的压力，让他们没时间去想生命的意义，但是我有。

董倩：你恰恰也应该没有足够的时间。就像史铁生说的，我的主业是疾病，我的业余时间才是写作。

刘大铭：我可能比史铁生老师要幸运一些。我的疾病已经不会特别影响我了，所以我不会花大多数时间对抗疾病。我的时间很富裕，不觉得有紧张感。我们在这里对话，只是在物理空间上被安排满了，但从内心，你知道自己正在平和、安稳地做对的事情，是创业的一部分，是生活的一部分，它是节奏，不是紧张。

董倩：你怎么看待时间，你现在的身体状态可不可以让你像一般人那样，无忧无虑地就这样过下去？

刘大铭：我认为无忧无虑还是来自主观。很多人睡觉会无忧无虑，但睡觉会让我产生焦虑感，比如工作还没完成，还没把一件事情想清楚，在本来可以做好但没有做好的时候。

董倩：你一般一天能睡多久？

刘大铭：7个半小时到9个小时。我觉得还得好好睡，这是我上大学之后明白的一个道理，身体健康很重要。如何看待时间，在于自己的理解。

董倩：你从小做过很多次大手术，你进过很多次ICU，我想你对生和死的思考要比普通人深很多。

刘大铭：也熟悉很多。它是一个开始到结束的过程，长度无法被定义，只能定义宽度。在你不知道什么时候结束的过程中，你需要选择一种方式，尽可能做你认为对的事情。我的价值观是，即便你认为对的，也应当遵从自立、利他的原则，这才是有意义。

董倩：在你的书《命运之上》里，有个细节我印象特别深：一天早上，你在进手术室之前摸自己的腿，摸身边的床。你在想，我准备去做一个大手术了，我的同龄人，此刻他们是不是刚刚起床要去读书？那种对比会让你产生一种什么样的感觉？人生活在这个世界上总是有对比的，我这样，我的同龄人他们是那样，当你比较出彼此的境遇是如此不同时，心里会不舒服，甚至委屈、绝望吗？

刘大铭：当时我有一种很奇妙的感觉，我的人生是这样，我的生活是这样。我觉得挺好的。

董倩：你说奇妙，这奇妙中有没有压抑？

刘大铭：可能是自嘲。我觉得大家在过一种生活，我在过另一种生活，大家过得简单、轻松，我过得复杂、痛苦。但我在当时那个年龄，真的无法区分它们究竟有什么区别。多少年后我还是觉得复杂、痛苦一点好，因为早点体会到，才可以有更多时间来思考什么是真正的快乐。

董倩：对你来说什么是快乐？

刘大铭：做符合自己内心的事情，过有意义的生活，我应该更大程度地实现自立，我应该更大程度地实现利他。

董倩：人得病的时候总是会执拗地想，为什么是我，大家都好好的？

刘大铭：可能是我性格的原因。我还不懂事的时候，跟我们班同学炫耀：你知道吗？我又去做了一个手术，这个手术是什么样的。我觉得我经历了别人没经历过的事，本质上跟炫富是一回事，因为我有你没有。这件事我想了好多年，我觉得是一种很了不起的坚韧，让别人感受不到你的坚韧，你和我看似一样，但其实不一样。不一样的你告诉了自己，一样的你留给了别人，这就是一种成长的标志。

董倩：这本书里还有一件事令我印象很深，你很喜欢篮球，但是你打不了，于是你给能打的人做教练。

刘大铭：是，我在高中很喜欢打篮球。你热爱一个东西，虽然你不能做，但总希望能参与，所以要想办法实现触达，比如成为一个班级的篮球教练，比如可以看NBA比赛，玩NBA游戏。

董倩：人家服你吗？靠什么让人家服你？

刘大铭：还挺服的。我觉得还是你对这件事情的认识和理解。打球的人和在场下的人，有各自的分工和职责，你只要履行好你的职责就行了。NBA也是一样，教练也没有办法像NBA运动员那样上场打球，但他仍然可以指挥球队。

董倩：这快乐有没有伤害过你？看到别人能够很简单地跑、跳。

刘大铭：对，尤其羡慕。我经常会在视频号中点赞打篮球的画面和动作，非常羡慕能自由自在地打篮球。一个年轻人做出流畅的投篮动作，感觉多好，如果我可以这样做会怎么样。但我转念一想，他们可能也非常羡慕我，觉得我能够自由地写作、创业……所以大家都是相互羡慕的。

董倩：既然说到相互羡慕，你羡慕别人的是什么？

刘大铭：首先是可以自由活动的能力。能够自主控制自己身体是一种权利。很多身体有障碍，但在现实生活中能做出非常多不可思议事情的人，带给我们很大的信心和激励。但这个事情的本质，是他用自己一部分的丧失，博了一个很小的概率。所以在现实生活中，我更希望每个人都能过上朴实的、安逸的、大概率都能有的生活。这可能是我对世界的美好祝福，不需要有多么特别，也不需要有多么渺小，你只需要成为平凡又伟大的"中间值"。

董倩：反过头来，你觉得你有哪些东西是被别人羡慕的？

刘大铭：有很多。比如我可以非常坚韧地选择一件事情。我的大部分同学从世界一流学校毕业之后，做一份什么工作，选择哪个城市，怎样平衡自己与家庭、恋人的关系，有太多自己难以取舍的问题。而对我来说，最大的优势是可以非常简单地做选择，不用思考。这很简单，因为他们能选的很多，选择也是权利。我可以不计代价、不计成本、不计阻碍地做出符合自己内心预期的选择。

董倩：别人为什么不可以？

刘大铭：因为自由限制了他们的选择。当你能够活动，就会有很多难以取舍。对于一个成绩常年保持在优秀水平之上的人来说，如果某一天没考好，会觉得天都塌下来了。但对于一个经常在手术室进出的人，生与死是几个小时就能改变的，他会觉得等级B也是可以容忍和接纳的。所以人接纳痛苦和幸福的能力，都是在不断经历中被提高的。当你经历过所有最难的选择之后，会发现一些选择对别人来说很难，对你来说开始变得简单。你所得到的是别人无法看到、更宏大的事情。所以我觉得失去也是自由，让别人羡慕也是自由。

董倩：你做了这么多次手术之后，现在的身体状态和健康状态有没有问题？

刘大铭：我现在比较稳定，不需要服药，不需要接受进一步治疗，可以保持恒定的状态工作、生活和学习，我认为这是不幸中的万幸。虽然无法从基因结构上修补，但也不会进一步恶化，骨骼相较于神经系统来说，属于支撑功能，没那么致命，简单来说没有那么重要。

董倩：你现在工作盈利了，而且还不错。你小时候有没有想过，有朝一日，不是别人养你，而是你还可以养别人？

刘大铭：当时没有"养"这个概念，希望成为让大家更开心，更有价值的人。我从小学开始就是这样。我小学入学那一天，校长很担心别的小朋友会不会因为我不一样而排斥我，后来到我们班上，不管谁欺负同学，他们都会把那个欺负同学的人带到我的课桌前，让我也欺负一下。

董倩：什么意思？

刘大铭：我成了班级的绝对核心，可以让别人完全平等地对待我，即便是去做坏事。

董倩：欺负人是什么感觉？

刘大铭：我倒没欺负过，我只是告诉其他同学，放过他吧。我没有想过能养别人，但是我希望我的存在能让这个组织变得与众不同，无论是多样性的增加还是可能性的增加。我总能找到自己存在的意义，因为自己让周围的环境、生活、文化变得更好了，这是一件想起来都让人非常激动的事情。

董倩：现在你开始挣钱了，挣钱的感觉怎么样？

刘大铭：我倒觉得很自然，它和我在少年时代的那种感受很相似。坦率地说，我是我们高中最有钱的人，因为我已经出书拿稿费了。让我感受比较好的，不是我想买什么就买什么，而是有一天，从我的社交媒体上收到私信："我一开始都觉得自己的人生特别没有希望，甚至有多次轻生的念头，后来我看到你，我觉得你都没有放弃生命，我更不应该。"

董倩：你听别人这么说，心里舒服还是不舒服？

刘大铭：第一感受是痛苦，不能比较的，怎么能用我更惨来对比你幸福，这个事情听起来不是很对。但他的逻辑是正确的，当他看到一个可能比他更不好的对标物过得更好的时候，他的心理产生了优越感，我的缺陷可以让他产生优越感，我觉得这很好。这就是价值。

相比挣钱，更多是在挣钱过程中所做的很有意义的事情。比如通过短视频和直播，让更多人理解心理学与生活，能够深入产品研究中，看看怎样让它从实验室走向现实生活中去帮助更多人，这个过程本身就让我感觉非常有意思。你做了有意思的事情，所以产生了利润，金钱奖赏给做有价值的事情的人，我认为这种挣钱方法是我能接受的。

董倩：你挣了钱，最想买什么？

刘大铭：我对物质生活没有什么追求，我也不知道我想买什么。已经有房了，能住着，我也不知道买点什么。

董倩：如果挣钱挣那么多，都想不出来买什么，你挣它干吗？

刘大铭：还是做事情的逻辑，我希望的不是最终奖赏，而是我获取奖赏的过程。我最喜欢的篮球运动员科比，他得了5个总冠军，总冠军是对篮球运动员最高的褒奖。但他说过，让他最感到兴奋的是在球场上的统治力。当科比上场，全场会欢呼。我觉得这就是对一个偏执的、热爱的、专一的人最好的奖赏。

我更希望的是，能够在挣钱的过程中，让更多人感受到生命的意义和价值，如果能做到这一点，我相信一定能挣更多钱。

董倩：我们俩的层次马上显现出来了，我只认得钱，你认的是它的精神价值。

刘大铭：我觉得不是，您的境界比我高，因为您敢于在镜头面前承认。没有人会忽略对金钱的追求。当你真正深入创业时，必须考虑怎么赚钱，不仅是结果，更要考虑怎么做。

董倩：现在创业过程中，你最费劲的是哪一块？

刘大铭：在于我的想象力和增速这两个方面做得不好。我的投资人已经说过多次，我觉得一年能挣一千万利润是一个很好成绩，但是他们觉得这像是大力士搬波力海苔，他们觉得我有能力去做更大的事，但我每天都盯着海苔不放，把海苔从东搬到西，从西搬到东。

但客观来说，如果你想创造有价值的商业组织，这个成绩显然是不合格的。如果想带几个同学，用新媒体红利去触达一些人，获得一些商业利益，那么这些从短期来看是可以的；但长期看，想成为北京市专精特新，成为某一个领域的独角兽公司，我的认知能力、管理能力是跟不上的。我客观承认我跟不上，局限性很大。

董倩：为什么要创业？

刘大铭：创业是平等的。身体健康不健康，在商业社会中都回归到了利益。这也是一种好的生活方式，以自己的意愿去创作。

董倩：你觉得自己有多少创业的实力和能力？

刘大铭：我这一生都在创业。写书是一个人用文字创造一本书，创业是带一群人去做一个具体的产品，让大家认可你和了解你。从高中二年级开始，我就知道我毕业之后肯定会创业。

董倩：你觉得创业是挣钱的一种方式还是生活的一种状态？

刘大铭：我认为是生活状态，赚钱是结果，更多是选择一种平等和创新的方式去做自己认为对的事情，满足更多人的需要，这符合我的根本逻辑：自立、利他。

（文字整理：郑蔚然、陈剑平）

寻光

XUN GUANG

• 马奕菲

　　女儿两岁时，哈春燕心里经历了一次十级地震：孩子的双眼检查出母细胞瘤，一只天生看不见，另一只正在疾速失去视觉。她盯住女儿看：多好看的小姑娘，两只眼睛又圆又大，睫毛又长又浓密，眨眼时就像蝴蝶扑扇着翅膀，皮肤那么白，头发那么黑，趴在自己怀里就像抱着个洋娃娃，谁见谁夸。可她怎么就看不见了呢？为什么呢？怎么这样一个倒霉糟糕的事会降临到自己身上呢？女儿该怎么办？自己又该怎么办呢？

　　女儿看不见这个现实太尖锐太沉重。哈春燕无法做任何事，整个人无时无刻不在消化和接受事实。再也看不见，与其说是女儿马奕菲的命，不如说是妈妈哈春燕的命。哈春燕在心里问了自己不知多少次：人能改变自己的命吗？倒不是说她有多强大，而是她没法去设想她的女儿将来什么都不会，一切都要依靠别人，一辈子生活在极其枯燥单调的黑暗中。与其生活在那种绝望的痛苦里，不如从眼下开始去拼，横竖是受苦，不如去努力尝试一把。

　　这是一场工程量极其庞大的灾后重建。废墟之上，最要紧的是心里有一张清晰的蓝图，定下明确的目标才能有一步步规划。命运的玄妙之处就藏在这里。多数健全人，没有外界刺激，不难受也不舒服，就这么一天天随着大流过日子，究竟过了个什么，因为无感，所以也说不清。不过无所谓，绝大多数人都是这样过的，时间长了人数多了就是约定俗成，自然而然大家会归入这条道，身体带着走，走到哪算哪。不需要建设，不需要动脑，因为他们生来就有。

但对哈春燕一家来说，别人生来就有的一片新天地，却需要她家付出全力才能够勉强够到。而所谓的命运，就在这一天复一天的努力和拼搏里一点点地重新塑造出来了。命运随机分发给哈春燕一个失明的女儿，她偏不要随大流任其成为一个可怜的残疾人，她要自己的女儿活得有价值有意义，不比任何人差。

这是拼尽全力的扭转，不仅仅是她一个，还有女儿，还有丈夫。跟命运掰手腕，发的不是猛力，是韧劲，改变的不是先天，而是先认下命运，再从后天重造一个新人。这是一辈子的工程，一天天，一年年，每一天都不能停，每一天都作数。身处其中，不见得意识到，只有积累了相当长岁月才会发现，命运的轨迹改向了。

哈春燕仔细观察着女儿的兴趣，发现马奕菲喜欢弹钢琴，于是就请了老师。哈春燕粗通钢琴，知道乐器难学，健全人也没几个能坚持学下去。但她重新定位了坐标，马奕菲看不见，既然要学，就要难上加难地学。哈春燕把自己当成女儿的眼，把五线谱翻译成女儿能懂的语言，无非就是比别人多一道工序。那怕什么？不怕麻烦，有路就行，不怕绕。两个琴键间跨度很大，对于健全人也是一道坎，那也没关系，看不见，就靠肌肉记忆，多练几遍，终究会记住。就这样，看得见的人练一小时，马奕菲看不见，就练两小时，一日不停地练，竟然就弹了一手好钢琴。当马奕菲能搞一场钢琴独奏音乐会时，哈春燕坐在观众席上，来不及体会欣慰和成功，便对自己说：这条路没走错，没有眼睛照样可以做很多事。

事物都是两面，看不见，无疑是巨大的缺失，但也是巨大的获得，因为可以屏蔽多余的信息，也就可以有足够多的时间去专注于一件事。马奕菲不会被纷杂的世界诱惑，她能心无旁骛地练琴。当学会了钢琴，马奕菲开始有了更大的想法，她一直觉得小提琴的声音很好听，比钢琴还美，那为什么不可以去学呢？从小到大妈妈对待她的方式，让她觉得自己跟别人没有什么不一样，她不胆怯，更不自卑，而且当她经过努力达到了目标，她就有了更大的自信去实现更有挑战性的目标。

征服困难跟打游戏通关本质上是相通的，当经历很多次失败终于能站到下一个层级的关口，心里想的肯定不是止步于此，而是迫不及待开启新挑战。知道比上一级还会难，但玩的不就是这个难吗？只不过玩游戏是度闲暇，而马奕菲度的是黑暗。

本来学习乐器就是一种摸索，在很多枯燥重复的练习中去摸索音乐的规则，摸索那微妙的感受。学乐器就像是大海捞针，不把枯燥积累到极限，根本不可能从枯燥中淘出领悟。一位失明者学习小提琴，任何微小的细节都会被无限放大。有视力的人能模仿老师的样子去领悟，马奕菲只能靠语言描述去想象。别人摸索的是感觉，她还要在摸索感觉之前摸索动作。她走的路就是要比别人更长、更曲折。哈春燕心疼女儿，但她更看得清现实：女儿必须经受这些比旁人多得多单调枯燥的过程，她的人生才可能从单调枯燥中跳脱出来。

人的能力真是不可估量。马奕菲看不到，所以动用了所有可能去弥补这个缺陷。这个不得已而为之的过程着实艰苦，但产生的结果却很丰厚。看得见的回报，是马奕菲在有限的时间里竟然学会了两种乐器，并且学习成绩一流。而更金贵的收获是看不见的：全力以赴的努力，在一个人的战场上，步步为营，锲而不舍，所有的跌宕起伏，全发生在心里，在不动声色中积蓄力量。这个过程，难道不就是人生的意义和价值吗？每一天都是这样经历，她们的人生体验难道不比身边绝大多数人更丰满吗？

人对世界的体验有的向外，有的向内。健全人有条件选，因此多选择向外，他们去不同的地方，跟不同的人吃饭聊天，用感官去体会享受。马奕菲缺失了眼睛，她只能转而向内，专注地学习，不同阶段带来的丰富细腻感受，与见世界无异。眼睛能看见的人们，往往是浮光掠影地看世界，反而是马奕菲，因为看不见，却能领悟到这世界的芯子。

哈春燕和马奕菲母女身上有种当下很难见到的气质，和漂亮截然不同。她们讲话轻声细气，表情和动作幅度都小，站或坐都是静静地，跟人讲话不会眉飞色舞、滔滔不绝。她们露出浅浅的表情，嘴角稍稍向上，挂着若有若无的笑容。就像炎热夏日里的清凉，很吸引人，散发出一股平淡、简朴的高贵。娴静，这是很少使用却能突然弹出来的一个词。这是内心笃定、行事稳妥，才能由里往外流淌出来的气息。

本来，巨大的身体缺陷落在一个漂亮姑娘身上是让人心疼惋惜的悲剧，但这对母女凭自己的努力扭转了这个结局。没有悲惨，没有苦情，没有怜悯，也没有昂扬，没有怒目横眸，只有流水般绵绵不绝的努力和毅力，以柔克刚，活出了美好和尊严。

女儿要去遥远的广东读大学了，为实现她心中的梦想，去音乐学院读作曲专业。

经过了18年，哈春燕想：命运，不是不能重塑的。

一、采访马奕菲

董倩：你现在是一点都看不见，还是能够很隐约地看到一些东西？

马奕菲：一点都看不见，没有光感。两岁就已经完全看不见了。我不知道什么是黑的，因为我从来没见过除了黑以外的颜色，没有对比，所以对我来说眼前什么都没有。我想象不出光是什么感觉，完全没有。

董倩：爸爸、妈妈和妹妹，你都可以摸他们的脸。我是一个生人，今天和你刚见面，如果你想知道我是什么样子，你怎么知道？声音是很重要的一个信息。

马奕菲：对。我是通过声音来分辨每个人的。我很好的朋友，我通过摸他们的手就可以分辨出来。

董倩：因为我要跟你说一个多小时的话，你摸摸我，好不好？这样你能知道我长什么样子，这是我的手，这是左手，这是右手，这是我的眼镜。我们俩就算认识了。你认识这个世界，认识陌生人，手是很重要的，耳朵也很重要，只是会损失掉很多的信息。

马奕菲：对，我对一个人外貌的印象很少，只能通过别人描述知道一个人是什么样子。

董倩：妈妈是什么样子的？

马奕菲：她的外貌我是不太清楚的。我不是很能分清不同外貌摸起来的感觉，会模糊一些。

董倩：两岁开始眼睛看不到了，你怎么开始学习？

马奕菲：我5岁开始练钢琴。当时家里有一架钢琴，我小时候喜欢边弹边唱。我妈妈会看谱子，会唱歌，她觉得我好像挺喜欢钢琴，所以给我报了钢琴课。6岁进学校，我学了盲文。小时候最大的困难是识谱，当时盲文乐谱比较少，只能让我妈妈读谱，我背下来之后再弹。一开始比较难，后来习惯就好了，练得多了，也就没有那么难。

董倩：是谁教你？

马奕菲：找的钢琴老师。老师觉得我的理解能力、领悟能力还是可以的。通过反复地练，我能记住琴键的大概位置，也有两个琴键中间相对位置的感觉。得练无数次，当时会觉得很枯燥。有一段时间，我自己练得比较烦，我妈妈盯我也盯得比较烦，当时我妈妈想过放弃。但是最后还是觉得，已经学了这么久，不甘心。我觉得既然别人能做到，我也能做到。我还是比较喜欢音乐，很羡慕那些可以演奏一首很美曲子的人，所以我想坚持下来。

董倩：你刚才说你觉得别人能做到的，你也能做到。从小到大，你觉得你和别人有没有不一样？

马奕菲：我觉得没什么大的不一样，只是有些地方，比如平时走路，可能我自己出行会比较困难一些，但也不是不能，只是会困难一些。其他方面我觉得没有特别大的不一样。通过这么多年的练习，我已经克服了很多之前感觉很难的那些困难，现在已经能比较好地完成曲子。一个是我总觉得练多了就会慢慢好起来，还有我妈妈和老师的鼓励，她们比较严格。

董倩：普通小孩练琴，怎么也得一个小时起步，你那个时候一天练多长时间？

马奕菲：小时候一天练两三个小时。我比较有耐心，能坚持，也坐得住。从小我比较喜欢听书，这也锻炼了我的耐心。

董倩：你什么时候开始学小提琴？

马奕菲：9岁。我10岁钢琴考的八级。除了上学就是练琴。功课做两个小时，练琴三四个小时。我感觉学这些也挺有意思的。

我特别喜欢小提琴的声音，我爸妈说，你学小提琴还有时间练钢琴吗？我说可以挤时间练，我甚至想过在上下学的车上练，但最后没有成功，毕竟太颠簸了。要分配时间，一天钢琴练少一点，小提琴就能练多一点，第二天钢琴再练多一点。当时是需要爸爸妈妈帮我看着的，姿势需要他们给我纠正，我能自己找感觉听声音，通过这个方法来练。确实练了很久，有好长一段时拉琴像是锯木头。半年到一年左右，声音都没有那么优美。确实有点受打击，我没想到会这么难，尤其是练基本功，很枯燥，很长一段时间看不到明显成效。

董倩：不管你还是你爸妈，都有烦的时候，这个时候谁最能坚持，是你还是他们？

马奕菲：还是我。因为我比较有耐心，我反而会比我妈妈更有耐心一些。我妈妈特别烦的时候也说过：如果太累了，就不要拉了。

董倩：在钢琴之上，再加上小提琴练习，你一天练琴要练多久？

马奕菲：加起来有5个小时。小学功课比较简单，我写作业快，所以到10点多，一般最晚到11点完成。我会给自己定一个目标，今天把这个技巧练好，才能停止，但是遇到太难的时候，特别烦的时候，我就会停下来，因为我觉得在特别烦的时候练是没有意义的。时间长了，练得多了，能慢慢地感受到一点一滴的进步，尤其是后来音色越来越好，就没有之前那么痛苦了。

董倩：你是从什么时候开始到北京去上课的？

马奕菲：2018年，13岁。当时我妈妈一直关注盲人就业，她在一个群里看到了代博老师，他也是一位盲人，是中央音乐学院教作曲的老师。我妈妈带我到北京找到代老师，上了几节课之后，说我还可以，有一点天赋，再加上我也比较感兴趣，就一直学了下去。当时我们两周去一次北京，火车周五晚上出发，周六早上到，周日晚上坐火车回来，周一早上到。

董倩：我觉得做出这个决定还是挺勇敢的，这不是一次、两次旅游，学琴可不是一两年的事，要学很久的。

马奕菲：对，确实很难。我挺喜欢作曲的，也有想过以后学作曲专业，所以从专业角度着想，最后我们觉得得去，尽管很辛苦。我们周一早上6点多回到银川，把我送到家之后他们又得去上班。我没有感觉到那么辛苦，主要是我爸妈。我妈妈睡眠比较浅，每次陪我她都睡不好。带我去北京，他们还要照顾我。学作曲一段时间以后，钢琴和小提琴也去北京学了，所以要上三节课，还要跑不同的地方，时间会比较长。一节课有时两个多小时，有时候上一下午，因为去一次也不容易，会多上一点。经济压力很大，但我妈妈让我不用操心这方面的事情。我担心爸爸妈妈付出这么多，结果我最后学习没有出成果，所以我好好学，拼命地练。

董倩：别的像你这么大的孩子，他们都上网玩手机。手机是很分散人精力的。你觉得这是损失还是得到？

马奕菲：得到，省了好多时间。有的人玩手机，会看一些没什么意义的东西，我不看，确实会省下时间。

董倩：任何事情有得都会有失。手机会浪费时间，但你也会损失一些，比如盲文的世界里，不如普通世界有那么多书可以看，这可能是一个损失。

马奕菲：手机上有听书软件，平时我也会挤出时间来听书。我听的书比较多比较杂，之前听过一些名著，我比较喜欢科幻文学。有一些小视频我通过听也能分辨意思，但我觉得比较无聊。

董倩：在这十几年的时间里，你父母在音乐上是怎样帮你的？你妈妈懂一点音乐，你爸爸呢？

马奕菲：我爸爸之前是完全不懂音乐，唱歌跑调。我妈妈很忙的时候，爸爸为我专门学了识谱，读谱给我听。他会给我唱音，但唱得完全不准。说谱会有低八度和高八度的区别，我感觉他唱的是低八度，但其实是高八度，这种情况一般我会专门跟他说。有的符号不明白，他会在网上查。我能想象这种难度，学一个之前完全不会的东西，还要读出来。这确实是一件很了不起的事情。

董倩：冬奥组委是怎么找到你的？

马奕菲：当时他们说要找一名盲人小提琴手，发到了我们的一个群里。我妈妈看到之后，就把我的资料报了上去，拍了一段我拉琴的视频发给组委会。他们初步确定是我，让我去北京当面考核。去之后我简单排练一下，走了一遍，组委会可能觉得还好，最后确定下来是我。

董倩：在这个过程中，你心里的起伏大不大？

马奕菲：很激动，我没想到会有这样的机会，能让我在一个很大的舞台上展示，是很难得的。我不光想拉给别人听，也是为了表达我自己的感受。

董倩：最后确定的曲目是《雪花》，你有没有感受过雪花？

马奕菲：我摸过雪花。我想的更多是这首曲子表达的是一种怎样的感情和意境，我会用一些形容词来想象，给我的感觉是很轻盈，虽然它叫雪花，但感觉是很温暖的。曲子不长，只有几个小节。把它拉下来不难，但如果想拉出感情，还是有一定难度的。我需要想怎么处理感情，不过总体还好。

董倩：在演出那一天，你站在那样一个万众瞩目的地方，你心里在想什么？你能感受到什么？很多人看着你，但是你看不到别人，你也看不到周围的环境。

马奕菲：候场我听到很激动人心的音乐。往台上走，是踩着鼓点的韵律和节奏的，我特别激动，有特别昂扬的感觉。

董倩：你能感受到这是一个什么样的环境吗？

马奕菲：我只知道我站在一个舞台的中间，是吗？

董倩：是，正中央。

马奕菲：站在舞台上面，周围都比较空旷，就这样。

董倩：陌生总会让人心里感觉到有一些恐惧，你当时会不会有？

马奕菲：当时脑子里只想着怎样把曲子拉好，基本上是空白状态，上台之前我觉得紧张。

董倩：能够在这样一个重要场合表演，对你的影响有多大？

马奕菲：影响很大。在参加这个节目之前，我们有一段时间很迷茫，总觉得看不到希望。当时去北京，经济压力确实比较大，人也很累。再加上新冠肺炎疫情不能去北京学习音乐，只能上网课，但网课效果没有在现场那么好……能参与这样的演出，证明我的这些努力都是有用的，是有人能看到的；再一个，我也不想辜负大家的期望，好多人都知道我，都希望我能越来越好。

董倩：之后是要高考了，2022年3月到2023年6月，一年多一点的时间。你有没有定下来，要考什么学校？

马奕菲：当时我在北京住在我作曲老师家。他知道我跑北京确实很困难，考试之前两周或者一周的频率是不够的，我必须每天学习每天练，所以老师让我先住在他爸爸妈妈家，这样我可以每天去上课。我特别感谢我老师一家，没有他们，我不可能有今天的成就。

3月份考的是星海音乐学院。中央音乐学院虽然报了名，但最后还是没有考。当时这样高强度训练专业课的时间确实不长，我其实是没什么信心的，加上家庭各方面的原因，有经济压力。星海是我比较喜欢的学校，能去星海音乐学院是很好的。

董倩：如果你以后想要去那么远的地方，自己行吗？

马奕菲：不行也得行，我觉得是可以的。他们尽量不陪，除非确实很困难，但困难没有想象中那么大。我最近也在练生活技能，生活自理能力我是可以的，如果在学校走路，我也可以自己完成，学业我可以通过一些电脑软件来完成。所以我觉得困难并没有我想象的那么大。

董倩：为什么要学作曲，这对健全人来说恐怕都是一件很难的事情。

马奕菲：一是我确实比较感兴趣，相对于练琴，我还是更喜欢作曲。二是因为作曲是我到目前为止，学得最好的一门课。

董倩：你能以它为生吗？未来可以拿它养活自己吗？

马奕菲：我希望是可以的，因为我的老师也是通过作曲来就业的，我觉得我应该也可以做到。

董倩：想过自立的那一天吗？

马奕菲：想到过很多，憧憬未来能自己挣钱。

董倩：我想你一定看过海伦·凯勒的《假如给我三天光明》。有没有想过，假如能给你三天光明，你最想做的事是什么？最想看的人是谁？

马奕菲：我先看看爸爸妈妈，妹妹，还有我的老师，我的同学朋友，尽量看看所有的人。我也希望能看看外面的世界，看看大海，看看鲜花，我希望能记住很多种颜色，因为我现在对颜色非常好奇，尽量多体验一些能看见的感觉。

董倩：菲菲，你有没有心里很委屈的时候，会抱怨，为什么老天爷没有把眼睛给我？

马奕菲：我没有这么想过。我觉得我从小到大还是很幸福的，大家都很爱我，我没觉得有特别受委屈的地方。有一些确实比较难，但是每个人都有自己要面对的不同困难，所以我觉得还好，没有怎么抱怨过。

董倩：长大之后，你会觉得跟别人有不一样的地方吗？

马奕菲：肯定有，但是我觉得区别没有那么大，大到不能克服。一个能看见的人去上大学，肯定不会像我这么费劲。但我也可以做到自己上大学。现在科技越来越发达，很多问题都能用科学来解决。

董倩：菲菲，你这么大的姑娘是最爱美的时候，但现在很遗憾的是你看不到，你怎么爱美？

马奕菲：不影响我爱美，我喜欢穿漂亮的裙子。我会问我妈妈，这条裙子是什么颜色的，虽然我不知道这个颜色到底是什么样，但我会知道一些颜色大概能给人带来什么感觉，通过描述是可以知道的。一般颜色可能会关联一些独特的形容词，比如不同的红色可能会有不同的感觉，有的是喜庆，有的是热烈，有的是明艳，有时候血红色可能会比较恐怖。我能够通过大家的描述来猜测一下给人的感觉。

董倩：有没有人夸过你长得漂亮？

马奕菲：有。他们说我皮肤很白，五官比较好看。

董倩：你看不到自己有点遗憾。

马奕菲：其实是有一点。

董倩：对未来有信心吗？

马奕菲：有，现在科技越来越发达，我觉得未来还是很有希望的。

董倩：我还有一个问题，你怎么感受到时间和节奏？

马奕菲：如果是白天黑夜，我自己肯定不知道，我只能通过看时间，还有看看大家都在干什么。通过知道时间，我能感知到到底是白天还是黑夜，我也能够通过时间来掌握节奏。我可以通过温度来感知春夏秋冬，春天会有花香、青草香。秋天会比较凉。秋天的空气会给我一种很不一样的感觉，我很难描述。

董倩：你觉得你比别人更有耐心，还是比别人更没有耐心？

马奕菲：我不能说比别人更有耐心，至少我比我妈妈更有耐心。

二、采访哈春燕

董倩：孩子是什么时候查出来有问题的？

哈春燕：她出生之后六个月。我妈妈带她，突然有一天发现她的一只眼睛看不见。在阳光下看她那只看不见的眼睛，瞳孔是亮的，特别亮。赶紧把她带到银川眼科医院，一位七八十岁的眼科老大夫给她看完以后说，这个孩子没救了，她可能连命都保不住，你们要做好心理准备。我接受不了，当天就带她去北京同仁医院。手术过程中，大夫查出她的另外一只眼睛也一样患有视网膜母细胞瘤。当时就把看不见的那只眼球摘除了，另外一只还能看得见就保留了。后续治疗方案对一个六七个月的孩子来说是非常痛苦的。大夫说即使能保留住她的这只眼睛，最好视力可能也只是0.01，相当于有光感。当时确实很痛苦，孩子很受罪。

董倩：她是什么时候一点光感都没有的？

哈春燕：2岁多的时候。她是一点一点看不见的。特别心痛，这是一个特别慢的过程，我们知道她迟早会看不见。她会表现出非常烦躁的情绪，可能这是她最痛苦的时候。这是一个逐渐接受的过程。得接受，这就是给我的命，也是她的命。好久没有想过之前的这些事情。（掩面擦泪）不愿意去想。我觉得现在挺好的。

董倩：做母亲最关心的，一定是孩子以后受什么教育，她的未来是什么样。你们当时是怎么规划的？

哈春燕：其实一开始什么都不懂。但是作为母亲，当我知道我孩子看不见时，我应该怎么做，让她最终成为一个什么样的人，这一点大致是清晰的。所以我开启了一个不停学习的过程。我得搜集情况：盲人是怎样学习的，怎样就业的，还有他们的生活状况。想着她适合做什么，平时观察她喜欢什么，她是什么性格，一点一点地探索尝试。

家里有一架钢琴，结婚时候买的，我喜欢，但我不太会弹。她三四岁就打开琴自己边弹边唱。我发现她挺喜欢，就想请一位老师教她，尝试一下在音乐这条路上走下去。她面临的困难有很多，从手形开始就看不见，老师给她的所有要求就只能体会，而且她年纪小，回来以后需要我手把手地帮她固定手形、坐姿，协调性需要我去把关。老师上完课以后，所有东西都需要我盯着她做。最难的是，我说的让她做到的动作和形态，她理解不了，我很着急。

弹钢琴时，我们正常人的身体会随着音乐律动。她看不见，所以她除了发力时身体会自然配合着动之外，没有弹钢琴时形体上那种自然流动的美，不论跟她怎么说，她都动不起来。钢琴表演不仅是发出声音，形体也在表达，她体会不到。后来拉小提琴，其实声音好，跟形体、运力、运弓都有关系，但我只能给她描述，她来体会，这是最难的。当她体会不到的时候，我心里很着急。

弹钢琴两个音跨度很大，能看见的人速度快时都会出错。她就需要凭感觉，肌肉记忆，连贯地把这一句连下来。一句她要反反复复练几百上千次。这一个月，她只练这首曲子的这一个地方，一直在练。刚开始她边练边哭，但她一直不放弃，无论怎么练，这个曲子还是会出错。但没关系，暂时放过它，换下一个曲子。现在她弹一些大曲子，已经很少出错了。其他孩子练几遍就不会错了，她要把这个做准，就要提前比其他孩子付出多得多的努力。

董倩：您是做母亲的，看着孩子这么练，心里是什么滋味？

哈春燕：很难受，但又无能为力。想着她总会度过这些困难，我总是告诉自己她一定会，练一练一定会更好，安慰自己，也安慰她。后来她弹的曲子越来越多，我就在中午休息的时候看着谱子把录音录下来，这样她就可以边听边学。后来她的需要量太大，她爸爸就说他来学，没什么难的。他自己看书，奕菲也教他，学得很快。后来她爸爸不仅要给奕菲说谱，还要把她作的曲子打出来，翻译成五线谱，这对人的时间要求会更高，只靠我一个人不行。她爸爸现在打谱的速度比我快，比我熟练得多。

董倩：其实你们难在把它说出来，女儿还要把它记下来。

哈春燕：她记忆力很好。一个大谱子，我们说起来都很难，何况她要背下来，而且她不是今天什么都不干只背谱，她要在学习结束之后，临睡觉前抽点时间来背，其实那会儿她大脑已经很疲惫了。我跟她说："你一定要记住，我不给你再说第二次，我没时间。"她说好的。一次大约是一页A4纸大小的谱子，我一次说完，她能一次背下来。我基本不让她再来第二次，我说我受不了，没时间且很累，你一定要把它都记住。她说好的，我知道。她的记忆力确实比别人好，也努力。

董倩：这和后天开发是不是也有很大关系？

哈春燕：我觉得跟她学音乐、学钢琴有关系。最重要的还是练习。我的耐心真远远不如她，她的耐心可能是天生的，跟她性格也有关系，她喜欢静，她慢。

董倩：老天爷没给奕菲眼睛，但同时也帮助她把很多杂念都排除掉了。

哈春燕：对，她不喜欢接受外界过多干扰。其实我们能做的她都能做，游戏她可以玩，视频她可以听。但是她从小要学的东西太多，不管理时间的话是学不过来的，所以她知道自己不能做没意义、浪费时间的事，慢慢地就会管理自己的生活和时间。9岁，她的钢琴老师在宁夏大学音乐厅给她举办了一场钢琴独奏音乐会，有一两百人，一共弹了十几首曲子。我坐在观众席，能有这样的独奏音乐会，第一次感觉到钢琴学了那么久，对我是一个安慰，特别欣慰我的孩子能在台上表演。

董倩：您没有用"自豪"，而是用的"欣慰"。

哈春燕：我之所以没有用，是因为我觉得她表现得不是最好，我一直对她的期望和要求比较高，我老关注这首曲子有没有达到她的最好状态，有没有弹到最好水平。

董倩：对一个身体有重大缺陷的孩子，母亲往往会低一格要求她，但是你反而会高一格，为什么？

哈春燕：她不能因为身体的缺陷而降低标准，她终将走向社会，社会不可能因为她看不见，是残疾人，而降低对她的要求。她的困难是一定要克服的，因为要达到的目标是不变的，不能因为困难太大，目标就随之降低。所以奕菲在表达自己的时候，她都不会说得太满，从来不会说很好、非常好、很不错，她不用这样的词，她都说还可以。我反思了一下，跟我有关系。

董倩：你在用不仅是不低，甚至更高一格的标准要求自己身体有缺陷的女儿时，心里应当是矛盾的，一方面这意味着她要受很多的苦；另一方面，只有对她高标准要求，她才能有一个可靠的未来。心理上有时候是分裂的。

哈春燕：是，所以要克服，这就是面对现实。我会把握这个度，在她能接受的范围内，让她做到最好。我会观察她，如果她实在是接受不了，很难受，很痛苦，我也不会强迫她。

现在的孩子都不容易，她这么辛苦，其他孩子也在做。我常常跟她说，你不要觉得你晚上学到十二点、一点很辛苦，别的孩子也一样辛苦，每天只睡三四个小时。

董倩：她身体是有弱项的，可以停下来甚至躺平，为什么不这样？

哈春燕：因为我始终坚信，有一天她一定能看到。我们的医疗科技越来越发达，这样发展下去，她有一天肯定会看到。等到她能看到的这一天，如果她除了能看到之外，其他什么都不会，什么都没有，那该是多么痛心？所以我经常跟她说，你现在做的这些事情，你所付出的努力，都是在为能看到的那一天做好准备，你有底气和资格。等到了那一天，不会是能看到却什么都不会。你看到了，不意味着你的生活发生了质变，你能突然从这个人变成另外一个人。你仅仅是因为能看见，而使你的体验更丰富，能感受到更多的讯息。视觉会帮助你，让你生活和学习变得更加方便，仅此而已，没有质的区别。

董倩：您有一段时间会不会有点自卑的感觉？

哈春燕：有。刚开始那几年，其实也是我跟她爸爸内心建设的过程。我们一直都是在慢慢摸索，克服了一个困难，达到了一个目标。我觉得原来是可以克服的，是能做得到的，那我们就再向外延展，再去探索，再克服一个困难，又达到一个目标，我们会更大胆地探索。我们是在跟她一起共同成长。

董倩：其实能开钢琴演奏会已经很了不起了。这个时候她受了什么影响，又要开始学弦乐，开始学小提琴？

哈春燕：还是因为她喜欢小提琴的声音。我说会不会更难？她说没事，妈妈，我们试一下。小孩子的好奇心，我若能做到就尽量满足。学小提琴真是一个非常煎熬的过程，我现在想起来都心有余悸，不想再经历第二次。小提琴首先是弓直，正常人也有可能拉不直，可想而知有多难，非常痛苦。看着她哪里不直，帮她纠正，一直要提醒她。这至少得经历一两年，直到现在，如果几天不拉，她一上手还是需要我们帮她看着，等找着感觉之后就不需要了。

董倩：您能体会在黑暗中寻找这种直的感觉吗？

哈春燕：我闭着眼睛试过。跟小提琴比起来，钢琴上找音的苦只能占到三分之一或者四分之一，小提琴真是太难了。她12岁学了作曲以后，学三门课：钢琴、小提琴、作曲。有一段时间我实在受不了了，一是精力顾不过来，也有经济上的压力。我说："菲菲，小提琴我们能不能放弃？你现在学作曲，还弹钢琴，小提琴你也拉过一段时间，我们放弃吧。"她哭着说："我不想放弃，我已经拉到现在了，我能不能一周只拉两次或者三次，每次只拉半小时，但是我不想放弃。"听她说那些话我心里特别难受，孩子都这样说了，父母不管有多大困难都要支持她，所以我答应她继续学。其实想放弃的那一两年是我们这个家最黑暗的时候。

董倩：为什么想让她放弃？排不出时间吗？

哈春燕：时间是个因素，还有因为看不到希望。刚开始，我是想让她学一门爱好，在无聊、无助时可以有音乐做伴，同时让她有一个渠道可以宣泄自己的情绪。随着她长大，我们开始思考以后的出路在哪里，想让她学得更好，可是依然看不到出路。因为现在学音乐的孩子太多了，正常孩子都竞争得那么激烈，我的一个盲孩，她能学到哪一步？至于最终能不能靠这个养活她自己，我看不到希望。我也迷茫和怀疑过，学音乐要耗费非常多的时间和精力，她如果把这些用在其他方面，比如学习其他专业，学习文化课、法律、文学等，会不会获得更大的收获？有一段时间我自己的意志不坚定。幸亏她没有受我太多影响，一直按部就班地学。

董倩：虽然孩子小，但是您从孩子身上学到了什么？

哈春燕：学到了很多。我们是互相学习，共同成长。她给我最大的感动是她的毅力和坚持，能吃苦，正因为她的不放弃，我们最终才能登上北京冬残奥会闭幕式的舞台。如果听了我的，放弃了小提琴，那么冬残奥会闭幕式也就没有她了。真正要选一名弹钢琴的盲人，她的水平是达不到的，正因为她学了小提琴，没有放弃，她才有机会。残奥会闭幕式结束以后，她的自信心得到了极大鼓舞，对我来说也是。我突然意识到，任何事情，任何困难，只要你坚持了、努力了，一定会有收获。这个收获是迟早的，不要因为短期的黑暗而放弃，否则会是非常大的遗憾。

董倩：所以说命运到底公平不公平？单论命运没有给菲菲眼睛，这是绝对不公平的。但是在努力这件事上，是绝对公平。

哈春燕：绝对公平。只要努力去做，绝对会有收获，这一点毫不含糊。

董倩：她通过坚持换得这样一个宝贵的机会，而这个机会给她的回报又是什么？

哈春燕：帮助她树立自信心。从那以后，她觉得，原来我前期的这些付出和努力是有回报的，我能站在那个舞台上，很自豪。她回来以后更加有信心地去学习。

董倩：可能对于别人来说是个出名的机会，但是对菲菲、对你们家来说，这是鼓励的机会。

哈春燕：鼓励的机会。这一点我们非常清醒，菲菲她也知道，你真正学到的能力、本领，才是你立足于社会的基础。一次出名很快就过去，说明不了什么，而且外界可能会带给你一些干扰，你自己还要清除、屏蔽掉，你不能受它影响。

她这次上舞台是对我的鼓励，我选择的这条路是对的，可以走下去，打消了我之前的迷茫、顾虑，让我坚定了这个信念。

董倩：假如她是一个健全的孩子，可能一切都是平平淡淡地往前走，您不见得对生活有这么深的体会。

哈春燕：对，是因为有了她，才让我的人生更加充实，体验更加丰富。

董倩：那段时间你们从宁夏到北京来来回回地跑，前后跑了多少年？

哈春燕：从2018年7月份开始，跑到2020年初，将近两年。后来因为新冠肺炎疫情，不得不停下来上网课，上了一段时间，效果不太好，又停下来。

董倩：那段时间会感觉到经济压力大吗？

哈春燕：很大。之前我们有一点积蓄，我跟她爸爸都是公职人员，有工资。再就是减少支出。我不买衣服，不买化妆品，减少家里开销，把最大开销都放在她学习上。去北京除了交学费，其他一切从简。

如果老师说她进步很大，我觉得非常开心，非常欣慰。有时候老师说她怎么还没有做好，我会很茫然。站在北京的大街上，车来来往往，人来来往往，觉得自己好渺小，好无助。倒是她一直很坚定，也一直非常快乐。去北京学习的那两年时间，来回奔跑，她是最快乐的，感觉不到累。她说："妈妈，我不累。"去地铁站我们背着包拎个箱子，她背小提琴，还想帮我背包提箱子，尽量减轻我的负担。她怕我累，非常懂事。

董倩：菲菲看不到光，她长期在黑暗中。您能看到光吗？在您心底的那道光是什么？

哈春燕：我一直坚信她的未来是光明的，我一直觉得她看得见和看不见这个事情，对她一生的影响不是特别大，你自己的生命，你自己的人生，是你自己努力去追求的，你的幸福是靠你自己换取来的。我对她的前途、以后的生活是充满信心的，我觉得肯定会越来越好。毫无疑问。

董倩：设身处地地想，假如一位母亲赶上这样的事情，可能会像地震一样，需要有一个重建的过程。

哈春燕：对，这是灾难。

董倩：您也许在不同的生命阶段会想到，我这一辈子到底是幸运还是不幸？

哈春燕：如果让我选择，我肯定会选择她看得见。这是一场灾难。在她小时候，我更多觉得这是我们家的不幸、她的不幸、我的不幸，但是只能面对。现在看到她慢慢取得一些成绩，看到她目前的状态，我很欣慰。我觉得幸运和不幸其实是掺杂在一起分不开的。人生还没有到最后，我还不能回过头来看我到底是幸运还是不幸。但是，她看不见这个事情，绝对是她的不幸，这一点是永远也不可改变的。

董倩：命运给的并不是好牌，但是人可以努力把它打好。

哈春燕：对。你必须接受现实，在接受现实的基础上尽量努力。

父母对孩子的影响确实很大。你不仅要照顾她吃喝，帮助她学习，最重要的是你要给她看路，你要站在一个很高的高度，帮助她探路，帮助她选择道路。比起我平时照顾她吃喝，给她说谱，这不是一个层面上的问题。

从知道她看不见开始，我一直在想我应该怎么做。一个孩子出生，怎么教育孩子也是父母学习的过程，尤其是你遇到一个盲孩，我觉得我更要努力地学，学习我要做什么，我该怎么做。还有一点，父母也要以身作则，要让她感觉到父母也在不断学习。妈妈年龄这么大，还在学习新技能，我还有什么理由不学习？从这方面，想着引导她，我们共同学。我不仅学音乐这方面的知识，我也不放弃我的爱好，我喜欢朗诵、唱歌、打羽毛球、游泳。我要让她感受到，我们不会因为她的这种情况而放弃自己的人生，放弃自己的生活。我可以尽力帮助她，但是我们各自有各自的人生，我会活好我自己，我也希望她活好她自己。

董倩：其实人生悲惨不悲惨，幸福不幸福，都是人营造出来的。

哈春燕：对，都是自己的感受。把它当成灾难，不去重建，永远是灾难。如果重建了，就会有另外的生活，也许是幸福的生活。

（文字整理：郑蔚然、陈剑平）

我就是想看看
我能走多远

WO JIUSHI XIANG KANKAN
WO NENG ZOU DUO YUAN

• 邢益凡

父母把孩子带到了世界上。在年轻父母自己还在成长中，艰难地在世界上找落脚地时，还要花大量时间和精力哺育一个新生命。新生儿是那么娇嫩脆弱，必须在父母筑起的保险箱里度过相当长时间，靠父母的乳汁和汗水哺育长大。到孩子成年这段时间，父母是单向输出一切，用尽所有养成一个人，让他可以独立于世界。这之后，父母子女渐行渐远，更多是精神上的紧密连接。再之后，父母老了，子女养老送终。生命划圆一个圈。这是一种生命体验，也是一种人生责任。绝大多数人，会这样走完一生。陈旧老套吗？是的。人们所有的烦恼和幸福，也都来源于此。

邢益凡的父母是多么羡慕这样的生活。可是他们一辈子与这无缘。老天爷给了他们一个身患大病的儿子，让他们无时无刻不生活在煎熬里。别人孩子越长越舒展，越长越有力，他们儿

子越来越蜷缩，活动范围越来越有限；别人的孩子越来越能独立出父母的怀抱，他们的儿子却越来越什么都要依靠他们。

命运对一个人最大的惩罚莫过于此了，天天都在受刑。可在这人生的极寒之地上，这对父母硬是生存下来，并且开出了一朵花。让人感慨父母对孩子的付出，世间再难找出这样无尽而竭尽全力的爱。

40多岁的邢大成精瘦有力，脸上没肉，一笑，嘴角眼角的皮肤会在一瞬间堆起褶子，每一条好像都替他顶着生活的重担。孩子落生以后的最初10年里，他没笑过。本来人生是可以漫不经心大段大段往前走的，每一天别人怎么过他们也怎么过。可是孩子的病把他们的每一天都切得清晰明了。一睁眼，孩子要

洗要吃要学习，这个小生命的一切，都要借助他们的肢体来完成。

儿子邢益凡到这个世界一遭，不会像别人一样有完整而充分的一生，不知道在哪一天他就会走了。虽然做父母的不敢去想，但心里清楚这是躲不过的结局。命运给他们家的就是这样一个  设置，更改不了，只能在这条路上走。每一天对邢大成夫妻来说都很艰难，孩子像婴儿一样，离不开视线，而且需要特别呵护。每一天对邢益凡来说，更是煎熬，他畸形的身体给他带来的难受，别人难以体会。父母遭的是双份罪，一份是自己身体疲惫不堪，一份是眼见自己孩子身体畸形和痛苦带来的灼心之痛。

在这样油煎一样的折磨里，生命的意义到底是什么，这个终极问题渐渐清晰。必须回答，否则无法走过日复一日永无出头的黑暗隧道。费这么大劲维持着生命，是为了什么？必须让孩子学习，去认识、理解他生存的这个世界，掌握与这个世界对话的能力，这样这个生命才会有自己存在的意义。哪怕他稍纵即逝，也会留下存在过的痕迹，不枉来一遭。

说不清是儿子活在他们身上，还是他们活在了儿子身上。反正就是这样，他们一家三口成了一个生命体。邢益凡因为病而导致的蜷缩身体里，有着一颗不屈服的心。他做的一切让所有人看到，残缺的身体不会束缚他的聪明智慧和过人的毅力勇气。他努力的每一天，都有意义。

如果一开始是父母拉扯着孩子在艰难跋涉，当邢益凡开始展现出不屈不挠的个性时，就是孩子在拉扯父母了。父母渐渐变老，身体渐渐有点支撑不住了。有一次父母问起孩子为什么要这么拼，孩子的一句话让父母百感交集：我就是想看看我能走多远。这个生命是自己孕育的，肢体是残缺的，但是他的顽强和勇敢却让他们一家有了一副隐形而有力的翅膀，把他们从无穷无尽的精神苦难里解脱出来。

董倩：每天累吗？累会跟家里人说吗？

邢大成：不用说，大家都累。我和孩子妈妈还能扛，孩子累也不说。

董倩：9月19日是他18岁生日。今年跟以往不一样，你们有什么想法吗？

邢大成：18岁是他从孩童到成人的分界线，从中学生到大学生的转折点，也是他从家乡一个温暖的小窝来到这个陌生大城市的节点。我们想说想做的有很多，但怕做不到，只能通过蛋糕，表达一份祝福，让他能高兴一下。他高兴的事不太多，旅游对他来说很痛苦，他受不了颠簸。

董倩：你们怎么来的？

邢大成：坐卧铺来的，十几个小时。妈妈崴脚了，十大包行李托运，都是靠朋友帮忙。这18年来我几乎没出过差，单位到杭州去过两次，到北京治病看病来过几次，其余时间从未离开过。

董倩：您的生活完全是陪着孩子的。

邢大成：不光是我，我们家三个人是个稳固三角形，有一个人必须贴身陪着他，家里其他事情，就得由另一个人办。

董倩：他活在你们身上，或者说你们是活在他身上的。

邢大成：可以这么说。

董倩：旅游的快乐他享受不到。还有哪些他是享受不到的？

邢大成：他愿意看电影，但看一次要休息很长时间。我们只要出行，必须得全家，一个人身上背着很多东西。我买的第一辆车是森雅，那辆车不大，但后备箱特别大。所有东西都能装，包括轮椅。我不叫轮椅，我们叫小车。

董倩：为什么不叫轮椅？

邢大成：不想提那个词，不接受。

董倩：带着小车为什么还要再带着椅子？

邢大成：车便于推行，但坐不住。那个小车得经过改造，买最轻的。轮子要换成充气的，颠簸会小一些。凳子也是专门加工的。我爱人手挺巧的，买了各种材料。他的垫子得坚固，得厚，坐上去又得软。垫子一共有三层，第一层是比较硬的泡沫，上面是软包装箱的泡沫垫，第二层是棉花，第三层是蚕丝面。

董倩：只有爹妈才会这么细。那次看的是什么电影？

邢大成：小孩爱看的，有关龙的一部电影。其实我不愿意看，但看着他开心我也挺高兴的，因为孩子高兴的时候少。

董倩：还有什么事能让孩子开心的？

邢大成：吃还可以打动他。但他吃得很少，最多也就一两。平时吃不进去，吃点就饱。因为他胃小，脊柱变形又压迫着胃，再一个他活动量很小。一般人运动完了觉得胃口大开，他没有那个时候。小学吃得更少，中午吃四五口就不吃了。我们夫妻俩就上抖音学，找容易做还有营养的。鸡蛋辣椒柿子他可以吃，但他不吃第二顿。跟正常小孩一样，也调皮，也挑食。

董倩：说他不说他？

邢大成：有啥可说的，说也烦，因为确实很累了。我有时候也跟他说，爸爸太累了，咱们能不能将就将就？一天三顿，一顿不能少。上学之后好很多，有食堂了，但有好些食物他咬不动，因为牙齿不能咬合。人有下颌骨，有肌肉，要经常咀嚼粗糙食物，咬肌会变得强壮。食物太精细，脸会变长。小学有些同学就说他，邢益凡不是瓜子脸，是瓜子仁脸。

董倩：到北航来读书，能坐着上课吗？理论上应该是坐一会，再放平一会，有这条件吗？

邢大成：没有。人工调节，我托着他脑袋往上，给他分担一部分力量。我跟着一起听。

董倩：能听懂吗？

邢大成：能听懂，但听不进去，没工夫。

董倩：您感兴趣吗？

邢大成：不太感兴趣，因为我用不到。现在注意力已经被消耗得太多了，疲于应付，没有那个精力再获取点什么知识。

董倩：您当时在哪读的大学？

邢大成：在长春读的工科，所以到北航特别亲切，就好像回到了年轻的时候。我要是在这学习得是件多么荣耀的事情。

董倩：邢益凡身体能动的能力，是和年龄成反比的？

邢大成：成反比。小时候他还能动，还能骑自行车，骑得还挺好。

董倩：这是一个慢慢丢掉能力的过程。很慢吗？还是说马上就这样了？

邢大成：隔一段时间就会有变化。小学头三年，后三年，上初中，上高中，现在上大学都有变化。

董倩：2003年出生，什么时候发现身体有异常？

邢大成：三个多月照百日照时，摄影师发现不对，说有些动作做不出来。一些特定姿势，比如翻身，还有肚皮趴在那，腿、脚、脑袋都抬起来，像个小人飞那个动作，做不出来。他拍几张照片之后特别累，在那就睡着了，一睡睡两个小时。摄影师悄悄跟我说，上医院看看缺钙还是缺什么。当时觉得是孩子体质先天弱。到长春各大医院走了一圈，一查，孩子状态不对，医生给出各种猜测。那时候我就很着急，感到崩溃，不知道怎么办。隔了几个月，那天是2004年正月十六，机缘巧合，到北大妇儿医院做检查，熊晖那个团队医生一看孩子是肌张力低。

董倩：你们心里受到多大打击？

邢大成：不接受，认为不能是这个病。

董倩：医生告诉你们这个病发展下去会是什么样子吗？

邢大成：他们没说。

董倩：你们问了吗？

邢大成：不敢问。到那个病房的都是很严重的病。真不敢问，不敢想后果。而且对这个病也没有确定说法，还是抱一个侥幸心理。

董倩：你们也会从各种资料里面查，偷偷去找？

邢大成：对，偷偷找。不敢往最坏地方想，总想让医院给个说法，总是问。医生只能告诉我是肌源性损害，这个病的来源是肌肉。像霍金这类的，他是神经出现问题。王朔有本小说叫《过把瘾就死》，有一个人是肌无力，那是神经与脊柱接头那块出现问题，跟他还不一样。其实是我们自己不敢面对。大夫的话是很专业的，你需要仔细品读。医生说：生命的存续很艰难。

董倩：孩子得了这种病，家长从心里面本能会问他能活几年？他活下去会是什么样？我估计您当时也一定是想问这些问题。

邢大成：对。资料显示有活几年的，十几年的，二十年的。

董倩：您看到的最长也就20年？

邢大成：20年。

董倩：这只是单纯的寿命。生活状态、生活能力是什么情况？

邢大成：生活状态越来越退化，一天不如一天。一开始五个月还小，在北京待了一个月，抱着无所谓的态度，没想那么远，也不敢想那么远。我宁可等大夫出结果告诉我，孩子没这病，你们赶紧走，再想其他的。那是我最想听到的结果。

董倩：老邢，你虽然不懂，但是心里面模糊的轮廓已经画出来了。

邢大成：不敢往下想，心存侥幸。

董倩：但它会越来越清晰的。怎么过？怎么做准备？

邢大成：那些日子我爱人情绪很低落，我还劝她来着。孩子那时候跟正常孩子没什么区别，他妈更伤心。我劝了很长很长时间，车轱辘话来回说：别老往坏处想，咱孩子现在没毛病，没准不是这个病。孩子到了该上幼儿园的年纪却待在家，因为没幼儿园敢收，他站不起来。一开始跟老人住一块儿。那时候爷爷奶奶都退休了，为了方便，在单位附近买了个房，奶奶通勤来帮着照顾。0岁到6岁，这6年都是在家照顾。

董倩：有了幼儿园不收这个经历，你们夫妻两个谋划过没有，这学怎么办，上还是不上？

邢大成：到了6岁我们也很焦虑，怎么办？他没有小伙伴，很没意思，就是看电视，奶奶跟他在一起大眼瞪小眼也没意思。语言表达能力可以，但是经常说小孩说的话。上小学了，不说左手右手，说左只右只，因为奶奶一直把他当月子里的孩子看待。他行动能力差，力量弱，大家本能都把他当一个小婴儿，所以他语言表达水平还处在婴儿状态。

董倩：奶奶带他去小区院子里转转，能交来朋友吗？

邢大成：我们家在6楼，奶奶岁数大，抱不动，下不了楼。吉林市有个北山，我们家在北山下边住，我回家第一件事是抱着他进北山公园转悠。他对小的精致的东西特别感兴趣，愿意抓在手里。

董倩：有没有到邻居家做做客，或者找几个亲戚朋友来家里面跟他成为朋友？

邢大成：邻居家肯定不愿意去，因为谁家有这样的事都不愿意让别人知道。周六日经常上他姥姥家去，舅舅家有个比他大3岁的姐姐，能玩到一块儿去，他特别开心。

董倩：曾经被幼儿园拒绝过，那学校会不会也拒绝？

邢大成：这是我们最担心的。很多人说这孩子应该送到特教学校，但我不甘心。孩子眼神很清亮，说话很清晰，外形也很好看，不想把他送到那里去，总觉得应该让他接受正常的教育。

董倩：如果小学也像幼儿园一样不收您家孩子怎么办？你跑过关系没有？

邢大成：跑过。特别忐忑，怕被拒绝，但必须得去。我走到吉林市船营区双语实验小学门口，不敢往里进，又走回来。多少次到门口都不敢敲门。大爷问我什么事，我说没什么事路过。不敢问，害怕拒绝。

董倩：怕没余地了？

邢大成：对，就是怕人家一口把你拒绝，第二次没法再跟人家说。来来回回这么一个月。

董倩：一般都什么时间去？

邢大成：中午，因为也没别的时间。后来不去不行了，要开学了，硬着头皮去，问校长在几楼，我说孩子要上学，人家让我进了。那天还真巧，遇到了校长程艳春。她说能听课吗？智力有没有问题？我说没问题。她说收，没问题，只要是咱们学区就收，特别痛快。我特别高兴，特别感谢她。她把孩子求学路上的第一扇门给我们打开了。

董倩：意料之中还是意料之外？

邢大成：惊喜，是良好的开端。回来之后真是欢欣雀跃，高兴得不得了。孩子也高兴，盼望上学，他也没正经上过课，就是奶奶教过他写几个字。

董倩：孩子上学的时候身体状况怎么样？

邢大成：还能坐。他得掌握好平衡。他不像别的孩子那么活泼跑来跑去，很安静。姿态上跟普通孩子稍稍有些差异，但不算太大。

董倩：需要特别照顾吗？

邢大成：需要。一开始我们俩不放心，跟学校商量，能不能让我们俩跟班听两次课，跟两天。我们还跟老师沟通，告诉老师如果孩子出现问题该怎么办。学校同意我们来教室，他在前面跟他同学双排坐，我在最后面跟着一起听课。上完课老师说还可以，还能坐住，同桌也比较小心。老师说自己也是有孩子的，也是妈妈，生活上的事没问题，孩子上厕所老师能扶着他。我们很感谢老师，也感到很暖心。我们就怕他受歧视，因为有自卑心理。侯老师抱了孩子6年，孩子上哪去都抱着。到现在我们一直是很好的朋友。

董倩：这6年别的孩子越长越大，您家的孩子呢？

邢大成：越来越差。我算好下课点，一天得去几趟。早上送去，上两节课我得去一趟，看看孩子，不能让老师总那么累，也扶着他上次厕所。中午我得喂饭去，然后下午再去一次。他坐不住，倒过一次。他不像咱们，摔倒了有个下意识的自我保护，他没有，脑袋直直摔在水泥地上。班主任给我打电话说孩子摔了，我特别着急地赶过去。我看出老师的眼神很担心，但我第一句就跟老师说，孩子有毛病我们自己知道，跟老师、同学以及学校没关系，我带他上医院，你放心。我们俩打车上医院，车一颠孩子就吐，我们俩就哭。不是孩子的错，不是任何人的错，是这个病给我们带来了很大的困扰。

董倩：虽然出现了这些意外，但是这6年老师和同学帮了你们多少？

邢大成：很多。一个女同学跟他一桌，挺照顾他的。同学和他一起玩，他很高兴，因为有小伙伴了。大家拿小东西分享，有什么高兴的事互相讲，他特别高兴。

董倩：你们什么时候发现他脑子好用的？

邢大成：学习上他不服输。别的孩子上过幼儿园，小学二年级知识都会了，他一点也不会，从头开始学。他没把学习当成一个负担，而是当作一个很好玩的事情。他不与别人竞争，但是他不能接受不好。双语实验小学一年级就开始考英语，他一天没上过，单词都不会，回来他就不干了，让他妈妈教。他们经常考试，测验是一百分，会发双百卡片给到他，他高兴得不得了，回来之后就给我们，一定要照相。他很要强。

董倩：这6年孩子得到了什么？你们夫妻俩得到了什么？你们家通过这6年得到了什么？

邢大成：孩子收获了很大的快乐，找到小伙伴，这一点最重要。他上小学的6年，日子是这么一天天过下来的，没想太多。天天有很多重复的、令人感到疲劳的事情，我根本不知道哪天是哪天，我能记住周几有什么课，但今天几号完全记不住，没意义。

董倩：小学毕业的时候，他的身体状况怎么样？

邢大成：病情逐渐加重了，但还算可以。他原来骑车很灵活，现在有些动作做不出来了，肢体支配能力越来越弱。

董倩：其他十二三岁的孩子都多高了？

邢大成：高的有一米七。他不能用长度来量，因为他胳膊和腿是伸不直的，身体有些地方是蜷缩的。

董倩：毕业了以后，怎么找中学？

邢大成：这时候犯愁。他经常得100分，是三好学生，老师也挺喜欢他。双语实验小学的老校长认识二十三中景校长，把我介绍过去。孩子的情况说了之后，校长说没问题，不要有顾虑，孩子可以对口升学来，进了二十三中就是一家人，一家人不说两家话。更感动的在后面。他领着我在教学楼里面走，给我孩子找教室。孩子上初中了，上厕所得有单独的地方，我就问校长能不能找一个屋，多小都行，放个尿盆，放个坐便椅。

董倩：您希望用这种方式，给孩子留一点尊严。人家没拒绝？

邢大成：没拒绝，拉着我三层楼挨个教室看。

董倩：校长要是拒绝了您提的这个要求，是不是也正常？

邢大成：太正常了，所以我特别感激二十三中。这是最大的关怀，他能在那里休息会儿，在那儿吃饭，在那儿方便，对他身心健康都有好处。景校长领着我找，一楼太冷，二楼没有那样的地方，三楼有个小屋，那屋有沙发，有茶几，他说孩子都可以用。

董倩：你提这些要求的时候心里是怎么想的？

邢大成：壮着胆子提，得寸进尺地提。真是不容易，孩子往前提几排坐都是很不容易的，又碰到好人了。学校对孩子特别照顾，能让孩子上学，而且很尊重孩子，让他有尊严。

董倩：在孩子身体一天不如一天的时候，尊严这件事多重要？

邢大成：这是底线。孩子还是喜欢热闹的，他得出去，愿意上商场，愿意去肯德基这些地方，其实我不愿意带他去，外人的目光让我们很难受。我们就会护着他，挡着他。

董倩：周围人看到这个孩子，他们什么反应会让您没那么难受？

邢大成：他们看到孩子了，但目光没有那么长时间的停留。

董倩：您希望的这种尊重，在社会上是多还是少？

邢大成：少。那种绕着圈瞅孩子的人，让人很不舒服，你也不能说他。

其实这样很自卑的。我同事家在农村，有两个兄弟，兄弟俩又都生了儿子。爷爷在村里就领着两个孙子走，特别骄傲，那意思是说我们家有两个大孙子，他们是家族的传承，有下一代。而在可预见的未来，我们家没有。我感到自卑，很遗憾。

董倩：老邢，你不应该自卑，你和你爱人两个还有孩子在一起，比别人付出百倍千倍的努力。

邢大成：不接受这个事实，真的不愿意接受。总认为孩子不应该这样，命运不应该这样苛责他。

董倩：到初中他能支撑着一直听40分钟课吗？

邢大成：一开始可以，初二就有点累了。他们班主任杨老师当时身体也不好，看到这孩子，就鼓励孩子得坚持，不能放弃，得让他学习，不能任由他快乐。

董倩：老师的标准是不是比你们要严格？

邢大成：比我们严格。

董倩：这么严格要求他干什么呢？

邢大成：我们一开始就觉得孩子在这上3年学，之后的路还不知道该怎么走，为什么要求这么严格？老师说，上帝关上一扇门，肯定还会给他打开一扇窗，你不知道未来什么样子。老师负责，咱们也得跟着配合。

董倩：他愿意吃苦吗？他愿意继续往下学吗？

邢大成：孩子作业字写不好，他手软，字比较大，也比较潦草。班主任杨老师说这样的字迹，评ABCD等级就要打D，孩子心理上接受不了。他好好写，会很吃力，确实很累。他写一会儿，"哎呀"，往那一躺，"哎呀，歇会"，歇完之后他就再起来，"我还要写"，他想一定要写好。

老师是对的。因为不知道明天谁先来，不能因为惧怕就妥协。往前走一步会更好，往后退是可预见的不好，那你为什么不往前走一步呢？所以说我特别感谢杨老师，特别感激。

董倩：她的严格要求，给你儿子带来什么？

邢大成：成绩明显上升，谁要夸他，他可高兴了。看见孩子笑，我更高兴。中学里别人孩子是拿脑袋学习，毛毛是拿屁股学习。坐不住，屁股疼。从初三开始，坐一会儿他要歪着躺一会儿。他有个同学对他特别好，说话很有趣，很善解人意，眼睛里有活。老师就找他问，能不能跟邢益凡坐一桌，他说好。邢益凡上课自己胳膊是上不去的，得别人给他抬上来，这个小孩看到就帮忙。上课要写字了，把笔给他拿出来，马上就把他手端上去了。

董倩：你得怎么感谢人家？

邢大成：好朋友，带点好吃的。毛毛吃什么，他吃什么。照顾了将近3年，特别不容易。

董倩：他们现在还有联系吗？

邢大成：有，每次到假期肯定要来，我肯定带他们去吃饭。

董倩：你儿子在不断失去一些能力，但是也在不断地收获。

邢大成：对，收获了很多好朋友。

董倩：当时怎么选高中？

邢大成：当时他成绩很好，但二十三中没有高中，得离开了，特别舍不得。经常跟杨老师说，以后怎么办啊？杨老师给我们的鼓励特别大，说考高中。我说这高中可不像初中这么轻松了，能不能行？老师说能不能行那是以后的事，孩子现在得考，我们只能往前走，不能后退。

董倩：设想一下，没遇到这位老师，你会帮你的儿子做出什么选择？

邢大成：他会在家躺着，玩手机，我们得请一个保姆或护工。有了这个老师，邢益凡作业必须写，练习册必须改，老师不会因为邢益凡身体不好就对他放松要求。她说她的很多学生都是因为学习好改变了自己的状况，孩子有这样的身体，不往前走就没有别的路。

董倩：高中是吉林一中高级班。这是谁帮他做的选择？

邢大成：当时他中考考全校第一名，所有人都高兴，老师亲自颠勺做菜，我们一起吃了一顿饭，对未来就有信心了，觉得杨老师说得对。

董倩：那个时候想过未来了吗？

邢大成：那时候还不敢。我们心中只有一个目标，就像太阳似的。太阳在那儿，但你不敢看。知道孩子可以通过学习改变命运，但不敢说我们一定能做到，只是心中有这么一个理想，把这一天一天按照要求做好。

董倩：你们是怎么规划的？

邢大成：我们家没有规划，我们家就是着眼于度过这一天24小时。老师布置的作业就是规划，怎么完成它，就是我们的规划。他早上起来刷牙洗脸，你得拼着命地干。他刷牙很累的，背后得有一个很稳固的支撑，让孩子脑袋枕在胳膊弯里。他腿已经不直了，我身子得顶着他，尽量让他身子靠着你。他刷牙得拿电动牙刷，因为用普通牙刷刷牙更累。刷牙太往上了牙龈疼，太往下了不起作用，得找那个平衡点。找这个点很累的，得保持这个姿势很长时间，20分钟才能刷完牙。一个人抱住他，另一个人拿着水杯往他嘴里送水。一个人是完成不了的。

董倩：你们夫妻俩年纪也大了，每天要完成这个动作，完成一套下来自己身体什么状况？

邢大成：受不了，我腰天天疼，护腰天天戴着。再加上他一天数次上厕所，很累很累。

董倩：有比刷牙还累的吗？

邢大成：小便跟刷牙差不多累。大便是他累，我们心疼。所以我们能把这一天过下来就是我们的任务。每一天都是"冲锋陷阵"，就像"上甘岭"一样。坚持了18年。

董倩：你们也有头疼脑热的时候？

邢大成：不能有病，有病一天就过不下去。有过那么一次，早上起来我有点晕，感觉天旋地转，但那一天得过，没办法，只能咬着牙坚持。我咬着牙开车，咬着自己腮帮子里的肉让自己疼，小速度慢慢开，把他送到学校。之后我再打车到我教书的学校，给学生上实验课。当时随时能倒下，特别晕，受不了的那种晕。

董倩：睡过整觉吗？

邢大成：没有，两三个小时必须得醒。他睡一会儿之后会呻吟，睡觉姿势改善不了他会出声，那么我就知道他肯定不舒服了，得帮他调整一下姿势。

董倩：你这18年来睡得最长的一个觉是多久？

邢大成：春晚到父母家里，老人能替一下，这时候睡觉很舒服。

董倩：明知道难，为什么不上普通学校？这样压力也小，现在还要去冲这个高峰。

邢大成：还是那句话，他向前走还有希望，他可以上一个高中普通班，命运会不一样的。

董倩：您还期待儿子有什么样的命运？

邢大成：我特别相信科技的力量。第一次到北京治疗，查不着原因，只能给一个大方向：肌源性损害。9年之后，第二代基因芯片技术，实验室做成功了。给他做完分型之后知道什么病，知道哪段基因的哪个片段出现问题，这就有针对性了，下一步就是怎么用基因技术去治疗。只是这个病治疗起来会很费事。

董倩：您这么努力，就是等着技术也许能够救他？

邢大成：对。要领着他往前冲。

董倩：在等的过程中，让孩子保持一个战斗的状态，迎着厄运往前走。

邢大成：只有跟科技并肩往前走，才有可能在某一个时间让他和科技交汇，从而改变他。

董倩：考最好的班，是谁主意？

邢大成：我们并没有给他太大压力，都是默默想。我们也主宰不了他的成绩，只能给他做好后勤工作。上创新班，学习时间长，得上到晚上快9点。比别人多学将近3个小时。

董倩：孩子坐不住，为什么还要让他再多坐3个小时？

邢大成：如果想走学习这条路，注定要花大量时间。你不在教室坐着，也要到别的学习机构坐着，否则成绩不可能达标。不断地练习，量积累到一定程度才能达到质的飞跃。

董倩：这是对健全人说的。这种高强度的学习，您觉得行吗？

邢大成：我们两口子商量了很长很长时间，孩子回答：上，去学，报名，没问题。

董倩：他是没有充分预想到未来要受的苦，还是说他觉得能迎头上？

邢大成：他认为别人可以做到的事他也可以做到。高一很不适应，7月19日开课，数学第一册10天就讲完，很厚的100多页，普通班怎么也得教半个学期。天太热，孩子又体弱，调节能力差，他后来都虚脱了，汗出不来，出冷汗。他因为身体原因成绩下来了，那时候他的考试成绩很差，第一次数学考试不及格，下到年级200多名。我和我爱人跟他商量，说他身体吃不消，换到平行班吧。但孩子不干，他别的地方动不了，就拿脚尖对着他们班的门踢。他就要在这待着，他说自己是考上来的，肯定能跟住学习进度。他不服输，不放弃，不能接受自己不如别人。他想上，我们俩就得跟班陪着上课了。他一分钟都不能离开人，初中还没到这样，高中他已经坐不住了。

董倩：坐久了他怎么去躺呢？

邢大成：我扶着他。我要有课，我去上课，下课马上就来。我爱人得打卡上班，我要在这，她就在单位。

董倩：你们俩能坚持到今天，也得感谢人家单位。人家要是不给你这个时间也没办法。

邢大成：是这样。虽然我们人没在，工作肯定没落下，可以网上办公，她都是带着笔记本在他旁边。工作不敢丢，毕竟是经济基础。对于工作确是亏欠的。

董倩：儿子到了高中，身体状况已经越来越差了，他撑得住吗？

邢大成：他个子长大了，脊柱变形很严重。长骨头不长肉，肉没力量，筋腱不活动会缩短，会导致挛缩，他所有关节都是挛缩的。他上课只能动眼，头动不了。他答语文卷，尤其现代文阅读那类长篇文章提取中心思想的题，他看完这页看下一页，前一页他就得印在脑子里，否则这题就没法做了。

董倩：怎么考试？

邢大成：得别人帮他，他拿课桌撑着下巴视野会窄。在学校考试，都是我俩帮他移动卷子，拿笔，翻页，英语考试我们帮他涂卡。数学高考150分他拿了122分，选择题一道没错，一分没丢。

董倩：您跟他一块参加高考的？

邢大成：考试院很人性，找了两个特教学院老师监考，又找了医院康复科主任在旁边帮助，他有什么需求可以找康复科主任，特别体贴。

董倩：高考时间应该挺长的。

邢大成：他用时会更长。

董倩：怎么坚持下来的？

邢大成：就是咬牙坚持。

董倩：累成什么样？

邢大成：闭着眼睛不愿说话。

董倩：大学为什么报北航？

邢大成：2020年9月29日那天，他刚上高三不久，右臂骨折了。高三要学到半夜一点多钟，我太累了，抱着他上完厕所后，将他往床上放，他的手臂划到身后，一躺压住就骨折了。

董倩：那时候离高考还有多久？

邢大成：还有九个月。我找到我同学，他是骨科大夫，保守治疗，上夹具。那段时间太难过了，他右手上夹具三个月。卷子他看一套我拿一套，他口述我们写。他很疼也很难受。最终，他骨折三个月不仅分没降，反而还上升了。

董倩：你们有没有重新打量自己的儿子，他居然这么棒，你们从他身上学到点什么没有？你们一开始拉扯他，后来有没有感觉他从某种程度上是在拉扯你们？

邢大成：他妈妈问他怎么这么拼，他说就想看看自己能走多远。我们俩听完决定成全他、帮助他，有什么困难咱们共同克服。

董倩：你们夫妻俩怎么满足他？怎么帮着他往前走？老邢您别介意，知道孩子是这样的身体状态，你们两个有没有想过孩子能活多久？

邢大成：我们只能往前看，国家发展这么迅速，科技这么进步，我们就把希望寄托在将来。他现在的大学班主任让邢益凡先学习计算机语言，学会编程之后，要参与到他的治疗团队里去。因为他的需求他自己最了解，他要设计出治疗设备来，满足自己的需求，把自己服务好。这样的器具肯定能帮到更多人。班主任跟他说要眼望星空，未来要移民外星，挑战更多、更大，一定会用到他的经验。鼓励他，给他描绘好的前景，让他往前走。他2003年出生，2004年杨利伟上太空。之后，他看了很多航天航空类的科技节目。他说以后要开宇航飞机到太空，太空没重力，自己就跟别人一样了。

董倩：是因为这个才来北航的吗？

邢大成：别的学科学不了，化学、生物动手类的很多专业是受限的，他身体不合格。

董倩：对北航来说他身体状态合格吗？

邢大成：这得看怎么说，体检报告身体不合格，学校可以不予录取。他成绩出来之后就要报考了，我们翻了两本报考指南，知道分不错，那些院校基本都能报，但我们不敢给人打电话。因为学校可以拒收他。7月有一个学校见面会，很多学校在北航操场，学校老师能跟家长、同学直接沟通。我们在里边转，他们问我们想报什么，都鼓励我们。我们是借着大家鼓励的那个劲来到老师面前，把情况原原本本真实地跟北航录取老师说了，老师说："最难的事你们两口子已经做完了，剩下的我们来接手。"那时候真是太激动了，没有再想下一家，就报北航了。

董倩：大学校门已经向你们敞开了。从他小学到初中和高中，再到大学，每一扇门……

邢大成：都是为我们敞开的。

董倩：为什么？这是偶然？是你们命好碰到了这些学校，还是怎么样？

邢大成：单位也好，机构也好，都一路助我们前行，很多资源是为我们免费敞开的，他们替我们办了很多根本做不了的事情，才把邢益凡托举到这里来，我们太感动了。我们天天都在感谢帮助过我们的人。

董倩：你怨过没有，怨自己命不好？

邢大成：也怨也不怨，就是不甘心。

董倩：孩子刚出生你给他起名叫超睿，当时是怎么想的？

邢大成：孩子刚出生特别讨人喜欢，眼睛大大的，谁不想让孩子得到最好的？我希望他不断超越，希望他睿智，也希望他人生美好，把最美好的词给他。上小学改了名字，那时候心气没了，就想要孩子平平安安，能还我一个正常的孩子，那就是老天对我最大的眷顾。"益"是指得到益处。希望他在平凡中受益。希望他成为一个平凡的人、正常的人。

董倩：但是回过头去看，您给儿子起的第一个名也没错，他也的确是一辈子都在超越，他超越的是他自己。您这一辈子过得苦不苦？

邢大成：挺充实的。人怎么过都是一辈子。我妈讲只有享不了的福，没有吃不了的苦。

董倩：你享过福没有？

邢大成：我现在就很幸福。对于享福，不同人有不同的看法。我觉得挺充实就是幸福，每天有事干，每天做的事有意义。我每天都在"冲锋陷阵"。必须得给自己信心，迎接第二天的挑战。

董倩：一天一天难过不难过？

邢大成：没时间难过。

董倩：我说这个难过不仅仅是心理上难过，还有日子一天一天往前，过每一天是难是易？

邢大成：难，有些事情摆不平，比如工作和家庭的关系，我觉得有亏欠。单位也好，领导也好，同事也好，觉得对他们有愧疚。

董倩：现在你们的生活状况所需要的经济条件、物质条件各方面能支撑得起治疗吗？孩子的花销应该不小。

邢大成：应该说还没有开始真正治疗起来。因为这病太罕见了，怎么治没有成熟经验，他这个身体条件也不能承担起一次大型手术。

董倩：刚才也讲还是要做好足够准备，要等到科技发展到能治这个病。你们有足够的耐心去等吗？

邢大成：现在已经看到光明了，9月2日给我们做会诊，来了国内的顶级团队，骨科、营养、康复科都来了，护具厂家的一个代表也来了。

董倩：他未来在北航里的学习，还是离不开你和你的爱人？

邢大成：当时跟孩子提议在长春上学，吉大也是很好的大学。孩子还是那句话，想看自己能走多远，考上北航是他儿时的梦想，他要当宇航员，在这过一天也要来。得满足孩子的愿望。需要家长做出牺牲怎么办？即使很累很难，我们也得义无反顾。我们这个三角形，两个大人不能有任何问题。我爱人脚骨折了，我本来单位请假到10月末，现在就不得不再延期了。其实很打乱计划的，会给单位带来很多麻烦，会给同事带来很大工作压力。

董倩：你怕失业也不能失业，但是你又需要时间。

邢大成：张不了口，得跟人家解释。

董倩：您想到的最远是多远？

邢大成：我都是先解决眼前的事。北航联系轮椅厂家还有制椅厂家，今天上午来了，查看了邢益凡身体状态，要给他做支具和轮椅改造，都没有现成的。不管什么样式，先做出第一代产品来，保证他能坐起来上课学习。这不光是上课学习这么简单，真能支撑住他，能稳定病情不恶化是极有好处的，对他生命、学习、以后的事业，都是特别重要的一步。我现在就想到这，赶紧把第一代产品做出来，之后再改。眼睛一睁开，天天想的都是这些事情。

董倩：您会觉得自己这辈子挺倒霉的，遇到这样的事吗？

邢大成：没有，我不甘心。但出现这样的事情我爱人是没有错的，我孩子更没有错，我们的生活必须得往下继续，不能因为这个事情改变我们的状态。

董倩：你看自己儿子，心里面是不是也会敬佩他？

邢大成：我特别敬佩。我说过，你太厉害了，他反而说别扯虚的，跟我开玩笑。他很乐观。

董倩：您说您儿子爱笑，整个采访过程中，您也是在笑的。

邢大成：不笑还哭吗？遇到这么难的事，我头10年是没笑过的，后来走出来了。生活不因为你的情况而有变化，你得面对各种事，再难也得笑，得面对，咬着牙想怎么解决这个问题。在人面前不能沮丧，得给人信心，这样全家才有信心往前走。

（文字整理：陈剑平）

盛开在

无声世界

SHENGKAI ZAI WUSHENG SHIJIE

• 江梦南

　　江梦南1992年出生，我采访她时26岁，刚刚考上清华大学生物学博士。总说学海无涯，但读书读到能考上清华的博士，也算是到顶了。所以在她家里，更多感受到的是轻松，一条很艰难的路，走到目的地，终于能放下行囊，从心底长长吐出一口气。

　　这一家人能跋涉至此，付出太多了。

　　俗话说十聋九哑，半岁因为发烧把听力彻底烧坏的江梦南，按照医生的建议，是应该去聋哑学校学习手语的，声音没受损，但声音会跟着听力一起永远关闭功能。江梦南的爸爸妈妈都是当地中学老师，他们的心有多痛，就有多不服输、不信命，他们不想把江梦南送到特殊学校学手语，就是要把这个女儿当成普通正常孩子来教育。

　　他们赢了。

　　就靠夫妻两个人，一点一点纠正女儿的发音，再教会她读唇语。别人走平路能得到的成果，他们需要跋山涉水才能取得结果；别人偶尔能休息的时候，他们的每一天都必须严阵以待，休息不得。江梦南的幸运在于，她有一对极其有韧性、有耐性，还懂得教育的父母。光有父爱母爱，没有十几年如一日的坚持，不见得能打开她那个功能残缺闭锁的世界。即便是父母，也不是所有都能做到为了能让孩子发出一个正确的音，教上一万遍的。想想孩子小时候睡前讲故事，有几个爸妈不是把自己先讲睡着的？熬着困和累，为了孩子坚持，是很难的。这对夫妻，本身就是有着钢铁意志的人。

　　江梦南是一只有残缺的小鸟，她的父母不甘心看到她只能贴地低飞。他们用尽全力，竭尽所能，把她的翅膀锻炼得比一般人还硬，好让她能在高空中飞翔。飞得越高，遇到的气流变化往往就越复杂危险，但是，也只有在高空，才能有更广阔的视野，看到更广阔的世界。人来世界这一遭，能做雄鹰翱翔，为什么要止步于鸡鸭呢？

可是，谁能理解，在父母心底，这其实是万不得已的选择。他们宁愿自己的孩子就是一个普普通通的正常健全孩子，能跟绝大多数人一样，能听到清晨小鸟的啁啾，雨洒在树叶上的细碎声响，还有美妙的音乐……是为了能弥补这巨大的缺憾，他们才要求她飞得高，比绝大多数人能看到更多。这世界上唯有父母对孩子的爱，是无论时间过多久，都不会有任何损耗的。

进入清华学习的江梦南，在飞得足够高之后，真就拥有了鹰的视野。她说："我曾经认为，通过个人努力来克服身体残缺带给自己的困难，并与健全人站在同一个跑道上是一件很酷的事。后来我意识到，为所有人创造一个平等、包容、无碍的环境，无论年龄、种族、性别、身体机能等因素，人人都能公平地生活、学习与工作，是一件更酷的事。"

她的父母，真的成功了。

一、采访江梦南

董倩：梦南，你能读唇语，但怎么知道对方发的什么音呢？比如梦南和猛男，发音不同，意思则相差很多。

江梦南：我听不太出来，但能够区分一声、二声、三声和四声。因为我爸妈教我说话时很重视教音调，我3岁就已经可以很正常地跟父母交流了。

董倩：你上课也是靠读唇语吗？

江梦南：如果一堂课我从头到尾都依赖读唇语，那效率就太低了。我得自学，再难也要自学，摆脱对别人的依赖，才能解决生活中遇到的困难。上课我会看老师的PPT，找到讲课范围，再翻开书本自己理解。有的老师在上课之后，会说某个知识点可能考试必考，我听不见，就会去找同学划笔记。

董倩：同学会帮助你吗？

江梦南：对，他们非常愿意帮助我。

董倩：这是不是意味着你比你的同学要付出几倍的工夫？

江梦南：很多人都这么说，我并不知道，因为我已经习惯了这种生活方式，也并不觉得要付出比别人更多的努力。我经常跟别人说，千万不要因为我听不见，就放低了对我的要求和标准。我怕他们因为我听不见而将我取得的好成绩放大好几倍，其实我更希望他们以一个健全人的标准要求我。我不希望别人特意照顾我，不太希望麻烦别人太多。如果这个问题能够自己解决，我就尽量自己解决。不希望被区别对待。

董倩：有没有遇到过被区别对待的时候？

江梦南：遇到过。跟我说话的语速放慢一点，口型清晰一点，或者是我过马路帮我听汽车喇叭声。这都是很暖心的特殊照顾，并不是区别对待。我认为的区别对待，是在影响别人利益的情况下，因为我的听力而给我特殊照顾。我不希望这样。

董倩：这样你就可以更准确、更方便地去理解这个世界，那为什么不呢？

江梦南：我不想给别人带来麻烦。我觉得帮助和区别对待是不一样的，帮助是在不影响别人的前提下给我帮助，同学帮我接个电话，是很有用的帮助，也不会给同学带来太多困扰。如果要牺牲别人利益，或者影响到别人，我就会有心理压力。自己给别人带来麻烦，感觉找不到自己存在的价值。

董倩：你怎么接电话？

江梦南：如果是我一个人，有了重要电话，我是没办法接听的，只能眼睁睁地看着电话铃在我眼前响。我4月份参加了清华大学博士生复试，当天晚上他们电话通知我复试结果。那个电话打过来的时候，正好我一个人，我只能等到电话不响了，给那个手机号发短信。如果是座机号，我会等朋友来了帮我再拨回去。

董倩：那个时候有没有感觉无力感？

江梦南：已经习惯了，所以还好。最后我朋友回来了，我赶紧跟她说明了情况，她帮我把这个电话打过去，于是我知道复试已经通过了。

董倩：你当时心情多急啊，是一种什么样的心情？

江梦南：有一点煎熬，也确实有无力感。当时打来的是一个手机号，我感觉应该是清华大学，因为掐准时间，是北京来的电话，所以我马上就编了一条短信发了过去，内容是：你好，我是今天参加复试的考生江梦南，因为我听不见，您刚才给我来电话的内容可否以短信告诉我。对方好像没有看见，等我朋友回来，立马把电话打了回去。

董倩：你平常愿不愿意告诉别人你的听力有问题？你愿意别人知道这件事情吗？

江梦南：我一般不会避讳这个问题，每当认识一个新朋友，我就会告诉他我听不见，有时候你在叫我，我没搭理你，真不是我高冷，是我听不见。别人都很理解，也会觉得我很不容易。

董倩：除了电话接不了，还有什么会受影响？比如你早上必须5点钟起床，那怎么办？

江梦南：我早上5点肯定是能正常醒来的，我也可以晚上睡觉之前给手机设置好闹钟，调成振动，整个夜里都抓在手里。

董倩：但是睡着的时候手很容易就松开了。

江梦南：我不会松。如果有些事情很重要，别人可能不需要这样做，但是我是必须要做到的，所以我的手是不会松开的。小时候遇到过，睡着了之后手就松开了，不过醒来之后发现时间还来得及。

董倩：那你怎么训练让自己在睡着的时候，手还始终紧紧地握着手机？

江梦南：我没有刻意训练过，慢慢就不会松了。有一次我在北京站等火车，广播说让乘客从原来候车室移动到另外一个候车室，我听不见，看到身边的旅客在移动，就问发生了什么。他告诉我候车地点变了，我就跟着人群去。

董倩：听力正常的人，候车时还可以打盹，但你可能不行，对吧？

江梦南：对，我不能。在他们看来可能很轻松的事情，我要绷紧神经，因为我的信息几乎百分之百都是通过眼睛获取的。

董倩：人都说眼观六路，耳听八方，耳朵可以捕捉比眼睛更丰富的信息，当你捕捉不到的时候，你的世界会不会就缺少了一些呢？

江梦南：我半岁之后就听不见了，对真正有声的世界是没有记忆的，所以我不是很清楚自己失去的到底是什么。

董倩：你看路上的行人，只要他戴上一副耳机在听音乐，整个人就好像不是在这个世界里。

江梦南：这对我是不可能实现的。他们可以戴着那种小耳机，但我戴的是助听器。我的耳朵是没有听力的，所以连戴耳机都很难实现，更别提听音乐，体验自己到另外一个世界的感受。不过还好，因为一开始就没有拥有过听力。

董倩：你能拥有这种正常的交流能力，是怎么学会的？

江梦南：是我爸爸妈妈的功劳。我很小的时候，医生给出结论我双耳是神经性极重度耳聋，不可能再学会说话了，让我学手语。但是我爸爸妈妈不愿意放弃，他们希望我能够学会说话，说话可以让我更好地融入健全人的社会，让我的未来有更多可能去选择。

董倩：你什么时候开始理解爸爸妈妈的苦心？

江梦南：我上小学之后发现自己不能轻松自如地跟其他小朋友交流，他们在后面叫我，我听不见。这之后，我就慢慢懂得父母的这一番苦心。不管上幼儿园还是小学，我跟普通小朋友都是同步的。

董倩：当你跟其他小朋友有不一样的时候，心理上有没有感觉到自卑？

江梦南：自卑，有一点点失落，觉得挺不公平的，为什么别人都能听见，我听不见呢？我也向父母抱怨过。他们安慰我，听不见是既定事实，与其怨天尤人，还不如用自己最大努力去克服。我父母告诉我，听不见了，就需要更多去观察。在生活中我也就慢慢养成了这种观察的习惯。

董倩：你怎么学会读唇语的？

江梦南：在我爸爸妈妈教我拼音的时候，他们把我的手放在喉咙上，让我看他们口型的变化，教我拼音，一整套声母韵母学下来，我对口型的变化也慢慢有了自己的理解。在学习语言的过程中，我父母付出了常人难以想象的努力。在外人看来，我学会说话已经是一个奇迹了，但他们不仅教会我说话，还教会我读唇语，这对我来说真是一个非常非常宝贵的能力，是我父母给我的一个特别大的礼物。

在他们的帮助下，学习对我来说挺轻松的，我知道这么说可能有点招人恨。小时候我遇到什么问题，不去问爸妈，因为他们从来不会告诉我答案。我爸爸是数学老师，我问他一道数学题，他说自己去翻书，让我看知识点，我把这本书翻完了，题我就会了。

我就是在父母这种刻意的培养下，慢慢养成一种独立思考的能力，这个能力对我后来的学习生活有非常大的帮助。

董倩：哭过没有？撒过娇没有？

江梦南：我通常是想偷懒才去找爸爸的，他也懂我这种惰性。但我不会因为自己听不见就向父母索要更多的帮助。

董倩：你爸爸妈妈在你身上付出多少时间和精力？

江梦南：把能用的时间都花在我身上了。我从小学就发现自己父母跟别人父母不同。他们下班以后总是留在家里陪我学习，陪我看电视，陪我玩儿。他们给了我最高质量的陪伴。

董倩：你学习成绩怎么样？

江梦南：小时候是排在前面，初中高中大学应该是中等偏上。

董倩：父母是希望你继续留在他们身边，还是希望你能够到其他地方去学习？

江梦南：高考以后填报志愿，我爸爸希望我去远方看一看，我妈妈希望我留在湖南读大学。我一直在南方小城镇里生活，想去更远的地方看看，特别想感受一下北方生活的环境，所以我就报了吉林大学。这几年在东北也是一种深度的生活体验了。

董倩：你为什么一定要去东北看看？

江梦南：张海迪阿姨是从吉林大学毕业的。我父母经常跟我讲她的故事，不要因为自己的缺陷自卑，自暴自弃。张海迪阿姨的身体高位截瘫，还能一直活得那么有力量，那么灿烂，让我深受触动。我上吉林大学，就是想向海迪阿姨学习。志愿当时选了药学和化学。

填报志愿时知道自己的听力情况是不能学医的，因为做医生听力非常重要，要跟患者交流，我做不到。小时候很想当医生，长大了才发现梦想跟实际还是有一定距离的。遇到这种情况，我也只能接受，去寻求一种更好的解决办法。

我当时对药学并不了解，但觉得医药不分家，便选择一个跟医学最近的药学，也能达到自己小时候的梦想。

董倩：一个人去北方读书，有没有这个能力？

江梦南：到北方读书生活，变化并不是那么大，因为我小学毕业到郴州读了7年中学，已经离开了父母，住在学校开始一个人的生活了。我父母并不愿意我去外边读初中。我知道自己听不见，所以就更需要比别的孩子更早去适应外边的世界。他们特别舍不得，但是听过我的理由，也很支持。

董倩：为什么读完了硕士还要继续读博士？

江梦南：我没考虑太多，顺其自然。希望以后能在高校做科研，那必须读到博士的。

董倩：做科研的目的是什么？是为了不用跟社会打那么多的交道，还是希望在科学上能有什么发现？

江梦南：原因有很多。首先，我确实听不见，不可能选择需要跟人打很多交道的工作，比如记者，虽然我小时候很想当记者。这是一个非常灵活的职业，需要跟很多人交流，比如像您需要去采访很多人，需要跟采访对象进行深度交流，我不行。

董倩：我觉得咱俩深度交流一点问题都没有。

江梦南：不论我去采访别人，还是别人采访我，中间还是会遇到意想不到的困难。如果有人口型变化不清楚，那我就不行了。所以综合考虑后这个专业并不适合我。我选择做科研是我希望能够有一些有价值的发明，那我的人生价值也就实现了。

董倩：你的成绩已经回报他们了，物质上呢？等你以后挣了钱，准备怎么去回报他们？

江梦南：接下来几年还是读书，物质上不能给父母太好的回报，但我会尽自己最大的努力。如果我拿到奖学金，我希望给他们买他们需要且喜欢的小礼物。在精神方面，我每天都跟父母联系，让他们感觉我就陪在他们身边。学校放假了，我一定回家多陪陪他们。我能做的可能不多，但是我会用尽全力。我从12岁就离开父母了，希望以后能够有更多时间花在父母身上。

董倩：刚才我跟你在你衣橱里选出镜衣服，就两三件？

江梦南：那是夏天的衣服，在我看来，衣服够穿就可以了。

董倩：你不喜欢买衣服吗？

江梦南：我喜欢买衣服，但我逛街不多，逛淘宝的时间也不多，再加上我现在还是一个学生，不希望给父母带来太大的经济负担。

董倩：有人会说，女孩子这时候不打扮，要到什么时候打扮？

江梦南：其实我并不太认可这句话，我觉得一个女孩子年轻的时候，正是她奋斗的时候，奋斗的女孩子才是最值得赞美，最值得鼓励的。漂亮和美是发自内心的，要有自己内在的价值，并不是靠外表决定你是否美。如果一个女孩子有充实的内在，有追求和兴趣爱好，她在最美的年龄并没有虚度时间，而是用来提升自己，这样的女孩子就真正漂亮了。

董倩：你觉得自己能不能算是一个漂亮的女孩子？

江梦南：中等偏上吧，就跟我的学习成绩一样，再努努力，再拼一拼。另外要勤锻炼，不要让自己太胖。

二、采访江梦南爸爸妈妈

董倩：你们是什么时候发现梦南耳朵有问题了？

爸爸：1993年5月份，我岳父住院，我们都去照顾他，把小孩留在家里由我母亲带。那时她突然患肺炎发高烧，10来天一直是39摄氏度到41摄氏度。我母亲住农村没办法联系上我们，就带她到乡医院打针，但是烧降不下去，直到我们单位拍电报告诉我们小孩的情况，我们才回来。回来以后就把她带到郴州，和岳父一起住院治疗，一个星期才把烧降下来，之后我就感觉小孩有些木讷，好像对外界的声音没反应了。我们把她带到湘雅医院做听觉脑干诱发电位检查，查出她的脑神经已经被烧坏了。

妈妈：我当时都瘫软下去了，不相信结果，觉得肯定是仪器有问题，就要求再检查一次。后来我们又跑到北京各家大医院，但医生都说目前全世界都还没办法能把这个脑神经修复好。孩子当时1岁零1个月。

董倩：从发现她耳朵有问题，到确认她听不到了，这中间几个月？

妈妈：半年的样子。我们到处给她想办法，什么都试一下，但是没效果。医生就劝我们，不用东奔西跑了，回家带她学手语，让她进聋哑学校。我们肯定是不愿意的。

爸爸：我教了很多年数学和生物学，很清楚听力损失是什么。她这种神经性耳聋，不像老人只要有个声音放大器就可以了，不同波段损失是不一样的，不是把声音同步放大就能听到的。而且这个神经性耳聋是不可逆转的，她应该是不大可能学会说话了。

董倩：既然你们都很清楚，那为什么没有听医生的建议，把她送到聋哑学校里面去学手语呢？

爸爸：我们在长沙时去看了聋哑学生。我就这么一个女儿，说实话，我不甘心也接受不了。当然我也有点失去理智，但我就是不同意，我觉得总会有办法。

董倩：总是说十聋九哑，您知道这句话吧？

爸爸：我知道，但我们就是不甘心，不希望我们小孩跟别人小孩不一样。当初怀着她的时候，我就想，我的小孩将来会怎么怎么样。她出生之前我就想将来一定要培养她上重点大学，甚至是清华北大。

妈妈：我们自己一直生活在这个边远的山区，就想她长大以后，至少要多读点书，用知识改变自己的命运。

董倩：如果让女儿去了聋哑学校，那就意味着……

爸爸：这个梦想永远不可能实现了，她必然会走上另外一条人生道路。不甘心，死马当活马医吧，这样做下去即便不成，也没什么遗憾了。我们就跟医生说想给孩子配一个助听器，医生说："助听器一般用于听力损失在90分贝以下，你们的孩子对于105分贝的声音都还没引出反应波，戴上也是没用的，还是送聋哑学校学手语吧。"我们说这次来无论如何都要买一副助听器。当时助听器有几百块钱一副国产的，也有几千块钱甚至一万多块钱进口的。

我们是想买好一点的，但是那个医生说，一定要买的话，建议我们先买一副国产的试一下，看到底有没有用，看她愿不愿意戴。如果有用，等她长大一点，懂事了，再给她配个好的。我们满怀希望给她戴上，以为喊她就会有反应，结果一点反应都没有。她睡着时给她戴上，觉得她听到一点声音会被吵醒，结果还是一点反应都没有。当时心都是凉的，但又不愿意放弃，还是继续给她戴，每天睡着时想喊醒她，但她一点反应都没有，持续了3个月还是没反应。

后来我们到北京寻医，专家说目前确实没办法治好，还是回去吧。我们准备收拾行李回家了，女儿就在沙发边玩皮球，皮球一扔，滚到很远去了。她捡不到，就很着急，喊了一声，有点像喊妈妈，我们听到她突然发出声音了，就赶快跑了过去。

董倩：在那之前，她不会出声？

妈妈：一点声音都没有，只有动作，没有声音。当时听到那个声音，我们真的惊呆了，赶紧跑过去看，原来她是东西掉了，在向我们求助。我们赶紧抱起她，又要她喊妈妈，她又含糊不清地喊了一句。那天，她那个声音在我们听来，是世界上最好听的声音了。那时候她1岁零4个月，开口了。

爸爸：我们就知道有希望了。她求助时发出"啊啊"声，而不是过去用口型或者动作，她知道发出声音信号是很有意义的。我们就把她抱到旁边，让她叫妈妈爸爸，她看着我们的嘴唇说了两个音节。她的声音含混不清，不知道是爸爸还是妈妈，我们特高兴，觉得有希望了。

董倩：这是孩子本能的一个声音，就这么一个音节，您就看到未来的希望了？

爸爸：人家孩子咿咿呀呀不奇怪，但我的孩子能"啊"出声音来，而且我让她叫爸爸，她能够张嘴发出声音，那就不得了了。

董倩：你们夫妻俩从什么时候开始知道唇语的？

妈妈：当时我们不知道唇语这个名称，但我们听说北京有一个万老师，孩子听不到，他就把工作放弃了，不管孩子听得到听不到，整天跟孩子说话，最后孩子也能说话了。既然别人都可以，我们为什么不可以？那时候万老师已经在北京开了言语康复中心，我们跑到北京求教，怎么样让孩子说话。那个时候他的孩子都已经考上大学了。我们去找他请教，当时请教的人很多，我们就在外面走廊上排队，等的时候我抱着女儿不停地跟她说红色、蓝色，看到什么就说什么。终于轮到我们了，万老师说："你们刚才那个方法就很好啊，就那样，没有什么技巧。你们不管是在家还是出门，都带着她，你看到什么就说什么，就这么简单。"

董倩：触摸声带，让她感受到，这是你们自己摸索出来的，还是有专业人员教？

妈妈：没有人教。当时我们知道声音是有振动的，她无意中第一次发出那个声音，我们就赶紧把她的手抓过来摸着我们的喉咙。我们说话，她能感受振动，又把她的手放到她自己的喉咙上感受振动，让她明白发出声音，跟不发出声音的时候有什么区别。她不懂，但是我们一直在教她。

董倩：这个由混沌进入光明状态的启蒙很重要，这个门槛是怎么翻越的？

爸爸：很难很难。我们刚刚进行言语康复，孩子妈妈专门到湖南省言语康复中心学习，还拿了证，那个证在宜章县是第一个，全省第21号。语言康复，就是一定要让她明白，说话的时候有声音，有气流。孩子妈妈整天抱着小孩，对着梳妆台镜子，她发声的时候就把小孩的手放在喉咙上，让小孩看到口型的变化，就这样进行了三四个月。

妈妈：我每天在家就是这样抱着她面对一面镜子，我在后面跟她说话，她从镜子里能看到我，也可以看到自己。出门我就抱着她，她看着我，不管她能不能听到，我看到什么就跟她说什么。别人都说千年铁树能开花，我相信我女儿也一定能够开口说话，我就有这个信念，我觉得是可以的。

董倩：那3个月的时间，您发现她有没有长进？

妈妈：没有长进，一点反应都没有。往后就有了，慢慢就有变化了，我们看到什么说什么。在这个阶段，我们把她当成正常孩子，根本不认为她听力有问题，因为她已经会发声了。正常孩子生下来，也是从不会说话到会说话，靠自己慢慢去感悟。我继续坚持下去，相信她会像正常孩子一样开口说话的。她从1岁零5个月第一次发出"啊"后，大概再隔了四五个月，基本上看到我们说什么，她就跟着说什么了。

董倩：那个中间有四五个月的时间。

妈妈：跟正常小孩学说话一样，都是咿咿呀呀，含糊不清，什么都说，但什么都说不清楚。

爸爸：第一次在北京发出"啊"，我就知道她是有意识的。以后她只要能发出声音，准确不准确都没关系，慢慢会准确的。从戴上助听器到主动能够有意识地发出声音这段时间，是最难熬的。我们一直这样"蠢蠢"坚持。

董倩："蠢蠢"，实际上就是重复，没完没了地重复。

爸爸：对，没完没了。我们也不知道这样做有效还是没效，不管了，就是这样坚持下去、耗下去。见什么就教什么。

妈妈：我们还买给小孩看的有字有画的书，我抱着她，前面放着那本书，跟她说这是太阳，这是大公鸡，从简单到复杂，到一整串话，就这样每天都跟她说，把她当成正常孩子。她很多时候会做口型，但就是没有声音。

董倩：如果把咿咿呀呀模糊的声音变成一个一个清晰的词，这是不是又上一个台阶了？

爸爸：对，这又是一个很难的地方，比第一步容易一些，她只要发出声音，我就知道总有一天她会越说越标准。当初教她"花"，她说"哈"，她从拼音"啊"这个声音发出来了。她是用非常非常长的时间才学会"花"这个声音。反正从小学，到初中、高中，再到大学、研究生，她的语言发音实际上都在变化，没有定型的。

董倩：你们有没有觉得特别特别难，感到绝望的时候？

爸爸：最绝望的时候还是没有发出那个"啊"声之前，我感到无能为力。

妈妈：他有一次睡觉做梦一下就坐起来，大叫一声，满头大汗，因为想到女儿这个情况就害怕。一旦女儿把这个"啊"说出来了，以后几乎就不再感到绝望。

董倩：会有烦的时候吧？教小孩一般得教10遍、20遍，您家闺女可能就得教100遍，甚至1000遍。

妈妈：在她开口说话之前，一个字一个词教她10000遍都有，但她就是发不出来。

董倩：10000遍她都说不会，心里不急啊？

妈妈：急没用，如果我们真想让她康复，回归主流社会，我们就不要去设置什么期望值，走一步看一步。

董倩：父母难道不会有一个耐心的极限值吗？

爸爸：好像没有。

妈妈：没有，从来没想过。不管怎样，为了让她开口说话，再让她说得更清楚，我们一直在努力。说累了休息一下。

董倩：当她"哈"变成"花"的时候，您听了什么感觉？

妈妈：更看到希望了，觉得自己的努力没有白费，所以再接着努力。

董倩：其实她每一个进步都是你的动力。

妈妈：对。我们最开始希望她能够喊爸爸妈妈就满足了。

董倩：当她上幼儿园的时候，她已经会说什么了？

妈妈：什么话都会说了，但都说不好，很含糊，感觉她每天都在慢慢进步。

董倩：你们养这么一个闺女，会不会对你们工作有影响？

爸爸：学校离我们家很近，我俩都是老师，下课时我们带着，上课时放托儿所，也没有什么影响。

董倩：你们担不担心她到了一个正常环境下会受欺负？

爸爸：我有思想准备的，但你不能因为有这个担心就不去，她必须融入这个社会，并且越早越好，不能因为这个担心我就不让她去了，不能感情用事。我还是比较理智的。

董倩：感情用事意味着把她放在自己身边，这样就没人能欺负到她。

爸爸：不行。3岁之前，她不管到哪都必须和爸爸妈妈在一起，就是在家里坐着，她也要用手挨着你，但我没想到她3岁时居然愿意去幼儿园。她读懂别人的口型要一段时间。在家里，对我的口型没有对她妈妈口型那么熟悉，我吐字不是很清晰。我们在她面前也会故意说得慢一点，清楚一点。

董倩：她刚去幼儿园的时候，反应怎么样？

妈妈：她就觉得自己应该来，但不懂来干什么。老师讲课，别的小朋友认认真真地听，她也跟着听，但说什么她不知道。下课以后，别的小朋友都跑跑跳跳出去玩了，她融不进去，坐在位置上看着他们。到了放学，她就背起书包回家。回家后我们慢慢启发她，说下课可以出去和小朋友玩一下的，不要总坐在那里，她就明白了。但是跟小朋友玩儿的时候，交流肯定不是很方便。

董倩：心疼她吗？

妈妈：心疼，但是我们冷静地想一下，不能把她带回来，不管她什么情况，都该过这种集体生活，让她自己慢慢去体验。

董倩：那个时候您会利用工作间隙，跑到幼儿园外面看，看到自己的小孩孤单地坐在那，心里有多难受？

妈妈：真的很难受。她小时候跟别的小孩看不出很大区别，但是随着年龄增长，不同就越来越明显，这个时候我们就更加坚定了，无论如何在各个方面都要同步培养她。

3岁前，她在家都要挨着我们才有安全感，到了3岁，虽然很舍不得她去受苦，但我们还是义无反顾地要送她出去。

董倩：其实父母这笔账算得最清楚。她不受这个苦，那这个苦她就得受一辈子。多长时间你们发现她能适应集体生活了？

爸爸：适应能力比较快的，她忍受力比较强。她喜欢坐最后一排的一个位置，每天很准时地去，下课了，同学们去玩儿，她不玩儿，就坐在那个位置上，看他们玩儿。她很守纪律，下课放学其他小朋友都走了，她就把凳子、桌子摆好，几乎最后一个走。老师也告诉我们，她上课不吵不闹。她从小就比较自律。

董倩：幼儿园的生活再难，也仅仅是学会跟社会打交道的开始，没有课业负担，上小学考验才真正来了，这关你们怎么过？

爸爸：学校老师说你家梦南听不到，是不是晚一年稍大一点来读好一些。我就让她继续读一年幼儿园，在家里很早就教计算和拼音了。这样到读一年级时，她的拼音已经学得很好了，计算也比一般小孩强很多，这样融入小学的集体就没那么难了。

董倩：她到一个新集体，接触一批新人，得重新熟悉别人的唇语，接受起来有没有困难？

妈妈：肯定会困难，所以任何内容都是我们在家里教她，学会再去听课，什么都懂，她就不存在困难。

董倩：她在外面会受委屈吗？

妈妈：肯定会有，正因为我们想到了她有可能受委屈，所以我们在家里基本上什么东西都要提前让她学会。读学前班，我们就要把一年级教材的内容给她教熟。读一年级，我们就提前一年把二年级教材的内容给她教会。她除了在学校完成作业，每天晚上在家会有一定任务，每天都不会浪费时间。所以她小学成绩一直是很好的。

她读到四年级，觉得自己还是有学习能力的，又想到小伙伴总比她高一个年级，心里总感觉不舒服，她就问可不可以读完四年级就直接读六年级？不管读到哪一年，他们都要比我高一级，我想追上他们。我们觉得可以试一下，但是肯定有点冒险，她成绩一直名列前茅，五年级学习内容又多，如果不读，仅靠我们在家辅导，直接跳六年级，万一成绩跟不上受打击，她就没有那种自信了。但是如果真的跳级成功，对她就是更大的鼓励，更加找到自信。后来她赶上了，她自己努力，我们也努力。

董倩：为什么在小学毕业时她会提出要去外面读书？

妈妈：那也是因为那些同学，好像有些成绩不如她的同学都到宜章去读书了，但我们不想让她去，因为我们本身在中学工作，还是想把她留在身边，初中内容我们也可以辅导。她就说："妈妈，我还是想出去读书。"说了好几次。真的引起我们的重视了。

爸爸：当时我还不是很同意，因为我总觉得我的小孩跟我们在一起更适合。我一直在想，离开我们光靠老师教，她的学业可能就不行了，她一定要有学习能力才能学好。我觉得初中阶段，她再跟我几年，给她加强一点自学能力，应该会更好。但是她说："人家都出去了，我为什么不能出去？我总要离开你们的，我听不到，你们不放心，早一点让我出去锻炼锻炼，不是更好吗？"

董倩：反而是她自己提出要去锻炼？

爸爸：对。

妈妈：她要早一点进入社会，去适应社会。我们总想让她再大一点离开我们，所以她说出这句话，对我们触动真的很大。我们也想不到她会想这么远，想这么多，她真的懂事了。

董倩：12岁出去读书，多长时间回家一趟？

爸爸：就暑寒假回来。

妈妈：那时候到郴州坐车大概要四五个小时，基本上她是不回家的，我们到学校去看她。

董倩：你俩从什么时候心里彻底放心了？

爸爸：初二以后就比较放心了。她生活可以自理，学习上也可以跟上去。虽然我知道她听不全老师的讲课，但她已经会自学了，而且她自学的方法有很多。

董倩：中学到大学，她准备走得更远了。妈妈当时同意不同意？

妈妈：我不同意。当时到学校填志愿，就她和爸爸两个人去的，我没去，他们是先斩后奏的。回来以后我才知道5个志愿都填得挺远的。太远了，真的太远了，但是已经没办法了。

爸爸：我当初还提了个要求，吉林大学毕业后能不能去北大清华读研究生？经过这么多年努力，她最终考上了清华的博士。

董倩：你俩从女儿1992年发出来的第一声"啊"开始，到2018年女儿考上清华博士研究生，这中间26年，看着女儿这一点一点的进步，心里是什么感觉？

爸爸：当时她能叫出爸爸，我就觉得自己中了一个500万大奖，真的，因为我期望不高，我小孩如果能从我口袋里拿出钱到商店买个东西回来，我就满足了。后来她不仅能买东西，还能识字，能读小学，我真是太高兴了，不敢想象。后来她小学毕业，我就有更高期望了，她是可以上名牌大学的，她的起点必须高。如果是过去，她能叫爸爸，我就已经很高兴很满足了，但我看到她有那样的能力，就觉得她不应该止步于此。

董倩：读完博士，您希望她有一个什么样的未来？是平平静静地过日子，还是说希望她能有建树？

爸爸：我相信江梦南将来应该在学业上、科学研究道路上，取得一些成绩出来，这是我的期望。至于说她博士毕业以后干什么事，赚多少钱，这个没什么期望。我们都不需要她在物质上有多高的成就，她只要能保证自己生活就可以了，不需要追求其他太多的东西。

董倩：她用她的奖学金和勤工俭学挣下来的钱给你们买礼物，您收到过什么？

爸爸：吉林大学给了她1000块钱奖学金，她马上花了100多块给我买了一个剃须刀。7年前买的，我现在还在用。这是她的第一笔钱，想给她最亲的这些人买个礼物。

董倩：你们的孩子本来有可能要面对一个无声的世界、寂寞的世界的。

爸爸：作为父母，这一路走过来，我们比普通人更幸运。但想到我女儿长期生活在那个无声世界里面，即便她现在是清华博士，她也是不幸的。

董倩：一个健全的但是可能上不了清华的女儿，和一个现在这种情况，上了清华的女儿，你们选择哪一个？

爸爸：我肯定选择普普通通但身体健全的女儿。

妈妈：我也一样。如果能够交换，我就希望她有一双好耳朵，有一个健全的身体，这比什么都重要。

董倩：女儿听不到音乐是个遗憾。

爸爸：应该会有机会，接下来科技发展可能会给她机会，而且可能很快就会实现。

妈妈：上大学的时候没陪她，这次我们陪她去学校。她读到博士，学业已经达到很高的高度了，再不陪她去，以后就没机会了。

（文字整理：陈剑平）

在不完美中

追求完美

ZAI BU WANMEI ZHONG ZHUIQIU WANMEI

• 陈兹方

性格是个奇妙的东西。它无形，却有力。根本无从得知它从哪来，怎么形成，怎么作用，但是它却能主宰一个人。性格可以让一个天生外在条件优越的人泯然众人，也可以让一个肢体有残缺的人熠熠发光。陈兹方，就属于后者。

贫穷叠加肢体缺陷，让他的起点很低。面对这样一个处境，放弃努力是可以被理解的，因为即便努力一生，也可能达不到别人的起点。但是在陈兹方的世界，他天生就没有双臂，潜意识中他并不认为自己比别人差，无非比他们少了胳膊而已，没有胳膊，他可以用腿和脚来替代。这是他天性中的乐观。

母亲最初是把他当作可怜孩子对待的，因为残缺，所以弱小，因此需要特别的爱护。但陈兹方性子里带着倔强，母亲帮助他料理生活，他偏要摆脱母亲的帮助。他不能接受一辈子依附在另一个人身上，哪怕是妈妈身上生活。站立、奔跑、吃饭、洗漱，这些别人生来就拥有的能力，陈兹方要碰撞得头破血流、满身伤痕才具备。这只是开始，而他一旦具备了最基本的生活能力，就要继续去拓展，他还要去照顾母亲，帮她砍柴，为她做饭。这是他天性中的独立。

陈兹方特殊的身体形态，让他会注意到别人看他的眼光，他更多从别人眼里读到了猎奇，他们目不转睛地盯着他的缺陷看。这当然是种伤害，但陈兹方没有过度自我怜悯，而是选择忽略。他知道，他这副身体要想在社会上立足，一定要先具备强大的钝感力，不把周遭的异样放在心里。坚强向来是从里到外的，这样才能让别人刮目相看。这是他天性中的坚强。

陈兹方知道，能独立生活对他来说已经是了不得的事情，但这是所有人都会的，他努力是为了能跑到别人的起跑线。接下去能读书和挣钱，才真正进入人生的赛场。一个9岁的孩子，为了能读书又不给别人添麻烦，每天走16公里的山路往返学校。别人看他挺可怜，但陈兹方决定要读书，就没计较过用什么方法达到目标，不怕途中比别人多走多少路。这是他天性里的坚韧。

陈兹方不认输，他不相信别人能创业挣到钱而他做不到。采中药、养猪、养羊、种烟草、开电商，他什么都尝试过，因此在失败中摸索到了经验。当他自己挣到钱彻底把生活状况扭转过来，他开始回头带动那些乡亲。他用自己的脚趾敲击电脑键盘，把乡亲们的农产品打包卖出山村。因为他自己吃过比别人多得多的苦，所以他更懂得身陷苦海里是什么滋味，他要帮他们上岸。这是他天性里的善良。

陈兹方没有手，只能用脚来拍摄网店要用的照片。当他抬起双脚拍摄，却发现了一个崭新视角里的美好世界，他从别人没有的角度里，欣赏到了世界的多姿多彩。美的体验，让他更加卖力地实现自我。这是他天性里的知足和坦荡。

身体就是一个皮囊，里面装着的才是一个人的价值。陈兹方的肢体残缺，但是没有几个人能拥有比他更完整甚至完美的内在。

董倩：今年双十一生意怎么样？

陈兹方：还可以吧。差不多一天一夜时间，我接了800多单，找了两个朋友过来，帮我打包、发货。平常一天也就几十单、一百多单。

董倩：这是你开店之后的第几个双十一了？

陈兹方：第二个双十一。第一个双十一我不会做，基本上没什么生意。通过一年多学习，这次双十一让我有一个很大的感触，就是我必须得学习。学习淘宝店产品推广等一系列方面的事情。比如图片处理、视频剪辑和图片拍摄等。一些视频和照片是别人帮我拍的，但最后发现电脑上没办法用。

董倩：用脚能不能拍出好照片来？

陈兹方：我网店里很多照片，包括我的生活照，都是我自己用脚拿着相机用心拍的。一张照片别人两下拍完，我要拍十几次，甚至更多次。拍橙子、拍花草，我坐在地上拍，角度都跟别人不一样，拍出来的效果也不一样。我的身体跟别人不同，我的生活方式跟大家不一样，但大家能做到的事我都能做到。

董倩：你能认识到这点用了多久？

陈兹方：差不多花了十几年。

董倩：我摸你这脚，脚背是热的，脚心是冰凉的，脚趾头也是冰凉的。我穿着这么厚的鞋还感到冷，而你这一个冬天都得光着脚。我的手现在就冷得有点麻木，你的脚指头麻木吗？

陈兹方：还好，我的脚一直在活动。你看我的脚趾，它随时都这么灵活。

董倩：你脚上怎么会有这么多伤疤？

陈兹方：小时候用刀砍柴时砍的，还有的伤疤是割草时割的。

董倩：你看你这脚，千疮百孔的，趾头也是黑的，怎么弄的？

陈兹方：打包磨的。

董倩：冬天你还穿凉鞋。

陈兹方：可能过20天再换鞋，换布拖鞋，我现在觉得穿布拖鞋麻烦。鞋只是我生活当中的一个佩戴品，不是一个特别重要的东西。

董倩：佩戴品？是不是跟我戴手套差不多？

陈兹方：对，很多时间都闲置在那里。我记得去年我跟哥哥去山上的老乡家收腊肉，天下雪，车轮子打滑，我看哥哥一个人辛苦，我就用脚在雪地里把链子铺开，直接走。

董倩：你说话时你的脚就一直在打脚势。

陈兹方：我的脚就是我的手，形成这种习惯了。

董倩：你怎么梳头？

陈兹方：我自己梳。我不仅生活自理，还能照顾我妈妈。做饭，做什么都行。她是突发脑梗死，高血压三级。我妈才68岁，还年轻，想让她多活几年。我陪了她半个月，照料她的生活。我可以很自信地说，做儿子的做到位了。在医院那一层楼的人，她是恢复得最快的，只是语言功能稍微差一点，反正我相信能够把她照顾好。

董倩：你出生就没有双臂，你从什么时候开始意识到自己跟别人不一样？

陈兹方：在三岁多的时候，我发现自己老是站不起来，站不稳。看到妈妈每天都在为我忙碌，我想她能走，我为什么不能走，我发现自己没有手，我说我的手哪儿去了？

我曾经幻想过，睡一觉，第二天早上就能长出双手，但是当我第二天早上醒来，依然要面对那么残酷的现实。这个时候我就明白我的手是不可能再长出来的，就开始有点伤心，慢慢有点自卑。

当我知道要用好的心态去面对的时候，就必须慢慢想办法站立起来走路，让自己强大起来，于是我就开始练习站立，一开始根本站不起来。当妈妈看到我练习站立非常非常费劲，就心疼我说别练了，但是她又鼓励我，说将来你能站起来，那该多好。

董倩：你什么时候站起来的？

陈兹方：因为怕妈妈担心，我就偷偷地练习站立。我清楚记得我四岁多了，一个秋天的下午，我用下巴靠着椅子慢慢往上爬，双脚支撑，慢慢站起来了。

董倩：真站起来了，感觉怎么样？

陈兹方：那种激动的心情无法形容，当时我喊："妈妈，我站起来了！"她立马跑过来，说我的孩子真厉害，能站起来了。能站起来，就能够自己走路，自己上厕所，能看到更多我没见过的东西。这是一个很大的改变。

董倩：以前别人背你多远就多远，现在可以靠自己走，生活半径一下就延长了。

陈兹方：我刚站起来时不是特别稳，因为我身体掌握不了平衡。我跟着小朋友们，他们在前面跑我在后面摔跤，有一次我把鼻子摔破了，现在还留着伤疤。他们跑在前面，我也想跑到前面去。

董倩：这种心态后来是不是一直都有？

陈兹方：不管什么时候这个心态一直在，别人能做好的事情，为什么我不能？

董倩：因为你比别人少两条胳膊啊。

陈兹方：我虽然比别人少两条胳膊，但我还有双脚。一想到走路是靠双脚，我要追上他们就非常要强，我努力去练习。不过那个时候我也变得非常调皮了。母亲生下我以后，别的老乡都劝她把我送人或者扔掉。她舍不得我，说了一句话："虽然你没有双手，身体残疾，但我再苦再累也要把你养大。"

董倩：后来看到记者报道说，快5岁的时候你曾经被人利用，在大街上乞讨。你这么要强，怎么会发生这种事？

陈兹方：当时我们家条件特别差，我9个月大的时候爸爸突然离世，哥哥才9岁，妈妈一个人照顾我俩。在老家没有电话，对外联系只有靠写信。当时村里来了两个外村人，找到妈妈说他们是残联工作人员，非常同情我，看我这么聪明，想给我找点出路，要给我免费办理残疾证，由政府出钱帮忙抚养。我妈妈没有文化，最大的希望是让自己孩子能有这么一次机会，就选择了相信。

董倩：然后呢？

陈兹方：他们把我带走了。他们不是带我去残联办残疾证，而是直接把我带到了武汉。利用我的残疾，给他们赚钱。我没办法跟家里联系，也没有地方求助。辗转大半个中国，两年多没有回家。他们让我裸着上半身，用脚夹着盘子讨钱，不管是冬天还是夏天。

董倩：那个时候你还小，但是这种做法是不是给你留下很恶劣的影响？

陈兹方：有很大的影响，让我非常自卑，一直被别人异样的眼光看着，他们议论着他怎么没双手？他的双手哪去了？是不是被别人打残的？是不是被别人割掉的？每天看不到希望，他们逼着我跪在街上，有时候需要爬。

董倩：那段经历到现在还有没有阴影？

陈兹方：现在过去了。

董倩：最后是怎么出来的？

陈兹方：是妈妈救我回去的。如果是政府抚养我，不会两年多时间不见我回去，妈妈感觉不对。妈妈多方打听，当时走的时候很多人都知道。

董倩：两个骗子不会留真实姓名和电话吧？

陈兹方：那时候没有电话。那两个人的家离我们也就30多公里。妈妈自己去找那两个人家。

董倩：对于一个农村妇女来说，去找两个人的地址不跟大海捞针一样？你怎么知道你妈妈为你做的这一切？

陈兹方：我7岁的时候回来了，她跟我讲怎么把我找回来的。冬天快要过年了，找到那两个人的家以后，他家人就说不知道这件事。妈妈说："你不知道？那我就等他回来，找到儿子我就回去，我儿子不回来，我就饿死在这。"第7天妈妈饿晕过去了，这时候他家里人怕出人命，就发电报让他们把我送回来。

董倩：你回来之后也该上学了吧？

陈兹方：那时候还没有上学的概念。我7岁时哥哥已经15岁，几年没有上学了，妈妈供不起他，他那个年纪勉强可以干农活了。

董倩：你跟你妈妈说你想上学吗？

陈兹方：有。我妈问我没有双手，在学校怎么生活？可乞讨的经历让我不想活在别人的同情中，我知道任何事情都要靠自己。我就偷偷躲在家里，用脚趾夹着磨棒自学握笔，听着邻居家的孩子念书，不让妈妈看到。

董倩：你从哪弄的课本？

陈兹方：没有课本，都是在地上写字。也没有书，大部分时候是向我的一个堂哥借来看。晚上人家做作业，我就偷偷躲在旁边看。有一次，我记得清楚，现在想起来特别好笑。当时我走过去什么都不说，邻居家的孩子把书赶快放书包里，不让我看。那个时候小孩子都是这样，闹脾气。我找堂哥，问他我的名字怎么写，他就在地上教给我，然后我就用脚趾去练习。为了练习写字，我的脚丫子磨破了皮，留下一个老茧。在我8岁的时候，终于能够写下自己的名字——陈兹方，我高兴地跟妈妈说我会写字了。

我只能用脚趾在地上写字，同学们都是趴在桌子上用手写。课桌那么高，我怎么上学是一个难题。最后我妈妈鼓足勇气找了学校的老师，老师觉得我挺可怜，但是现实生活又这么多困难，确实没办法让我上学，于是就拒绝了。我就在家一直努力练习，练习用脚夹筷子吃饭。

董倩：练习了多久？

陈兹方：反反复复练习一年多。刚开始筷子夹不稳，一顿饭吃完了，饭菜撒得到处都是。每次把碗打翻了，我妈就喂我。

董倩：你让她喂吗？

陈兹方：刚开始让她喂，但是后来我发现妈妈为了一家人的生活，特别劳累。我就想我不能一辈子依靠妈妈，我要努力练习。

董倩：你吃个饭都这么难，你还要拿脚夹笔写字，而且像跟别人一样，这得有多难啊？

陈兹方：慢慢练，包括洗脸、穿衣服这些，我都能够自己弄。都是自己摸索出来的。

董倩：这些生活技能早晚都会学会，但写字学习不是照猫画虎可以学下来的，这关怎么过？你刚才讲小朋友不让你看书，你家里没书，又想学，怎么学？

陈兹方：妈妈意识到我想读书的劲头，就想如果不让我读点书，以后我怎么办，她不可能照顾我一辈子，就下定决心让我上学。

董倩：哪来的钱？

陈兹方：没钱。就找学校，先后找了8次，每一次都被老师委婉拒绝，到最后妈妈就求老师给我一次学习的机会。她说孩子不读点书的话，以后我会更难。现在没钱，但等孩子长大后，会把挣到的钱还给学校，进学校念书哪怕一天、两天都好。最后老师看我在很多事情上，比如吃饭，都能自己做，就同意了。王老师是我的启蒙老师，他同意我入学，还押了他的工资，确实非常有爱心。

董倩：你母亲前后8次找学校，用了多长时间？

陈兹方：前后一年。

董倩：一个农村妇女为了自己的孩子上学，求了一年，求了8次。你有这样坚强的性格，估计你妈妈也很坚强。

陈兹方：我的性格完全继承妈妈。对我妈说感谢那是不够的，如果没有她的坚持，就没有我的现在。我读到小学毕业，王老师给我垫了开始那两年的学费。后来先赊着账，我哥哥靠给别人背东西来供我读书。

董倩：这个学上得多不容易？

陈兹方：我非常非常珍惜好不容易得来的学习机会。我从9岁读到15岁，每天上学往返要走16公里的路。

董倩：别的孩子走读，还是住校？

陈兹方：都是住校，我走读。早上4点钟妈妈起来把饭热了，我吃完5点出发。刚开始经常迟到，9点多才到学校，下午4点钟从学校出来，7点才能到家。上三年级的时候，冬天下雪了，我们在山区，上上下下的，路不好走。

董倩：别人有胳膊还能扶，你扶哪啊？

陈兹方：只有摔跟头，那个时候我就想，不管怎么摔，有妈妈一直在默默支持我读书，我一定要把书读好。

董倩：天寒地冻的时候一摔跤，有没有想过明天不去上学了？

陈兹方：从来没有。那时候我的学习成绩非常好，连续三年全校第一名。

董倩：小学的时候你可能住校吗？

陈兹方：不可能，主要是生活上的问题。在学校每天自己带着饭盒子需要淘米，把水放好了，盖好盖子自己蒸饭。我不行，洗漱各个方面也没有在家里方便，所以我就没办法寄宿。我每天走路上学，也练就了我自己双脚的灵活性，还有耐心。

董倩：你的脚就是你的手，随时用，不能穿袜子，冬天冷怎么办呢？

陈兹方：那个时候在学校，脚冻僵了就烤一下炭火，不然写字歪歪的。

董倩：正常情况下，你小学毕业之后应该上初中了？

陈兹方：对，上初中，那每天得走20多公里路了，还是不能住校，因为学校的生活是一样的，还得自己做饭。这个我是没办法操作的。米在宿舍，把米放到饭盒里，要跑大约三四百米去接水、淘米，米淘好以后，回到一百多米以外的食堂，把饭盒放进蒸笼里，除了用嘴再没办法。

董倩：能不能让别人帮你一下，总比上不了学好。

陈兹方：在小学很多朋友愿意帮我，中学同学们学习压力都很大，他们帮我一次还可以，但是不可能长时间帮我。实在没办法，选择了放弃读书。

董倩：你小学时成绩那么好，多可惜啊。

陈兹方：当时很多人劝我妈妈陪读，但家里全靠妈妈赚钱养活。

董倩：心里多难受啊。

陈兹方：辍学以后，我不知道将来我能干什么，唯一的希望破灭了，很自卑。妈妈一直陪伴我，说反正她现在还能动，挣钱能养活我，让我不要把自己憋坏了，不要太自卑，活着就活一口气，要好好地活着，我是她唯一的希望。

董倩：你15岁，本来学习很好，但是由于客观的原因没法读书了，你又这么倔强，不可能容忍自己在家里闷着。

陈兹方：妈妈就是担心我，她每天在地里干农活，我就在家里用脚慢慢练习扫地。妈妈刚开始不让我干，怕我受伤，我是小儿子，加上残疾，她就特别溺爱我。我一干活她就抢着干，我看妈妈太累，很心疼。有一次家里没柴火，柴太长了，需要用刀砍断，趁妈妈不在我就偷偷砍，刚开始不会砍，砍到脚趾，伤口特别深，流了很多血，但我没哭，没有喊疼，因为我不想让妈妈看到，怕她心疼，吃饭时躲着她。

董倩：血怎么处理？

陈兹方：用水洗一下，就不流血了，稍微好一点。弄半截袜子，这样穿着。我就在家慢慢练习生活中简单的技能。16岁的时候我趁妈妈在地里弄农活，把早上吃剩的饭菜一热，然后很高兴地喊妈回来吃饭。我妈妈本来还准备忙一下再回来，当她第一次听到我喊她吃饭，她不敢相信，放下手上的一切就跑回来了，看到我把饭菜热得非常好。

董倩：你妈哭了吗？

陈兹方：我妈当时没有哭，因为她坚强，一直就是这样。她就说我把你养大能自己做饭吃了，她非常高兴。

董倩：那段时间除了要训练自己在生活上自理之外，有没有考虑未来能靠什么挣钱养你妈，养你自己？

陈兹方：那时候我看别人很容易就挣到钱了，我想着自己一定要走出一条路来，但是这个路怎么走呢？要面临很多很多我无法想象的困难，比我做到生活自理这样的事更难。

董倩：别人是如何很容易地挣到钱的？

陈兹方：别人用手，哪怕给人背点什么东西，干一些农活都可以挣钱。年轻人出去打工，我最羡慕他们到年底回来时穿的那个夹克，什么时候我也能买一件就好了。我必须得靠自己去挣。这个时候我不仅能应付生活上所有的事情，而且还能帮妈妈干农活，用脚一个一个放土豆种子。

董倩：你尝试过干什么来赚钱？

陈兹方：那个时候药材很贵。我尝试过去山上挖药材，赚了点零用钱。没有双手，在山上树林里面转来转去的，到处找，付出的辛苦比别人多好多。因为我读书写字，所以我的双腿练得特别有劲，爬山不费劲。爬山的时候，身上的衣服极容易被树枝刮破，衣服基本上几天一件。

董倩：你赚来的那些钱够不够买衣服的？

陈兹方：刚开始不够，后来越来越有经验了，别人挖不到的药材，我因为有耐心能挖到，这样就能赚够钱。

董倩：秘诀在哪？

陈兹方：当时我就跟他们说，这是我喜欢干的事，我专一且专注。

董倩：你真喜欢啊？

陈兹方：不是说喜欢，这是唯一可以挣钱养自己的出路。

董倩：赚了多少钱？

陈兹方：勉强能养活我自己，还给妈妈缝了两件衣服，她一直舍不得穿。

董倩：你赚的这些钱，比你妈种一年田要多吧？

陈兹方：妈妈种的基本上就够吃，没法挣来多余的钱。生活把我逼到这个份上，不得不去改变。生活都没有退路。这段时间我成长得很快，包括生活技能的学习和思想上的改变。2007年金融风暴，生猪价格上涨得特别高，10块钱一斤，我就想能不能通过养猪来发家致富。我们家里养了一头母猪，那年正好下了13个小猪崽。妈妈特别反对搞养殖业，因为家里没钱买饲料，又没人手，她劝我不要养。

董倩：你妈是生活的老手，她的劝你听了没有？

陈兹方：没有。那时就想自己能多做点事，多赚点钱，没想风险。我妈也不懂，她只是说我们没钱买饲料，都要靠打猪草。

董倩：事实上是不是这样？

陈兹方：确实是这样，我当时说没事，我可以去打猪草。事实上每天都在用脚割草，还是不够13个小猪崽吃半顿。它们吃不饱，我就买玉米。

董倩：哪来的钱？

陈兹方：靠药材慢慢弄的。到年底我脚上到处是割草的伤疤，最后把猪卖了，但是市场不景气，亏了4000多块。

董倩：你没想到养猪的时候是高价，等你养大再卖的时候是低价，没赚反而赔了？

陈兹方：对，倒赔了4000多块，赔没钱了。

董倩：好不容易攒点钱，又变成穷光蛋了，怎么办呢？

陈兹方：那些老乡就开始说，双手都没有，搞什么搞？他们是心疼我。

董倩：刺耳吗？

陈兹方：不刺耳，我已经习惯他们这么说我了。不管说什么，我只要做好我自己就行。有一些老乡建议我找到镇政府，往他们门口一睡不走了，耍赖让我进养老院。我没想过这样的生活。这样做不仅失去了我的尊严，更失去了我的生活，但是我当时养猪养得心里特别着急。

后来有一个人给我建议，说还是养羊好，那时候羊不值钱，两三块钱一斤。那时本地山羊太少了，养的人不多，年轻人都出去打工了。

董倩：养羊的周期是多久？

陈兹方：4年。

董倩：那你4年之后也是有风险的。

陈兹方：对，那就在山上挖点药材卖钱，养活我自己。当时他们把那只羊送来的时候，我如获至宝，但我不知道怎么养，我给它吃一个玉米，结果吃坏了肚子，后来我跟老乡学经验。慢慢地，可能是运气，或许也是我的坚持，第一年它就生下来两个小羊羔。我特别高兴，因为看到了希望。事后我每天用腿抱着这个小羊羔。就是一条腿抬起来，用膝盖把羊的前腿夹着，这样抱着特别有意思，到冬天挨着它们特别暖和。

董倩：4年以后如你所愿吗？

陈兹方：4年的时间，我从1只羊慢慢养到35只，我每天把羊赶上山吃草，利用它们吃草的时间，用脚割草带回来，晚上给羊吃。

董倩：你觉得累吗？

陈兹方：没有，我从来不觉得累。

董倩：4年下来赚了没有？

陈兹方：三四块钱一斤的羊，变到十八至二十块钱一斤了。一年卖十几只、二十几只，差不多有1万多块纯利润。在2011年就持续有这样的收入。

董倩：你第一次赚到这么多钱，有什么感觉？

陈兹方：我记得买我羊的那个人给我伸了一个大拇指，说在农村能挣1万块已经很不容易了，何况我还是用脚挣的，很敬佩我。

董倩：这个人给你竖大拇指，他在用什么样的眼光看你？

陈兹方：他不是用以前其他人的那种眼光看我。他应该在想，这个人没有双手，还能做成事，还能挣到钱，非常惊讶。我身边的这些老乡没有把我当成残疾人来看待，我融到他们生活中，和他们一样，我不是弱者。

董倩：眼光能告诉你这一切？

陈兹方：眼光能告诉我，而我的行动也能告诉他们。他们经常找我，问我这个事怎么弄。比如老乡有一个机器不会用，不知道怎么去弄。我爱学习，我把我家里的东西全部拆开，然后又把每个部件装回去。没坏我就拆，我就想如果哪一天坏了，难道就直接扔掉吗？我刚开始装接电源，那个插座没接好，把电线烧断了，我就产生了一个新想法，管它怎样，已经拆成这个样子了，就全部拆开看看里边到底是什么样子。面对新的东西，我就想要把它的构造摸透。最后老乡们有很多问题都来找我解决。

董倩：你比别人少了手，但是这种事情别人干不了，你能干，别人怎么看你？

陈兹方：他们觉得我跟别人没什么不一样，但是他们也觉得我跟他们有不一样，他们不懂的东西我懂。现在的智能手机，包括刚开始出的键盘式手机，他们都不知道怎么用，我就慢慢地学习，我弄懂了再教他们。我家里买了一部电话，不会用，而我又找不到人教我，那我只能坦然地去学习怎么使用它。

董倩：因为你遇到的绝路太多了，反而觉得这并不是绝路了？

陈兹方：可能我的生活方式真跟别人不一样。生活中会有一个接着一个的新事物让我去面对。

董倩：咱们刚才说到你从2011年开始就稳定赚钱了。

陈兹方：养羊有稳定收入了，但我还是缺本钱。我想养更多羊，养得更好。

董倩：你能从1养到35，为什么不可以从35养到70，甚至到700呢？

陈兹方：对，这个时候我也是这样想，但是由于缺少资金，我也没有地方去养，我没有羊圈。

董倩：基础设施建设需要一大笔钱？

陈兹方：对，一大笔资金，我赚的那点钱根本不够。所以，羊我还是坚持在养，但我也在想能不能从别的渠道去赚钱。这时我跟哥哥合作种植了10多亩烤烟，那一年我哥俩每天早晨5点钟起床。

董倩：种烤烟赚钱了没有？

陈兹方：也就赚了一点点，比我养羊不会多很多。

董倩：后来怎么走上做电商这条路了呢？

陈兹方：那个时候出现了一些问题。我已经26岁了，长时间高强度在山上劳动，而且力量都来自腰部，天气变冷之后，就感觉腰疼。这个时候羊的价格开始下滑，我就隐隐约约感觉到市场在变化，和我预期完全不一样了。我们县里的记者朋友报道了我用双脚创造人生的故事以后，就在2014年推荐我代表巴东参加农商牛人大赛，我双脚完成了穿针、写作，当时拿了牛人大赛金奖。那是我第一次走出去看到外面的世界，和我在老家看到的完全不一样。我想能不能走出来发展，学习更多东西，但还是被现实打败了，我还得再回家继续养羊。

后来我哥哥给我买了一份特殊的礼物——一部智能手机，我慢慢摸索用脚趾去打字。这是一个很大的问题，手机键盘很小，刚开始用大拇指一按就是两个键，于是我就用食指指尖去练习，一个键一个键去按，慢慢学会了打字，我还学会了使用QQ和微信。

我用手机接触到互联网，一次偶然的机会看到我们巴东正在搞信息赶集，发展电子商务，当时我就想开一个网店。

董倩：你想过你是否有能力开网店吗？

陈兹方：我从来就充满自信，别人能做到的我就要做到，所以当时我跟哥哥说开网店适合我。

董倩：你卖什么呢？

陈兹方：卖我们当地山货。养羊时我就隐隐约约地感觉到，别人养的羊和我在农村这样养的，吃出来是两个味。我们老乡每年吃不完的一些东西都浪费了，非常心疼。我就在想通过什么渠道把这个卖出去，让它更值钱。这个时候正好赶上了电子商务发展浪潮。

董倩：谁帮你？

陈兹方：创业这条路不是那么简单的，是必须流汗的。我刚开始和哥哥说开网店适合我，他当时就说那是文化人干的事，用电脑比用手机更难。我就不相信我不能学会开网店，人家能做到，我也能做，我连用双脚割草、砍柴的活都能干，也能很轻松地完成这个事。

刚开始创业，真的如哥哥所说，用电脑比用手机更难。我每天早上5点钟起来练习打字，一根一根脚趾练习，最后练到发酸发软，吃饭连筷子都拿不稳，但我没放弃，因为这是我选择的路。后来又慢慢学会了怎么使用软件。

在老乡和我哥哥的帮助下，我才能把网店开起来。卖货我遇到了很多很多的问题，刚开始卖货发给外面客户，客户收到的东西基本上都变形了。遇到过快递摔损、包装破损、丢失等一系列问题，主要还是包装问题，于是我重新设计包装。我记得卖鸡蛋的时候设计了好多次包装样式。

董倩：你是帮别人卖吗？

陈兹方：对，那时候我在家可以养活我自己，所以出发点就不是为了我自己。老乡的鸡蛋都卖不出去，都是无公害的东西，扔了有些可惜。老乡们又没有其他收入来源，每年都是辛辛苦苦的，靠网店卖出去是唯一的一点指望了。

董倩：我说这话可能有点自私，在这条路上往前走你自己都这么辛苦，又有谁想着去帮帮你呢？

陈兹方：在我的生活当中，别人可以帮我一次，但不能帮我一辈子，所以，我没有依靠别人的心态。

董倩：你为什么要帮别人呢？

陈兹方：既然我能懂很多东西，走在别人前面，如果有人需要我去做，我为什么不去做呢？有那么多人做慈善，包括我乞讨时别人也给了我太多太多的施舍，别人为什么会帮？我想是因为同情我，心地善良。我也要做一个心地善良的人。

首先自己活下来了，凭借双脚我已经活得很好了，我不要别人的施舍。当我看到老乡吃的这些苦，我有能力帮助他们。

董倩：因为你吃过比别人更多的苦，所以你知道吃苦是什么滋味，于是你想去帮别人。

陈兹方：我能不能帮到他们是另外一回事了。但是我有没有这个想法，有没有这个行动，这就是我的事。我会尽量把事情考虑周到，可还是有些东西没帮人卖出去。

董倩：比如，你刚才说鸡蛋，从巴东运到北京，这一路颠簸有很多破损的？

陈兹方：对，是这样的。刚开始用谷壳把鸡蛋裹着放，20个鸡蛋寄到客户手里，还剩一个好的。当时我就在想，还剩一个没有破，那就很有希望。

董倩：你看到的恰恰是那一个没破的，你看到的是希望。

陈兹方：对。我想把这个事做成，我是在不完美里面追求完美。我一直在调试包装，到最后发出去30个鸡蛋，没有一个破损，几乎做到零破损。

董倩：你靠什么？

陈兹方：定做的包装，自己琢磨出来的。

董倩：做电商第一年是赔了还是赚了？

陈兹方：第一年赔得一塌糊涂。物流、包装的亏损，设备的购置，最后算了账，还差两三万块钱。

董倩：对你来说，总要经过很久的折磨才能成功，直接就成功反而不自然了。

陈兹方：对，对我来说成功是偶然了。总要经受打击，打击已经成为常态。生活中该来的永远会来，躲是躲不过的，只有坦然去挑战它。第一年做生意赔钱有点受打击，但我选择的这条路已经铺开了，还是要继续走下去。

第一年不只鸡蛋赔钱，每个产品都赔钱，连土豆都赔钱。我们农产品不打农药，不打保鲜剂，都是好东西，但是不会卖。第一年没有经验，土豆20块钱5斤，现在我的土豆5斤28块8毛，不到一个月就有两千多个订单。土豆这一项，我跟老乡们合作差不多一年，不算大赚。我是在淘宝上做电商，我想带动老乡们对电商有一个新认识。

我坚持的是品质，过季节我就不卖了。蜂蜜也是，我店里大概还有二三十斤蜂蜜，卖完就没了。

董倩：你的身体有残缺，你会降低标准，降格以求吗？

陈兹方：我从来不这样想。我自己要按照更高的要求去做。比如卖酒，刚开始老乡为了节约成本，简单用塑料瓶装，最后发出就漏了，搞得快递公司都不让我发了。他们让我签约，说如果污染了别人的快递，我就必须得赔付。不按照高要求做很难走下去，包装必须得下功夫，最后用抗震材料，而且包装盒子大小都一致。

董倩：这样成本就高了，谁来承担这个成本？

陈兹方：我自己。我滴酒不沾，但是我得学会品酒，要懂酒的好坏。我卖出去要对别人负责，所以得喝出好坏来。我跟老乡天天沟通，又跟客服沟通，我从他们身上学习了东西。

董倩：你准备把你的陈兹方铺子做到多大？

陈兹方：现在不说做多大，而是说我要做得更精、更细，用最好品质走得更远。我现在不是一个人，而是带着一群人创业。我要把我们这个大山里的土疙瘩变成金疙瘩，这才是我想做的，而不是做一锤子买卖。

董倩：你在以前没有钱念书的时候，你会想到有一天你带着别人一起去脱贫致富，过上更好的日子吗？

陈兹方：没有，那个时候的想法是，既然活着，那就好好地活着，活得有尊严，活得让别人瞧得起。

董倩：现在呢？

陈兹方：开始创业，想法完全变了，想通过不断地学习，不断总结经验，提高自己的思维水平。

董倩：你觉得你这辈子比别人倒霉，还是比别人幸运？

陈兹方：我比别人幸运。上帝没有给我双手，但是他给我开了一扇窗，我从窗户里爬出去，站的位置就高了一些，看的东西会不一样。我学会了用双脚练就生活技能，有了养活一家人的本领。我没觉得我失败，没觉得我不幸运，没觉得我苦。生活中没有必要说自己有多苦、多累，每个人都有每个人的累、苦，你说了就能远离苦和累吗？最终还是要靠自己来解脱自己的苦和累。

董倩：刚才听到"叮咚叮咚"的声音，有人找你下单了，又来钱了。

陈兹方：也不说是钱，我更多是看数据，怎么让自己的铺子走得更远，路走得更宽，怎么把这些老乡的东西卖出去，而且是货真价实。

这个社会很多人比较浮躁。一些媒体报道我以后，就有朋友找到我，保证把我打造成一个如何如何的人，保证我一年赚多少钱，我当时听到这个数字时没有心动，只是笑了笑。我喜欢创业，喜欢踏踏实实做事，我说这一百万、两百万，不是凭你几句话就说来的，是靠汗水一步步挣来的，我一直强调脚踏实地。而这个朋友前不久跟我聊天，说最佩服我一直坚持做自己，讲诚信，踏踏实实。

董倩：用"脚踏实地"这四个字形容你最合适，因为别人不脚踏实地，他们还有手，如果你不脚踏实地，就真的什么都没了。

陈兹方：对，我一直明白这个道理，我也明白以后的路还很长。但是我不自卑，我有信心，我想通过自己的艰苦创业，努力奋斗。我现在正带领几个残疾朋友，把我学到的东西教给他们，让他们跟我一起来做。

（文字整理：陈剑平、郑蔚然）

你是
我的眼
NI SHI WO DE YAN

- 刘翠青
- 徐冬林

盲人短跑运动员刘翠青的强大和弱小在冲线完成之后的那一刻同时呈现了出来。她像风一样跑完了全程，但是停下来稍作喘息之后，脸上却浮现出一丝茫然和胆怯。那一刻她不知道结果，更不敢走动。赛道和领跑员徐冬林是她黑暗世界里的坐标和向导，若是她自己一个人，将寸步难行。

徐冬林紧随几步走上前来抓住刘翠青的胳膊，告诉她结果。刘翠青听到以后还没来得及反应，徐冬林就一把把她高高举了起来。他太知道这位盲人姑娘为了实现这个目标付出的是什么，他要让她成为万众瞩目的焦点，他要让她记住这一刻，全世界都看到她是冠军，拿到的是金牌。那一刻，托举起刘翠青的徐冬林像花岗岩基座一样，坚毅、厚实、明亮。

领跑员的职责很简单：领着盲人运动员奔跑。可是这个难度，不亚于让盲人重新拥有视力。

刘翠青的幸运，在于她遇到了徐冬林，他处处呵护和辅助着这位盲姑娘。在相处的8年时间里带着她融入世界，并且他乐观、坚韧的精神深深影响甚至塑造了刘翠青的性格。

徐冬林从开始做领跑员起，就尝试着体验盲人的状态。他的善良和细腻，让他真切地体会到盲人的束缚。黑暗是如此压抑，它不是一团浓得化不开的雾，它是一座山，牢牢地压在人身上。黑暗不仅蒙住了眼睛，还堵住了呼吸，绑住了手脚。人看上去是平静地活着，但失明者的一生，无时无刻不是在坐牢。想要让刘翠青奔跑、不断超越自己，只有先让她能有正常的速度。

日常生活里，盲人的一切都是慢半拍。徐冬林告诉刘翠青，训练场四周有各种颜色、各种形状的花，它们都长得什么样；迎面过来哪个熟人，他提早告诉她，让她跟熟人打个招呼；在宿舍楼里，他给她描述吃饭的地方，哪里是桌子，哪里有个尖锐的桌角，要学会避开……

因为看不到，失明的人总是行动滞后，要在事情发生以后才知道怎么反应。肢体有缺陷的人自尊心很敏锐，他们不想让别人看到自己笨拙的滞缓，于是就更慢，或者更不愿意动，好避免"出丑"，被别人另眼相待。徐冬林的描述，给看不见的刘翠青打出提前量。这提前的一两秒是如此珍贵，它给刘翠青打开了一条通路，让她拥有了融入正常环境的可能。曾经长久黑暗带来的压抑，让刘翠青的生活半径越来越窄，感受越来越有限，表达越来越短、硬。徐冬林暖心的话说了10句，刘翠青往往只有一个字：嗯。阳光一样的徐冬林笑笑，因为他懂得她的艰难，所以一如既往地继续唠叨。

就是在这一句句细致入微的描述里，刘翠青渐渐越来越多、越来越立体地感受到周围一切，她的感觉越发敏锐、平衡、稳固，她对徐冬林越发信任和依赖。所有这些，把她身上蕴藏的速度天赋一点点诱发了出来。终于，她开始提速，感受到释放出自己的力量是多么畅快！从小到大这几十年，她从来没有释放过，处处都是禁区，哪哪都是边界。而在奔跑中，她的世界是这样大，这样没边没沿。她能感觉到她的奔跑所带起来的风，仿佛让她拥有了翅膀。她真希望赛道是没有尽头的，身边永远有徐冬林这样悉心守护她、辅助她的人，让她能永远这样放心地向前奔跑。

徐冬林的任务就是这些：全程护佑这位弱小的命运强者。他是因为受伤而退役的专业短跑运动员，他比谁都更知道这项运动的魅力——奔跑和奔跑到尽头时那穷尽所有努力的冲刺。但是，成为领跑员，就意味着他只能与他辅助的盲人运动员分享过程，却不能体会最后一刻的华彩。终点前的一步，他要主动慢下来，用自己的光明护佑刘翠青在黑暗中大胆冲刺。8年里，徐冬林无数次的托举和护送，把刘翠青一次次送上了冠军领奖台。

伴君千里，终有一别。他们只是赛场上的伙伴和战友，徐冬林终会与刘翠青告别，转身进入各自的生活。徐冬林对这位令他敬佩、让他心疼的伙伴的祝福，是希望她能早点找到一位能牵引着她继续在生活的跑道上放心奔跑的那个人。

真希望是这样。

一、采访刘翠青

董倩：这一次你去东京奥运会，徐冬林怎么陪着你？

刘翠青：帮助我走到赛场上，当我的眼睛，我们互相信任。我们一出房门就碰头，一起坐大巴去，一起在休息区休息一段时间，再一起做准备活动。

董倩：是你伤病多，还是徐冬林伤病多？

刘翠青：冬林主要是膝盖伤病，去年做了手术，今年坐骨受伤，我也有伤，我们就互相鼓励。为了这一届比赛我们已经备战五年了，今年因为新冠肺炎疫情推迟了一年开赛，所以比赛对我们很重要。

董倩：去参加一个激烈的竞赛，周围是一无所知的陌生环境。徐冬林怎么帮助你？

刘翠青：他给我描述周围的环境，告诉我有我的对手，他给我做准备活动，给我拿吃的、喝的，分散我的注意力。

董倩：冬林给你介绍运动员，介绍周围环境的时候，你心里反映出的是一种什么状态？

刘翠青：我们住在海景房，他跟我说在窗口和阳台上能看到海，我觉得挺美的。平时我们在楼下活动，在海边做准备活动、慢跑，是一种美好的体验。

董倩：冬林的语言丰富不丰富？根据他的描述，你能够想象的多不多？

刘翠青：冬林给我描述的我能理解，描述熟悉的人我都听得明白，给我描述不熟悉的人，我听不明白。他描述得挺细心，他比较能说。

董倩：他要把你的脚放到起跑器上，用双手扶你肩膀，帮你调整你面对的方向，这个过程对你有什么帮助？

刘翠青：我是没方向感的，我脚得正，否则就跑歪了。他告诉我跑直道、跑弯道，是直道就往前冲，弯道微微往内侧，感觉是不一样的。一定要跟领跑有默契，有信任。如果没有，是跑不起来的。

董倩：最后一个准备活动，是他要把引跑牵引环套到你们两个人的手上，你心里有什么感受？

刘翠青：很踏实，有安全感，感觉要奔跑了。

董倩：不管是200米，还是400米，你虽然看不到，但是你的身体经过多年的训练，能够知道自己跑到哪儿了吗？

刘翠青：贴着领跑员就没错。跑得慢才会感觉到直道、弯道，跑得快时注意力不会分散，不会想这么多。

董倩：我们以200米为例，冬林一路上会给你进行几次重要的提示？

刘翠青：我们配合了8年，所以我们语言说得少，纯靠肢体的感觉。这次的200米就靠压线动作赢了对手，跟对手太近了。讲话不怎么好，会分散注意力。他会说，直道、压线、外一点。

董倩：从进入赛场，到比赛结束这个过程，他始终要在你身边你才安心。有不在你身边的缝隙吗？

刘翠青：有，上洗手间。他会告诉我，他去哪里，我知道他会回来。

董倩：他走开的时候你在哪里等他？

刘翠青：在座位上。我会自己动手穿衣服、穿鞋子、喝口水。

董倩：参加比赛的时候为什么要戴上眼罩？

刘翠青：因为参赛队员的眼疾会分好几个级别，有轻有重，戴眼罩能防止不公平，大家都看不到。我是十一级，一点光感都没有，完全不能自理。能看到一点，能走路是十二级，眼睛健全是十三级。

董倩：冬林会在什么时候告诉你，跑到第几名了？

刘翠青：跑完才知道成绩。跟对手同时过线，人眼根本分辨不出，机器人才能分辨得出。

董倩：他会不会告诉你，咱们现在领先，或者咱们现在落后？

刘翠青：跑400米，预赛、复赛跑慢点，规则是拿小组第一，以最后成绩进决赛。他告诉我怎么分配体力，不用全力以赴，可以放松一点点，这样体能会保持久点。

董倩：这一次你200米和400米都跑了第一，有一张照片是冬林把你举起来，他以前有过这样的庆祝动作吗？

刘翠青：只有在超出我的能力之外，他才做这个动作。这次是我跟他合作以来，跑得最久，竞争最激烈的一场比赛。我们两个本来就有伤病，最后一项比赛时，伤病有点加重了，我们没把握拿第一，想着能拿块奖牌就很不容易了。意外地拿到金牌，所以很激动。

董倩：是因为对手的实力太强，还是因为你们两个人的伤病太厉害？

刘翠青：都有。每位选手的水平相差不多，我们又是带伤参赛，把握就差点，不好把控成绩。我从五月份开始就疼，一直都上不了强度，一上强度病情就加重。他的膝盖做过手术，一旦跑多走多，膝盖里就会有积液。为了保证比赛，去的时候冬林是坐轮椅的，教练推着他。

董倩：你的领跑员是这样一种身体状态，你担心吗？因为一旦他出点意外，就意味着你也参加不了比赛了。

刘翠青：不管结果怎样，他的身体比金牌更重要，只要他保护好自己，结果不重要。之前没伤病，对金牌还是有向往和期待的，现在有伤病，我们就想每一场比赛都全力以赴，结果看天意。

董倩：你说冬林的身体比金牌更重要。

刘翠青：我们相处久了，跟亲人一样，我觉得金牌也拥有过了，身体是不可逆的，身体比较重要。

董倩：冬林也是这么看吗？他觉得他的身体和你的金牌哪个更重要？

刘翠青：他是个比较有责任心的人，他觉得金牌更重要。他让我全力以赴，不用顾忌他。

董倩：正是因为这样的背景，得了第一他才会把你举起来。

刘翠青：对，因为比赛的结果出乎了我们的意料。

董倩：上一次他举你是在什么时候？

刘翠青：2015年。

董倩：2016年里约奥运会，冬林因为伤痛差点没帮你一起跑下来，你给我们说一下来龙去脉。

刘翠青：那是跑400米，不是最后一项，跑完还要马上接力。他觉得不舒服，有拉伤。刚开始没在意，到后面进半决赛，对手跑得很快，他一加速就伤了。直到400米决赛伤病都很严重，我们完全是靠意志力拼下来的。比赛结束后上下楼梯，我都感觉他的脚步声加重，走路有点不稳了，他却跟我说没事。

董倩：从视频上能看到，最后一段赛程他已经疼得龇牙咧嘴了，但他仍然陪你跑到最后。那个时候你能感觉到他身上出现了什么问题吗？

刘翠青：能感受到，他平时带我走是比较稳的，受伤带我走时有点靠着我，站不直的感觉。我问他你的腿没事吧？他笑着说没事，我能感觉到他的腿不舒服。他说没事，你不要顾及我，你要全力以赴。

董倩：你觉得他有事，但是他说他没事，你相信哪个？

刘翠青：我比较相信我的直觉。他可能是有问题的。

董倩：这种状况还能带领你往前冲吗？

刘翠青：只要他说行，我就相信他。我觉得他肯定是为了不让我们留下遗憾，因为我们备战了那么多年。

董倩：有可能换领跑员吗？

刘翠青：一个运动员配一个领跑员，没有多余的领跑员。

董倩：他如果帮不了你往前跑的话，就没人能帮助你了，只能放弃？

刘翠青：对。

董倩：还有一个细节的问题，你们俩是一起冲刺，还是到终点他放手让你冲刺？

刘翠青：到终点的时候绳子不能放，要等我先压线。

董倩：在整个过程中，他是要比你快一点，还是你们两人保持齐头并进？

刘翠青：平行的。

董倩：但在最后，他要让一步，让你去冲这个终点？

刘翠青：对。

董倩：你怎么看这个细节？所有运动员，尤其是对田径运动员来说，冲刺的那一刹那，可能就是他追求的最终目标，但是他要把这个机会留给你。

刘翠青：这是规则。领跑员是我们的眼睛，主体是我们，他要引导我们，冲线是我们冲线，如果领跑员过线就犯规了。

董倩：规则是这么规定的，但是运动员的心是相通的，你觉得他当时是一种什么心态？

刘翠青：没想那么多，我们是共同登上领奖台的。

董倩：你的眼睛是什么时候看不到的？

刘翠青：10岁的时候。那时候我眼睛红了，以为是普通红眼病，只买了眼药水，错过了最佳治疗时间，其实我是得了青光眼。

董倩：你是怎么成为一名专业运动员的？你看不见，摆在你面前有什么选择？

刘翠青：大众对我们的认知是，盲人只能从事按摩、推拿。当时我在学校读书，广西残联的一位领导来学校挑选运动员，他觉得我的身高适合练体育。我说我走路都需要别人的帮助，跑步怎么跑？他说到时候会有领跑员，用牵引绳带领我跑。于是我就去集训了。

董倩：对于他给你表述的这一切，你是因为感兴趣，还是觉得这是一条改变命运的路？

刘翠青：当时也没想那么多，觉得天天待在学校里面也挺闲的，就去了。我是在南宁市盲聋哑学校读书，读到18岁才开始进行省集训。刚开始是找了个女孩子带我，最初还挺新鲜的，后来训练起来才觉得好苦好累，跟想象的完全不一样。我们学校也有体育课，体育课都是蛮快乐的。

董倩：运动量的增加我倒觉得是次要的，最重要的是看不见，走都得需要摸索，现在让你去跑，怎么突破？

刘翠青：跑步、踢腿，队友觉得很简单的动作，对我来说是比较困难的。跑步时手臂摆多高，腿抬多高，大腿跑多快，我觉得都不可思议。

董倩：要是闭上眼睛走路，我都不敢往前迈步，更何况是跑步。跑步是奔跑，要速度。你是如何鼓起勇气迈开步子去跑的？这个心理关你怎么过？

刘翠青：以前我很怕前面有障碍物，他们跟我说没有，可我还是怕。因为对他们没有信任感，感觉他们说得有点不太实际，所以我跑起来都是歪歪扭扭，感觉身体往后仰，总怕前面有障碍物。

董倩：你的第一位领跑员带了你多久？教给你什么？

刘翠青：带了几个月。刚开始我没基础，练习做得少，她就带我跑。第二年2010年在广州举办亚洲残疾人运动会，国内成绩要求没那么高，我就很幸运地入选了国家队。

董倩：2010年到国家队，你和冬林从2013年组成搭档，这中间有三四年。这段时间你参加一场比赛就换一位领跑员，频繁地更换，能给你带来安全感吗？

刘翠青：每次刚有信任感就换了，又得重新相处来培养信任感。

董倩：人和人之间的信任好建立吗？

刘翠青：说好也好，说不好也不好，要看对方给你的反馈，跟你想的是否一样。他当时说的话，跟我实际遇到的是否一样？是一样的我就有信任感。领跑员相处久了，会知道我的习惯，我的汤放在左边还是右边，他们都知道怎么放。我喜欢把汤放在左边。之前有位领跑员，他怕烫着我，就把我的汤移走了，我一摸什么都没有。

董倩：也是好心，但是把你的习惯改了。到了2013年，你们两个第一次搭档，第一次见面，都说了些什么？最初彼此之间建立起的是什么印象？

刘翠青：我是一个比较内向的人。我们见面是在田径场上，刚开始我没跟他说什么话，他说是我的领跑员，说话也不怎么多。我跑的时候他告诉我脚要抬多高，他拿着我的脚教我怎么下地。我印象比较深。

董倩：你们从一开始搭档就知道是长期的，还是在搭档的过程中才知道？

刘翠青：我们也没想那么长远，没想到会坚持到现在。他带了我几个月，就拿了锦标赛的冠军。我也没听说他要带别人，所以我没去想他未来会不带我。

董倩：你和冬林之间的信任感，是怎么一点一点建立起来的？用了多久才完全建立？

刘翠青：因为平时我们生活在一起，训练也在一起，从点滴开始配合默契。平时我们跑步得换钉鞋，我自己系鞋带，冬林觉得我系得不够好，他就帮我扯开了，重新帮我系。他说我鞋带系得太松可能会影响我跑步。我觉得这个人好细心，跟我以前的领跑员都不一样。

董倩：这种细心会给你带来什么？

刘翠青：会给我带来安全感，觉得他跟别人不一样。

董倩：他怎么让你放心地往前奔跑，把你的速度提上来？

刘翠青：从点滴做起。生活中他告诉我旁边是什么，就拿我的手去触摸。比如这里有个尖的东西，会让我摸一下，提醒我小心别碰了，这时候信任感就有了。但别的人只会说，你坐那里吧，你不要乱动。

董倩：冬林的这种做法，会给你带来什么？

刘翠青：我的心里有数，我能知道周围是什么环境。坐那一动不动实际上挺累的。他告诉我，我就知道什么东西可以动，周边有哪些障碍物，就是这种感觉。

董倩：进入训练比赛的环境，他会怎样支持你，让你去奔跑？

刘翠青：比赛前他告诉我不要紧张，该休息就休息；做完准备后，他让我不用着急。他做什么都会提前跟我说，让我心里有数，所以我不用担心下一步会干什么。以前我会感觉到很着急，怕错过时间。

董倩：人总是这样的，因为不放心，所以性格会很封闭。冬林这样细致地照顾你、帮助你，你的性格有改变吗？

刘翠青：有，他们都说我开朗了好多，我以前不敢跟别人说话。

董倩：你今天话并不多，但跟以前相比，这是进步的结果？

刘翠青：对。跟熟人比较开朗，跟陌生人是不说话的。

董倩：你跟冬林是怎样慢慢熟悉起来的？

刘翠青：他跟我说旁边有什么景色，我都没搭理他。他说我要响应他，他一个人自言自语，说相声也要捧哏说一声。但我不是故意的，我就是不习惯说话，比较内向。

董倩：后来你是怎么渐渐被他给带动起来的？

刘翠青：冬林是个比较开朗的人，我受他的性格影响。

董倩：我很想知道，在全力奔跑的时候，旁边有一个无比信任的人，你不知道前面是什么，往前全速奔跑是什么感觉？

刘翠青：好爽，这是一种释放。

董倩：看不见，会一直收着自己，半径也会越来越小，但是对你来说却要不断地用速度去开拓半径。走到这一步对你来说难不难？

　　刘翠青：比较难的。别人示范动作我看不到，我的领跑员会比别人辛苦，只能通过语言描述来让我听懂。有时还通过肢体语言，比如扶住我的手和腿，告诉我这个动作怎么做，一点一点描述，一点一点做动作。

　　董倩：速度是看不到的，他怎么让你拥有速度？冬林怎么用语言跟你描述？

　　刘翠青：动态练习用肢体语言是描述不出来的，只能一点点找感觉。他让我全力去跑，然后慢慢一点点抠我的动作，比如腿跑太紧了，让我放松一点，脚抬高一点。刚开始我觉得这个动作好别扭，跑得更慢了，他说不是，那是你的感觉，我们看起来你是跑得更快了。他让我别管，只要听他的就行了。

　　董倩：你凭你的感觉觉得越跑越慢了，但是冬林告诉你不对，你是越跑越快，这个时候你是选择听自己的，还是听冬林的？

　　刘翠青：每个人都会有自己习惯的动作，改变动作是很别扭的，因为他是领跑员，所以我就相信他，他说对就对，我就按照他要求的动作去改。一旦动作反反复复做习惯了，就会明白他说的是对的。

　　董倩：你能感受到一点一点在提速吗？

　　刘翠青：能感觉到，它的力是往前的，动作别扭的时候，力是左右晃的。

　　董倩：当你快起来，风在你身边过去的时候，是什么感觉？你知道自己在加速向前的时候是什么感觉？

　　刘翠青：感觉很爽，释放的感觉。

　　董倩：如果你没有选择做一名跑步运动员，你也许不会拥有这种感觉。很珍贵吧？

　　刘翠青：是的。

　　董倩：除了在赛场上冲刺的时候会有释放的感觉，在日常情况下还会有吗？

　　刘翠青：毕竟看不到，活动受限。看不到是一种遗憾，是一种不幸，但我也是幸运的，因为我有很多"眼睛"帮助我，描述给我听。

董倩：真高兴你能这么去想。你们两个一起努力得到的这两块金牌，你觉得你们各自的分量占到多少？

刘翠青：像我教练说的，你们两个人要合成一个人才有用，光用一个人的力量是不够的，所以我觉得金牌是我们互相成就的结果。有一双那么细心，那么贴心的眼睛是不容易的。

董倩：记者采访你，问你如果有三天的光明，想看到什么？你当时说想看一看冬林大哥哥是什么样子。你发挥一下你的想象力，你竭尽可能地描述一下他是个什么样子的人？

刘翠青：想象和视觉总会有差别。他们都说我的领跑员好帅啊，像小版的刘德华，鼻子高高的。在我的想象中，他是个阳光、细心、有爱心的人。

董倩：如果不做这一行，你准备去做什么？

刘翠青：先休息一段时间，以后可能会从事按摩行业。

董倩：好，非常感谢。你们两个都是英雄。

刘翠青：我觉得我们是其中之二，也有很多很多英雄。

二、采访徐冬林

董倩：你比翠青大3岁，今年33岁。

徐冬林：她是1991年的，我是1988年的。

董倩：我们从东京奥运会开始说起。从运动员村出发，到抵达赛场，一路上你都跟她讲什么？

徐冬林：在这段路上我们不会有多少沟通，坐车上都是专注听听音乐，是放松的。比赛之前，我会和她做准备活动，会有一个心理建设。我会告诉她以什么样的心态和节奏去跑，每场比赛的心理建设不一样。我安慰她，她半天也说不出话来。她不怎么爱说话，有时候我跟她讲10句，她都很难回我一句，现在能回我一两句。可能跟她看不见有关系。

董倩：翠青跟我说，她觉得你的身体比她的这块金牌更重要，她希望你别那么拼，你们俩商量过这个事吗？

徐冬林：她没跟我讲过这么感人的话。虽然之前她没说，但是我知道她心里的想法，我能感受得到。

董倩：你怎么想？你的身体、她的金牌，哪个重要？

徐冬林：我觉得她的金牌更重要，如果是我个人的比赛，我可能会觉得自己更重要。但这并不是我一个人的比赛，我有责任和使命。如果我停止了，她就无法奔跑了，也没有办法登上领奖台了。

董倩：我从视频上看到，你要把翠青带到赛道上，还要调整她的位置。你的两只手放在她的肩膀上，给她找方向。当她做好起跑的姿势，你还要把她的脚放在起跑器上。这是动作上的。你有没有意识到，你在做这一系列辅助的时候，她在心里对你应该是非常依赖的。

徐冬林：这些方面会想得多一点，因为她完全看不见，所有细节都要靠我。我告诉她起跑怎么做，脚怎么放。她是没有画面感的，所以就得手把手把她的手脚放在合适的位置上，只要做动作就可以了。每一次训练都是这样。

董倩：所以你的存在会让她极度放心？

徐冬林：如果我们两个搭档，这就是一个必要的过程。如果没有，她是无法信任你的，更别说奔跑了。如果是陌生人带着走，肯定不愿意的，就算亲人带着走，都不敢走得很快。我只能在生活上、动作细节上做到无微不至，让她相信我，这样她在赛场上才敢跟着我跑。

董倩：你怎样才能帮她找准方向？她怎么才能有方向感？

徐冬林：我会拍她肩膀，告诉她这是直道；如果是弯道，我会扶着她告诉她这是弯道。每个道的感觉都不一样，所以我会提前告诉她，我们现在在三道上，拍拍她告诉她倾斜到什么角度，平时都会做这方面的练习。

董倩：新华社记者拍过一张你们赛前准备的照片，你把手放在她头上，这是在干吗？

徐冬林：天太热了，气温30多摄氏度，我感觉她的状态不是很亢奋，所以我赶紧到旁边拿冰水沾到手上，拍拍她的后脑勺，让她有冰凉的感觉，让她亢奋起来。在这种赛场上，细节决定输赢。哪个环节出错了，冠军都不属于我们。

董倩：你们两人穿上领跑绳的时候，之间就建立了一种什么样的联系？

徐冬林：默契，等于合体了。虽然我们还没比赛，还没上跑道，但一牵到这根绳子，开始做准备活动，我就感觉到她的状态，今天有了，今天的状态非常好，比赛名次肯定能拿下。没办法用语言描述，很微妙，训练当中也是这样子。奔跑的时候我会带着她一点。因为她全靠我掌控节奏、掌控方向。

董倩：不管是方向、速度，还是节奏，都是由你来调节。你怎么用这根绳子做到？

徐冬林：全靠长期的默契产生的肌肉记忆，我加速了她能感觉到，跑弯道、跑直道，我们是没有语言提示的。在高速竞速中，语言提示会影响呼吸，进而影响到她专注跑步的感觉。我们刚开始会有语言提示，后面提升水平之后，就没有了，全靠手上的感觉，长期摆臂的肌肉记忆，上弯道、下弯道全靠这根绳子。我的手内倾一点她就知道要跑弯道，我的手稍微抬高一点，她就知道是直道了。

董倩：这绳子不是高科技产品，没有任何传感器，但是却能把你所有想告诉她的话，都传过去。

徐冬林：对。比赛中就是这样，绳子传递了所有感觉和信任。

董倩：马上就要到终点冲刺的时候，你是要自动退后一步？

徐冬林：让她冲刺，我自动退后。她永远是第一，我永远在她身后。

董倩：你也曾经是一位专业短跑运动员，最理解这个项目的魅力在于最后的冲刺，所有的努力、所有的汗水、所有的付出，就是为了冲刺那一刻，跨出去的那一步，是多么淋漓酣畅。但是你作为她的领跑员，恰恰在最接近冲刺的时候，你要主动退后，这是一种什么感觉？

徐冬林：确实是。每个运动员都想第一个冲，但是我现在的使命不一样，我非常乐意当这片绿叶。因为我们是来辅助他们的，所以规则上不允许我们冲。

董倩：羡慕吗？

徐冬林：不是羡慕，我很有成就，我能帮助她拿到冠军，在我们朝夕相处的共同努力下，她拿到冠军，是我们共同的荣耀。

董倩：冠军里面有多少你的汗水？

徐冬林：我觉得最后主要是靠她自己，我能帮助到她，就很荣幸了。

董倩：200米你们得了第一，你把她举了起来，这种庆祝的举动经常做吗？

徐冬林：第一次做。她的世界是单色的，我希望能有色彩。而且我希望那一刻，世界和观众都能为她欢呼。那一场比赛几乎不可能拿下的，因为我们报的项目太多了，4个项目11场比赛，那是最后一场。头一天我们体力上已经很透支了，她有伤病，我腰闪了也有伤病，所以准备活动都没怎么做。我们就想着，最后一枪了，最难的时候都过来了，这一枪怎么都要顶住。跑过终点之后，大屏幕上显示我们是冠军，那一刻很兴奋，我就不由自主地把她举起来了。

董倩：你把她举起来她能看到色彩吗？她还是感受不到色彩。

徐冬林：至少她能感受到欢呼，那一刻是为她欢呼的。跑过终点，她是迷茫的，跑第几完全没有概念。我要看大屏幕，确认是第一后，我说我们拿到冠军了。

董倩：冬林，作为一名曾经的专业运动员，看到对手、赛道和周围的环境，对于运动员来说太重要了，它就是比赛的一部分。但当一个人什么也看不见，这些信息都无法获取的情况下，会是什么状态，你尝试过吗？

徐冬林：尝试过。我带翠青之前，我想真正走近她。我跟她讲话她不搭理我，我就自己走进他们的世界。我戴着眼罩当一天盲人，让别人带着我生活、吃饭，半天之后我就坚持不下去了。当真置身于黑暗之中，内心非常恐慌，连喝水这种小事都变成一种奢望。所以当我真正体验到这种生活后，我就能感受到他们有多不容易了。连生活都这么困难，更何况奔跑呢？要她敢跟我奔跑，我觉得还是得从生活中的细节开始，去获得信任感，克服心理障碍。如果她跟我培养不好默契，配合就永远不会完美，因为她不信任你。如果都有隔阂了，她怎么敢跟你跑？

董倩：比赛时你大面积地贴了绷带，当时你自己的状态好不好？

徐冬林：我膝盖的伤病状态非常不好。赛前已经治疗了很久，封闭针都打了很多次，但只要一走路，膝盖里面就会有很多积液产生。在东京期间，我吃饭、去场地训练，都是教练员用轮椅推着我去。尽管这样，我在比赛当中还是有很多积液渗出来，九天膝盖积液抽了两次，每次都有40毫升左右。

董倩：虽然你们是第一，但是有没有跑出自己的最好成绩？

徐冬林：没有。但400米这一次能打破残奥会的记录是我没想到的，可能也是由于我们齐心协力，把自己的极致都发挥出来了。我告诉她，就算走我也会带你走完全程。这次比赛我的家人都很担心，我说哪怕再做一次手术，我也会带她跑完的。

董倩：翠青她可以去冲刺，她得了第一之后，她的背心上写着"刘翠青"，有名有姓，有国旗。但是你没有姓名，没有编码，没有国旗，只有一个英文单词：引导者。你为了什么？

徐冬林：为了我们两个人共同的目标。各行各业都要有人去衬托，都要有人去当绿叶。如果都这么自私的话，很多事情是做不成的。很多人的成功，势必有很多人的牺牲，我们教练员连名字都没有，我至少还能亮相，还能上跑道带她跑到终点，我觉得自己已经很荣幸了。

董倩：2013年你跟翠青结成奔跑伙伴的时候，你是刚开始做领跑员，还是做了一段时间了？

徐冬林：我是2011年开始做领跑员，带翠青是2013年12月，我已经带过一位盲人了。不然翠青也没有那么快能在全国、在亚洲拿冠军，可能也是因为经验的积累。

董倩：为什么没有继续把第一位运动员带下去？

徐冬林：我们虽然那时候在全国是冠军，但我们之间身高的差距挺大的，我1米85，她1米58。2012年伦敦奥运会，我们也拿了第二，但后续突破还是有局限性的，毕竟有身高差别。之后，我们现在的国家队胡正观教练发现翠青和我的匹配度很好，就让我们组合在一起。

董倩：你已经有两年领跑员的经验了，你知道给一位失明的运动员做领跑员意味着什么吗？

徐冬林：意味着更多的责任，意味着以后不单是自己在训练，还要照顾她的生活。这个行业给了我很多，培养了我的耐心，让我更有责任，更有担当。

董倩：2013年，你和这位不大爱讲话的翠青刚见面的时候，她给你留下了什么印象？

徐冬林：那时候可把我着急坏了。我是喜欢跟别人交流的人，刚开始我想着我们需要配合，肯定要多交流，多互相了解。我那时候跟她讲10句话，她都是"嗯嗯"，不回我一句。我着急的是在训练中，我跟她讲训练动作，她也是"嗯嗯"。我问她听明白了还是没有听明白，我虽然非常着急，但还是会压制住自己的情绪。他们毕竟看不见，我耐心地再跟她讲一遍，动作再做一遍，结果第二天又忘了，我再耐心地跟她讲一遍。

董倩：翠青说，你们刚开始搭成伙伴的时候，你最先不是给她讲动作，而是向她描述周围的生活环境。如果她往前走，你会提醒她哪里有边边角角，会比较尖，要留神别碰到。你们在外面训练的时候，你会给她介绍今天的天气怎么样，这朵花是什么样，为什么要从这些地方入手？这跟训练看起来没什么太大的关系。

徐冬林：我觉得我的职责不仅仅是带她奔跑，拿冠军，我还要向她传递生活上的信息，让她感受到更多的生活，毕竟不可能跑一辈子。我希望她能感受到不同的色彩，在训练之余，还会有其他的生活方式，我想让她有这样的体会。

董倩："我就像一张白纸一样，只要冬林告诉我，我就可以画画。我可以想象他说的是一个什么样子。"她曾这样说过。这是你想让她达到的一个目标吗？

徐冬林：如果能做到这样，我觉得还是挺欣慰的。我不跟她阐述，她脑海里是没有概念的。所以我得给她描述，告诉她前面有一朵花，花是什么样子的，什么颜色。我在她的手心上，把花画给她，这样她就知道原来花还分很多种颜色。虽然她看不见，但是她脑袋里会有概念，花分这么多种颜色，跟别人聊起来的时候，也会有更多的知识点。我想让她感受到不同的生活，让她更积极、更阳光一点。

董倩：你们两个人之间，作为奔跑的伙伴，一定要建立非常非常高度的信任。

徐冬林：对，全靠平时生活中的点滴积累。在路上，前面来了我们熟悉的人，我会说前面是谁，他一会儿可能会跟我们打招呼，你要回应他一下。所有的事情我都会让她有一个提前量，我不会说前面来了一个人，别人打完招呼了，过了之后她再问这人是谁。让她心里提前有准备，就有安全感了。哪怕我临时有事，让她坐一会儿，我也会告诉她周边是什么环境，你可以随意地动；或者周边有什么，你不能乱动。前面是楼梯，或者有花瓶，我都会告诉她，不然她坐在那里，不知道动还是不动，旁边若有些什么东西，她的心里会惶恐。

董倩：在不同地方的跑道上，你要让她相信前面是没有任何障碍物的，而且要让她释放出速度来奔跑，你是怎么做到的？

徐冬林：平时她已经对我有信任感了，而且我会提前告诉她周边有什么，多空旷。我说就算跑歪了，都撞不到。她在平时训练的时候，就对我有足够的信任，听到我的掌声就敢奔跑，牵上绳就更不用管了，因为牵上绳就是在我旁边，她可以完全放心。

董倩：你们两个在一起的训练苦不苦？

徐冬林：运动员训练，苦是肯定的。

董倩：对翠青这样失明的运动员来说，她比我们更难在哪？

徐冬林：有心理恐惧，还有她的伤病。她很想前进，但伤病阻挠着前进的步伐，这才是最残酷的。还有她心里的恐惧，如果是我，肯定做不到这么相信一个人去跟他奔跑。她能这么信任我，我觉得是我最棒的地方。

董倩：我们换位思考一下，假如她是你的领跑员，你要跟着她在黑暗中奔跑，你能设想自己是什么样吗？

徐冬林：我们确实有过这样一个场景，是在一个没有灯，漆黑的地方。我说翠青，现在我闭上眼睛，你带着我走，我想尝试看不见是什么感觉。虽然当时是信任的，但是走几步眼睛还是会睁开。我觉得她能这么信任我，我就已经很成功了，更别说我们拿了冠军。生活当中这么长时间朝夕相处，已经是亲人了。其实我的职责如果只是领跑员的话，简简单单领她跑步就可以了，没有必要在生活当中告诉她花是什么颜色的。但是既然干了这份职业，我觉得我有义务，方方面面都给她照顾好。

董倩：你觉得她现在变得开朗一点没有？

徐冬林：开朗了，也爱笑了，她敢奔跑，冠军拿多了以后，自信心也就来了。外界接触得多了，笑容也更多了。

董倩：刚才我问她冲刺的时候，是什么感觉？她说这是释放的感觉。她跟你说过这些吗？

徐冬林：是吗？没有。

董倩：听到她这样表述自己，你开心吗？

徐冬林：开心，今天你跟我讲的这些，有很多话是我之前没有听到过的。

董倩：你辅助的这个小姑娘，她看不见这个世界，但是她在你的帮助下能够释放自己去冲刺。你觉得你所做的这些是否有意义？

徐冬林：我觉得我做的事情很有意义，能让一位盲人完全释放地奔跑，释放地冲向终点，这是何等的信任！

董倩：你帮助翠青走上了领奖台，你自己也曾经对记者说过，实际上她也帮助你实现了你的奥运金牌梦。

徐冬林：确实是这样，我是感谢她的，她延续了我的体育生涯，让我坚持到现在。我们一起走上奥运颁奖台，站在最高领奖台上看升国旗，听奏国歌。感觉特别自豪，特别荣耀。

董倩：如果你们以后不能再在一起继续合作的话，你对她有什么样的祝福？

徐冬林：其实心里有点五味杂陈，赛道上我能牵着她走向领奖台，但我最终还是希望能有一个人带着她走向美好的生活。

董倩：在你们两个人的生命里，有这么长一段时间彼此做伴，彼此激励，彼此帮助去达到一个很大的目标，这对你们来说是一段什么样的经历？

徐冬林：这一段历程，不管过多少年之后，我们都不会忘记。虽然以后的生活我不可能每天都陪伴她，但是我们的记忆还在，我们还是会像亲人一样走动。

董倩：伴君千里终有别时，你想象过分别吗？

徐冬林：赛前我们都想象过，但都没有提过，因为一提心里就会有情绪波动，会影响到比赛。但是大家心里都明白，奥运比赛之后可能没办法在一起训练了，都心照不宣。

董倩：还是挺伤感的，生活就是这样，一段一段地开始，一段一段地告别。

徐冬林：对。这8年，我们经历了上万个小时的训练，陪伴家人都没有这么长时间，过年过节都是一起过。

董倩：你对翠青尊敬吗？

徐冬林：特别尊敬。我之所以会把她举起来，是因为我由衷地敬佩她。我知道能拿下这场比赛是有多苦，跑过终点后，我特别兴奋，由衷地把她举起来。我要让她感受到观众在为她欢呼，这个世界在为她欢呼。也许这就是我们最后一场奥运会比赛，以后我可能带不了她了，所以最后一场比赛我想让现场变成她一个人的世界，都在为她欢呼。

董倩：冬林，你作为一名身体健全的运动员，跟这些肢体上有残缺的运动员一起参加奥运会，你如何看待这个群体？

徐冬林：那时候20来岁，带女孩子跑，觉得不好意思。后来我觉得很光荣、很自豪。第一，这帮孩子太可爱了，太不容易了；第二，我是专业运动员，能用我的专业帮助他们，我觉得特别开心。健全人是挑战身体的极限，而残疾人是在精神上、灵魂上挑战自己的极限。在这方面我们是自愧不如的。他们值得被尊敬，值得被大家知晓，我希望更多的人能知道他们、发现他们、关爱他们。

董倩：有过这样一段经历，我想你的心会变得更柔软，会更友善地对待这个世界。

徐冬林：是被他们感染到的。他们值得被学习，值得成为榜样。

（文字整理：陈剑平）

生命的

重建

SHENGMING DE CHONGJIAN

• 廖智

　　命和运，不是一回事。命是先天的，老天爷安排好的，自己无论怎么迎怎么躲，都没用。运是后天的，当一切发生在眼前，如何行动，保持什么样的心态，自己是可以把握的。命是车，运是路，奥迪车可以开到泥沼里，奥拓车也能开到高速上。所以，命运还是有一部分能够紧紧掌握在自己手上的。

　　汶川地震发生时，廖智23岁。眨眼工夫，巨大的震荡把原有秩序全部摧毁掉了。这个眨眼，是老天爷眨了一下眼，对廖智而言，却漫长得没有尽头。她被压在坍塌废墟下的十几个小时里，就是从人间一个台阶一个台阶走下地狱的全过程。无边的黑暗里，她的小女儿先没了，接下去婆婆也没了，自己的腿被楼板压着，从疼到麻，脑袋上还有一块楼板在余震中不断压下来……廖智真切地感受到死亡在一步一步向她走来，她都能闻到它的味道，近在咫尺，就在身边。那真是苦海，腿上的神经一点点地失去知觉，光是这个就够要了人的命，而廖智与此同时还要经受女儿离开的痛苦。肉体上的，精神上的，轮番在对她施以极刑。她只想赶紧去死，这个世界上原来有比死可怕得多的痛苦，死，倒成了一种极大的解脱。

　　她听到有人在叫她，猛然从沉沦的意识中清醒过来，老父亲在外面不停地呼唤她的名字，救援队伍一刻不停地清理压在她身上的瓦砾山，终于艰难打通了一条狭窄的救生通道，狭窄到要她付出双腿的代价。当廖智眼前终于出现了一条路和一线光，她迫不及待地要出去，她什么都能舍弃。

　　当廖智出来，一切都变了。不仅是周遭环境，还有她自己的世界。女儿、婚姻、自己两条腿，全没了。人生前23年的积蓄归零，但廖智并没有灰心。她经历过生死后，把一切都看简单了。她现在的一切都是得到，而不是失去。当她有了这样的心态，命给她带来的影响就已经结束，接下去，就是走运了。

　　她不是科班出身，但是她爱跳舞，失去了两条腿挡不住她对跳舞的渴望。没腿怎么了？谁说没腿的人不能跳舞？她在医院里，坐在轮椅上，带着跟她同病相怜的病友一起唱、一起舞，努力地让自己摆脱灰暗世界的束缚。她要感谢她的年龄，23岁，年轻生命自有的活力促使着她要不断地表达、释放；她要感谢她的性格，遭遇不幸仍不服输；她更要感谢自己的心态，经历过生死后，对待什么都能看出其中的好。

当身处烂泥潭还不埋怨的时候，运就改变了，被淤泥卷裹的种子渐渐长出水面，长成了一朵荷花，周遭的一切都在源源不竭地为她提供养分。

廖智失去了双腿也不放弃跳舞，这股倔强的生命力让很多人注意到她，她就有更多机会去展现和追求心中的美。她不再满足于在轮椅上跳，她要舞出她的新世界，于是她就想装假肢。可是使用假肢同样是个痛苦的过程，除了疼以外，行动起来很不协调，不断摔倒就会让很多人放弃使用假肢。但廖智不是，她偏要把假肢使用成可以听自己使唤的腿。在她心里，几乎不再有她受不了的苦，废墟下的十几个小时，让她积蓄了足够的心理力量去应对人间的一切。

找适合她心意的美丽假肢，不是一件容易的事，因为本就很少人用，也就更没有人在意假肢美丽不美丽。廖智积极地找，没想到不仅找到了假肢，更找到了中意的爱情。她豁达面对残缺身体的精神，让为她量身定做假肢的小伙子心生敬意和爱意。小伙子是中国台湾人，在美国受过名校教育，在他一帆风顺的经历里，他一直在想的问题是：我从世界受益，怎么能反馈回去？从这个角度出发，他才进入的假肢行业。遇到廖智这样一位勇敢且美丽的姑娘，两个人是在共同面对和处理身体和心理障碍的过程中，彼此看到对方与自己的价值。

两个人在上海安了家，有了两个小孩子，过着平静的生活。

虽然后来有一些互联网上的非议，但是廖智从痛苦中挣扎出来的努力，和努力换回来的好运，却是扎扎实实的。从廖智身上，我们能清晰地看到，在苦难中不放弃，也许是唯一摆脱苦难的路径。

董倩：2008年5月12日，地震发生的时候，你当时是23岁。

廖智：对，在汉王镇自己家里，看宝宝，看她走路。当时家里还有我婆婆。

董倩：地震发生的那一刻什么感觉？

廖智：第一时间是茫然，然后很害怕。我家住在三楼，一共四层半，我前面的一半楼先垮掉，然后我随着另一半楼垮掉才掉下去的，最后整个楼房坍塌了。感到发生的事情很不真实，不真实到没有反应过来发生了什么，房子晃，然后突然有一半的楼房在我面前坍塌，还能看到楼上的人也往下掉。我下意识地找我女儿，然后跟我婆婆对话，互相问发生了什么事情，从来没有想过地震有这么大的破坏力。

我还能动。我们家地板翻了一个转，竖在我面前，顶住了我头上那块板，形成了一个三角形空隙，我的头刚好就在这个当中，但是我的下半身，一直到我的腰，被完全压死了。

董倩：如果你想自救，可能吗？

廖智：不可能。

董倩：当时看不见东西吗？

廖智：刚开始一片黑暗，什么都看不见，后面营救的人掏了一些洞才慢慢看见。地震的时候下意识先保护好老人跟小孩，房子坍塌之后我们就摔了下去，我在我婆婆背后，女儿在我婆婆的怀里，我和我婆婆腰以下的下半身都被压住了。她一直跟我对话。

董倩：后来婆婆为什么没有撑下来？

廖智：我婆婆毕竟将近70岁了，本来身体就不好，埋了那么久，没有水，没有吃的，生存可能性本身就很低，再加上她身体比较丰满，可能压迫感比我更强。

董倩：女儿呢？

廖智：女儿当时一点声音都没有。当时她快11个月了。我问我婆婆女儿怎么样了，她跟我说睡着了。其实我要摸是摸得到的，但是我婆婆不让我动，可能她当时已经知道女儿的情况，不希望我摸她，而且我婆婆的身体比较宽厚，如果我不用力伸手去够是够不到的。每当我很用力去够的时候她就会让我停下来，含糊其词地说没事，怕我崩溃。我俩一直在互相鼓励，她一直讲很多让我撑下去的话。我最早觉得没救了，后来我知道女儿走了，也就没有很强的求生意志了，我就想如果婆婆走了我就跟她一起走。

董倩：在后来的很多年里，会想起这一幕吗？

廖智：头一年想到的次数最多，会想如果当时把女儿塞在鞋柜里面或者把她放在哪个角落也许她就不会有事，如果我们坐在沙发上也许还好。头脑里面会去想很多可能性。自己成了幸存者，就会想当时有没有可能避免，但是也知道不可能。

董倩：十几个小时，这么长时间不能动是什么感觉？

廖智：很难受。当时我埋在里面不能动弹，不能自救，不知道怎么办，不知道要等多久，实在太难受了，会觉得早一点解脱也挺好。如果让我等100个小时、200个小时，我不一定能撑下来。

董倩：求生的欲望强烈吗？

廖智：一直都是时强时弱。坍塌一个多小时之后，我听见了我父亲在废墟外的声音，那一刻因为听到了亲人的声音，所以求生意志很强，但是随着时间慢慢流逝，周围很多呼救的声音逐渐没有了，我又觉得没什么希望，还是算了吧，毕竟很难受很难受。我一开始就知道我的腿完了，右腿在掉下去的时候被一根钢筋从脚底板刺穿进去，很强烈的烧灼感一直伴随我过了很多个小时，后来就麻掉没感觉，接着我左侧整个身体也麻了，我自己用手掐都没有什么感觉，生不如死。没有办法看到外面，听到外面的脚步声就很羡慕。

董倩：那种黑以前体验过吗？

廖智：从来没有体验过，那种黑是伴随着强烈恐惧的，你没办法通过催眠或心理安慰来缓解，恐惧如影随形。在那个状态下完全不能睡，当中没有睡过一分钟。疼、难受、麻，整个身体上就像蚂蚁在爬，那个麻的劲一遍一遍地传遍整个身体，特别难受。我就穿着睡衣，但是在废墟里面还是一遍遍出冷汗。

董倩：孩子没了，下半身保不住了，自己出不去看不见，外面又一时半会儿救不出你，那个时候应该是很绝望的。

廖智：不想被救了，我劝我爸走。我不能够放弃的唯一原因是听见我爸爸一遍一遍在外面叫我，良心上觉得自己不能放弃，我很想让他走，这样我就不用再坚持，可以安安静静没牵没挂地面对死亡，我会比较坦然。我爸爸不肯，他非常坚持，因为他的坚持我才被救出来。其实从喊的声音我能听得出来，我爸爸中途也有好几次觉得没什么希望了。刚开始他声音是很亢奋的，到中途变得很憔悴很微弱，我能听出来他也是完全靠意志力在继续撑下来。我是独生女，我妈妈在外地，还没有赶回来。

董倩：你当时希不希望听见你爸的声音？

廖智：很矛盾，我想听到他的声音，这样就不会那么孤单，但是我又不想听到，因为听到了我的心很痛。

董倩：你跟你爸爸说女儿和婆婆的情况了吗？

廖智：他一来就问了，他问我女儿呢？我一直没回答，他也没听到小婴儿的哭，所以他后面就不问了。

董倩：当你确认你婆婆也没了的时候什么感觉？

廖智：我真倒吸了一口凉气，我婆婆在我觉得有个人跟自己一起面对，稍感振奋时，突然没了。我的心一下就空了，没有了任何活下去的动力，连我爸爸叫我，我都没回应。我婆婆一直比我更积极地呼救，回应比我多，她求生的欲望比我强烈，我一直都很消极。

董倩：为什么一个年纪大的人求生欲望反而比你一个年轻人强烈？

廖智：可能她对生还有很多的眷恋吧。我没有，我是一个遇事比较消极悲观的人。

董倩：后来你是怎么出来的？

廖智：我的位置在整个废墟的中间，很难救。我爸先是去找了个吊车吊走好多板块，他们在我左腿上方用凿子一点一点打了个洞，里外同时进行，我的左腿出来了。但是右腿还在里面很深的地方，没有办法再弄了。那个时候还有余震，我头上的预制板已经蹭到我头皮了，如果再有余震，头就会被压碎。

当时需要把我的右腿从里面硬拽出来。我本来是没什么求生欲的，但是那个时候我看见了光，而且有一半腿已经出去了，我便有了很强的求生意志。他们给我做了很多心理建设，告诉我会很痛，让我把眼睛闭上不要看。然后他们数一二三，几个大汉顺势就把我的腿拔出来了。出来那一刻我可能半分钟没有喘气，很疼，好像火烧一样，我右腿内侧的整个皮肤肌肉组织全部被拉掉了。然后我就被一辆卡车送到德阳第五人民医院做手术。

董倩：被救出来之后再去医院，这整个过程你都是清醒的吗？

廖智：对，我完全是清醒的，一直到第二天做完手术。医生一看就确认了必须截肢，我倒觉得是件小事，因为在废墟里面有好几次连活的希望都没有了，所以他们告诉我的时候，我就同意赶紧做手术，保命最重要。

董倩：你在经历了被废墟埋的十几个小时之后，可能会觉得未来的一切困难都不是事？

廖智：对。就会有一个对比，这种状态比废墟里面好，我能接受。在废墟里面是真的绝望到谷底的心理体验，是对死亡的近距离窥探，死亡的感觉太真实了。当时一方面太痛苦急于求死，另一方面又觉得自己才23岁，还有很多不甘心，能在这种纠结的心情下活下来真的很感恩。我被救出来时头脑里面跳出来的第一个词就是谢谢。

董倩：感谢谁？

廖智：感谢上天让我有活下来的机会，感谢我爸爸一直陪着我，我也非常感谢营救我的人没有放弃我。

董倩：还得感谢你自己。

廖智：我感觉自己在当时的情况下，是比较被动地活下来的，但是活下来以后就变得比较主动了。

董倩：当时你有没有想过截肢以后会怎么样？

廖智：当时完全没有想，因为痛得很厉害。我从废墟里面到送到医院，三十几个小时真的痛够了，我想结束这个疼痛，我觉得截肢以后，疼痛的感觉就会烟消云散，并不知道截肢以后疼痛还在。

董倩：比生孩子还疼？

廖智：很难比，这种疼跟生孩子的疼不一样。生孩子的阵痛有缓解的时候，而且生孩子是带着盼望的，我疼过了孩子生出来了就好了。这种疼伴随着对死亡的恐惧，因为我头上的预制板一直在往下滑，我一直在想那个板要是把我的头压碎，或许会在疼痛中死去，这种绝望感又加重了疼痛感。

董倩：截肢了以后，你摸着自己的腿没了是什么感觉？

廖智：我没有想很多，我就觉得自己要尽快恢复，可以尽快地坐上轮椅，穿上假肢，虽然我也不知道假肢是什么，但是我对它有幻想。

董倩：恢复的意思是变回原来的样子吗？但是以你当时的状况，你怎么会想到用"恢复"这个词呢？

廖智：我觉得是生活的恢复吧。我做完手术推出来的那天早上，我父亲就过来陪我，我觉得特别心疼，很心疼我爸爸，第一时间就觉得我要尽快恢复投入生活。

董倩：什么时候开始害怕了？

廖智：应该是装假肢的时候，做完手术后4个多月。这段时间除了女儿的事情会牵动我，截肢对我的影响并不大。因为我比较好动，没有腿我也用屁股走来走去，在床上、在轮椅上，我一直觉得自己还能生活。后来我穿上假肢，夏天我穿很厚的鞋，别人会说我这个鞋会不会太热了？我就说我截过肢，穿什么鞋都不要紧。他们会不好意思，就说对不起，然后会有点尴尬。

董倩：他们的反应你预想过吗？

廖智：我能够想象。如果我是健全人，面对一个截肢者会觉得很不好意思，因为不知道怎么应对。

董倩：怎么才会让你觉得舒服？

廖智：其实他们有这种反应我也不会不舒服，我能理解，所以我会跟他们讲我被截肢的原因。如果说理想的状态，我希望他们能很自然地问我为什么截肢这个问题，而不是逃避这个事情。

董倩：其实人家的逃避更多也是设身处地为你想，可能怕伤害你？

廖智：对，他们觉得这是我的伤口。

董倩：这种逃避对你来说反而并不是特别舒服？

廖智：其实对我来说还好，因为我一直是接受自己身体状况的，只是在装假肢的过程中比较痛苦，我觉得康复好像遥遥无期。4个多月的时间，我好不容易在医院疗完伤了，又开始痛。

董倩：有没有人选择安假肢就是为了有一个形式上的完整感，但实际上还是坐轮椅多，假肢并不经常使用？

廖智：很多人是这样的，不会经常去使用假肢。我头一周训练很积极，但是后来觉得太难了，也想过坐轮椅，因为那个时候看不到一个榜样。我在医院看到截肢7年、10年的人，出门都还是坐轮椅或者用拐杖，没有人会真的一直使用假肢。

董倩：那你为什么还是非要用这个假肢，并且让它功能最大化呢？

廖智：这是我对生活的一个要求。我不会以一个妥协的姿态来面对生活，但凡有一点力量可以做得到，我就不想妥协。跟我的个性也有关系，我从小就很好动，爱跳舞，我不会因为我没有腿就强制性地压下心中的渴望，这种渴望大过肉体带给我的疼痛。我宁愿承受疼，也没办法舍弃这些我真正爱好的东西。我当时就跟医生说了，我需要假肢，我对生活有很多的期待要去实现。比如我希望穿短裙，穿靴子，但是当时技师就让我不用想了。他们觉得你截肢了就不要有那么多要求，要接受现实，就穿大裙子。现实我是接受的，但是不代表我就一定要过跟别人一样的生活，我还是可以去追求我理想中的生活。所以我当时就跟他说，我一定会穿上短裙和靴子的。在我穿上的那天，我就去敲他办公室的门，我戴了个帽子，穿了短裙，穿了靴子，跟我爸妈一起，他当时没有认出来我，然后我重新跟他介绍了自己，他很惊讶。

董倩：从安上假肢到能够熟练应用，这个过程你用了多久？

廖智：完全熟练应该用了一年时间。有很多经历都是很无奈的，在我无法像我想象的那样驾驭假肢的时候很无奈。但每次在这种情况下，我觉得我内心深处就有一种难以形容的力量支持我，好像是个人英雄主义的豪迈感，让我觉得，如果这么艰难都可以走过去，我对自己的人生也算有个交代。

董倩：既然你对生活有这么强烈的希望和需求，为什么在废墟的十几个小时里面会有放弃的念头呢？

廖智：那个时候我觉得死亡会更快结束我面对的痛苦。但是当我真被救出来，内心很震惊，自己居然真的活着出来了，这对我的冲击是非常大的，甚至大过死亡对我的冲击。其实一直到我被救出来的前一分钟，我都在怀疑自己是不是会死在里面，没想到真可以活下来。

董倩：经历了这一道关，后面去使用假肢所遇到的困难可能就不是太大的问题了。

廖智：是。这么艰难的情况都活下来了，我干吗还要得过且过呢？

董倩：但肯定过得也不容易吧？

廖智：我记得有一次回老家，当时在重建安置板房，我要去一个亲戚家住，去的路上有个上坡。本来每次我坐公交车回去是要有个人来接我，我才能够走上那个坡，但是那天接我的亲戚电话一直打不通，他可能忘了这个事。当时我装上假肢的时间很短，还有一个行李箱，我不敢上那个坡，我觉得自己上不去，然后我就在下面的网吧等到凌晨两三点。我觉得特别困，特别累，就想尝试着上去。我拖着箱子往上走，心里非常害怕，箱子是4个轱辘的，我靠不住它，只能它靠着我，我感觉我整个人不小心就会滑下去，所以每走一步我就要停下来整理一下。

董倩：坡有多陡？

廖智：那个坡对现在的我来说就是一个正常坡度的坡，那条路可能也就一两百米。那天晚上月亮特别特别亮，我看着月亮心里就在想：廖智，你今天要是突破了这个难关，自己上了坡，你的人生就要迈入下一个阶段。想到这里，心中莫名其妙有种豪迈感。

董倩：用了多久上去的？

廖智：我想有10来分钟，中途还碰到两个酒鬼跌跌撞撞朝我走过来，我特别怕他们撞到我，稍微一碰我就会倒。

董倩：你被碰倒了结果会是什么？

廖智：我只能呼救了。那个时候跌倒的话，自己是绝对爬不起来的，没把手可以扶。我当时就祈祷那两个人千万不要过来，离我远一点，然后拉着箱子一点一点往上走。

董倩：你爸妈为什么不负责你一路的安全呢？

廖智：那个时候我挺倔强的，已经二十几岁了，也是已经成过家的人，不想变成小婴儿每天被父母照顾着，所以我外出都会跟他们说不用陪我，他们觉得反正当地有亲戚来接，也比较放心。

我特别庆幸那天自己走上去了。那个亲戚直到我敲门才反应过来，他忘了这个事，很愧疚，看到我的时候都快哭了。我本来内心还有一种骄傲，但是当我看到他的时候，我心里是很脆弱的。我一句话都不敢讲，就说我困了想去睡觉，我倒在床上一直不停地流眼泪，开始心疼自己，可能是因为看到了对方眼中的愧疚。我知道他不是故意的，但是我想到那些爱我的人其实把我看得跟以前不一样了，他们把我看得很重要，如果忽略了对我的照顾，就会很愧疚。我能感受到这个感情的存在，所以我希望有一天能够自己独立地生活，让他们不这么心疼、担心我，而是信任我。

董倩：前提是你得具备正常人的一切能力。这时候离你拥有正常人的能力还差多远？

廖智：还差一年多的时间。这件事情让我的胆子变大了，后来我走路就会专门选有上坡下坡或者有楼梯的地方。

董倩：那个时候你前夫呢？

廖智：从我被救出来、入院，我前夫就没怎么陪在我身边。一个很重要的原因是地震之前我们的感情就已经破裂了，之间有很多争吵，地震之后每当我跟他出现在同一个场合，别人都会说他是好心留在我身边，后来他来重庆找我写了离婚协议书，我们离婚了。

董倩：你在很年轻的时候经历了恋爱、结婚、生孩子，然后一切都没有了，回到原点，变成一个人，而且肢体上不再完整了。那你怎么面对未来的生活？

廖智：没有了牵绊，也不在乎别人怎么看我，我要努力好好地活下去，可以承担起家庭的责任。

董倩：即便到了今天我也很难设想，你才20出头就经历了一次那么大的自然灾难，腿没了，孩子没了，婚姻没了，这些有一个就够受的，但是你同时赶上了。你靠什么能再往前走？

廖智：那个时候我在医院床上常常笑，安慰父母，在别人看来是不可思议的，甚至很多人觉得这是我装出来的，有人跟我妈说带我去照个CT检查下我的头脑是不是坏了。其实我父母也有点不太相信我可以支撑下来。我就跟我妈说，我人生从来没有这么清醒这么理智过，她完全不用怀疑我现在是不是出了问题。

在地震前，我感觉很多时候人跟人之间的相处是匆忙的，比较冷漠，从来没觉得能有这么多温暖、真诚和付出。地震之后，作为一个被特别关注的人，我得到了以前从来没有得到过的爱。医院的医生、护士特别照顾我，有很多志愿者常常来看我，留在我病房的人是最多的。他们和我没有血缘关系，之前也不认识，但他们会为我流眼泪，我开玩笑他们就跟着笑，这些经历对我来说挺宝贵的，让我感到很有力量，我活在这个世界上不是孤立无援的。

董倩：大灾大难过去了，你换了一个角度看待这个自认为已经熟悉了的世界，它给了你惊喜？

廖智：对。我在医院还没有装假肢的时候，带着一群地震被截肢的坐着轮椅的病友开联欢晚会。我骨子里是个爱折腾的人，从小就是孩子王。第58届世界小姐组委会的工作人员正好从人群中看到我，很好奇，私下打听我，知道了我可以跳舞，就邀请我去他们决赛上跳一支舞，我不假思索地就答应了，我觉得舞台还没有远离我。

董倩：舞蹈是用动作来表达美的艺术，你现在的肢体不健全了，那么该怎么表达？

廖智：我一开始希望展现自己最美的状态，但是尝试之后才知道没法像以前那样。我就想用我最大的可能性、最大的努力去呈现自己最好的状态，观众看到的不是一支普通舞蹈，而是一个人通过肢体表达展现出来的生命状态。

董倩：在肢体不完整的情况下，你想用舞蹈来表达跟命运对抗的美，观众能不能捕捉到你的心思呢？

廖智：他们在我上台之前放了一小段视频给观众看。我那时很忐忑，不确定观众会有什么反应。那个时候我还要进行第二次手术，腿还缠着纱布。但是观众看到我的视频非常激动，一直有很热烈的掌声，那些掌声对台后的我来说就像一颗定心丸，我觉得，自己准备好了，可以出去表演了。当我站在舞台上，我就感觉充满了力量，观众一直不停地在鼓掌。我相信在那一刻他们是跟随自己内心的感动，而不再是跟随自己对审美的标准。

董倩：在特殊的情景下，比如大家知道你的背景、你的经历之后，不管你跳成什么样，大家都认为你是英雄，但是对一个跳舞的人来说，不能一直这样下去，是吧？

廖智：是。所以我装上假肢以后，对自己的舞蹈有了更高的要求，我会设计一些有趣的桥段，一些我觉得很美的组合动作。其实我内心对美也是很有追求的。我看一个舞蹈节目，不会去欣赏那种很挣扎、很凛冽、很扭曲的舞蹈动作，我愿意欣赏"纯美"的，那种美具备独特的力量，我希望自己也能表达出这样的状态。

那次登台跳舞之后，2009年元月我做了一个义演，也是跳这支舞，之后还有人邀请我去跳这一支舞。我会从服饰、道具等各个方面去想办法弥补肢体的不完美，让舞蹈尽可能再优美一点。我现在跳舞会选择一些更贴近我心里面真实感受的舞蹈。

董倩：后来你的职业是什么？

廖智：我还是非常幸运的，因为我一直接到不同的邀请，中途有一些经纪公司来找我签经纪合同，做表演、演讲、分享等，但是我一直没有签。我觉得价值观不同。如果我在某一方面有经过专业训练的特长，那我愿意把它做成一个职业规划，但他们看到的是我的经历，我的经历只是我人生的一个过程，我不想把它变成我谋生的手段，那样我会觉得自己太可悲了。我希望我做的事情有我自己的计划、价值观和想法。我组建了一个艺术团，带着团队开始了一个新的生活。

董倩：钱从哪里来？

廖智：是我自己做演出的时候存下来的，还靠着一些机构的支持，但是后来因为没有挣到钱，坚持了两年就解散了。

董倩：那你靠什么挣钱呢？

廖智：自己去演讲、演出、分享，也会做房地产公司的工作。我父母以前是做生意的，我们家开的影楼在地震时全部垮了，投资都在里面。我的演出团都是我自己演出挣钱来组建的，很幸运一直有人来找我演出。有一段时间我们团队就我一个人演出，赚了钱全团一起花，所以一直不够用。

2013年我一边在房地产公司工作，一边来上海录《舞出我人生》节目，差不多每周来一次。我对舞蹈有要求，就跟节目组说我想试高跟鞋跳一些现代舞蹈。节目组问我的假肢能穿高跟鞋吗？就给我找了上海一家假肢公司，在这个公司里面认识了我先生。

董倩：在这之前，你对感情还有追求吗？

廖智：对爱情还是很渴望的，但是我的心对异性很防备，不会轻易信任一个异性。以前只要有人对我好，像我前夫，一追我，我很快就会被感动，就投入进去。但是在经历过这样的情感创伤之后，我变得很谨慎，不再凭感觉那么快决定，会观察很久，会考虑对方合不合适，再尝试相处。

董倩：这个小伙子是怎么赢得你的心的呢？

廖智：首先他是做假肢行业的，让我有安全感。我尝试过跟一些男生沟通，我和他们沟通到一定的地步就发现，他们都把我想象成外界描述的很坚强、很乐观、很爱笑的样子，根本承受不了我软弱的一面，或者不愿意接受我这一面。我觉得我只是一个普通的女人，有普通女人的喜怒哀乐，他们没有看到真实的我。

我们第一次见面的整个下午，我把两个假肢扔在一边，就露出残肢坐在那里，他对着残肢研究了半天。跟他在一起很舒服、很自在，因为他完全知道我真实的一面是什么样子，我不需要刻意去表现自己好的一面。

董倩：他一开始见到的就是那个最真实的你？

廖智：对。我们进行得还挺顺利的，他好像也从我身上找到了他自己一直需要的开朗的心态。

董倩：你会经常想起自己那个走了的女儿吗？

廖智：会。我跟我先生不定时地会谈论，他会问我她叫什么名字，长什么样子，爱吃什么，喜欢什么东西，我都会跟他讲，一点也不避讳。如果避讳的话，可能我也没有办法跟他走到一起。我们结婚的时候他说愿意生就生，不愿意生也挺好。地震之后有好几年我的态度是不再结婚，也不再生孩子，或者即便结了婚也不再生孩子，因为我没有安全感，我怀疑自己不能保护好自己的孩子，不能做一个好母亲。我先生知道我心里面的这种自我怀疑，他尊重我，不会勉强我。他说不管我们将来是要自己的孩子还是领养孩子，他都会告诉孩子有过一个姐姐，生于什么时候，离开于什么时候，我们在永恒中会再见。

董倩：我看你带了一个孩子，现在肚子里还有一个？

廖智：我老公非常喜欢孩子，他还想要第三个。

董倩：在孕育你和你先生第一个孩子的时候，会想到自己的第一个孩子吗？

廖智：会想到。她们俩长相完全不一样，我的第一个孩子一看就是个小女孩，我现在的孩子就长得比较中性，有的时候看着像个小男孩。她们两个性也不一样，第一个很文静，哭声都很小；我现在的孩子就很好动，哭声很大。虽然我的大女儿跟我这个女儿是完全不一样的一个人，但还会想到她的存在。

董倩：假如你是在33岁的时候遭遇这一切，你觉得你能够像23岁的时候那样，走得那么勇敢，那么顺利吗？

廖智：或许不能。说实话，我现在看着33岁的自己的状态，我谨慎了，顾虑更多了，更小心翼翼了，会顾忌周围人的感受。我23岁带孩子上街，就把她放在推车上，在旁边吃冰激凌，不会担心她被抱走，但是现在孩子稍微不在视线范围内就会吓出一身冷汗，确实是跟以前不一样了。我现在去看我在地震之后写的日记，觉得很奇妙，那个时候胆子真大。如果是13岁我也承受不了，但是没有如果，恰好在那个很特别的年龄发生了这一切，让我在经历那一切之后还有腾转回旋的空间，所以我很感恩。

董倩：你对你现在的生活满意吗？

廖智：很满意，很知足，几乎没有什么是我还想要的，每天笑的次数很多。我老公很快乐，孩子也很快乐，好像不会有很多精力去关心别人，也不会常常想到自己怎么样了。

董倩：现在两条腿还是你的负担吗？

廖智：早就不是了。差不多截肢一两年以后，我就不太想假肢的事了，因为它完全跟随着我，已经成为我身体的一部分，每天我去哪它都跟着。我很好动，所以不会特别在意它的存在。

董倩：跟别的姑娘在一起的时候，会自卑吗？

廖智：不会，我觉得这个完全取决于我老公对我的态度，他给了我足够的安全感。我的腿都是他在弄，他对他的技术有要求，追求完美，经常把我的腿卸了、拆了，帮我弄弄。有时候我都觉得很满意了，他还要弄。

董倩：你经历了最艰难、最恐怖、最黑暗、最不可忍受的一切之后，你怎么理解幸福？

廖智：知足就是幸福。活下来是多么不可思议。有时候看到一朵花、一只鸟，我都会感动得掉眼泪，我曾经差一点跟这一切失之交臂永远见不到了，我应该庆幸还见得到。有次刚好下过雨，我看到树叶被雨浇过以后变得特别绿，我就哭了。我在想我的生命就像被雨水浇灌以后的树叶，本来是脏脏的、有灰尘的，被雨浇了以后又变得青绿青绿的，充满了生命力。那我还有什么好抱怨的呢？不如多想想自己有什么，少想想自己没什么，这就是一种幸福吧。

（文字整理：陈剑平、俞金枝）

腹有诗书

气自华

FU YOU SHISHU QI ZI HUA

• 白茹云

白茹云作为《中国诗词大会》的参赛选手，走到了舞台最中央。

让我们先用最常用的眼光来打量她。

白茹云额头上面的头发被发箍固定牢，拢到后面去的头发被猴皮筋捆住。这是农村中年女性最常见的头发样式，脸上五官就这么毫无遮拦地显露出来。这是一张不再年轻的脸。眼角是细密的碎纹，眼皮开始发重，拽着线条往下。鼻子挺秀气，可是鼻子两侧的法令纹更吸引人的注意力。人到中年，脸上的肌肉和皮肤都开始松懈，堆到脖子上就出现了双下巴。她穿一件浅蓝色短羽绒服，拉锁开到胸口，里面是一件领子上有花边的白色衬衣。一条保暖的黑色裤子，一双厚重的棉鞋。不说话站在那里时，她有着和无数农妇一样的样貌和穿着。

白茹云的确是一名很普通的农妇。四十多岁，两个孩子，靠种地和跟丈夫一起做点力气活赚钱养家，没上过什么学，也几乎没怎么出过生活的村子。

这样的一名农妇，中国多的是，就像沙漠里的一粒沙，没人会注意到她，也没人会多看她一眼，更没人会觉得，她身上会有着深厚的美。

好了，刚才我们看到的是静态的、还没有讲话的白茹云。几秒钟的时间，我们看到了她的外观。她这样的妆容和打扮站在富丽堂皇、流光溢彩的舞台上，总显得有些格格不入。

白茹云在人们的目光里站定。她根本没有被直射她的各种强光照得躲闪和胆怯，她只是眯了眯眼，适应了一下，随即调整出一个自然的微笑，开始说出她在台上的第一句话："千磨万击还坚劲，任尔东西南北风。"说完，她仍是淡淡地微笑。而看着她的人，突然觉得刚才的担心是多么多余。

接下来的十几分钟里，白茹云仍旧被所有人注视着。不管题目难易，从她脸上看不到情绪变化，思考时也没见她皱眉紧张，每听到自己答对，仅仅是开心一笑。比赛结束，她的全胜战绩和大将风度让人彻底对她刮目相看。主持人问起她看书的原因，她平淡地说起她是因为得了淋巴癌才有时间看书，背下许多诗词，并且从这些诗人的经历和诗词里，她体悟到很多。她还说到家里拮据，为了省20块钱，不坐直达车，而是辗转换乘四五次到城里医院看病。

她的讲述真诚而平淡，毫不掩饰自己的窘迫。说到动情处哽咽了，她便停下，用手背把泪水蹭干。等她安稳好自己的情绪再继续说，眼里含泪，尽力保持笑容。生活的沉重碾压，让她的皮肉变得粗糙，但是把她的心打磨得十分细腻。白茹云表面上对生活是逆来顺受，可她在暗自发力顺势而为，硬是站在了一个又一个浪头上。

这是一个什么样的女人啊！十几分钟过去，人们已经根本不在乎她的长相和打扮，因为她有着震撼人心的气质。

白茹云是沙，更是沙里淘出来的金。

美，根本没有限定。一个人的身份地位再卑微，也可以有颗高贵的心和让人肃然起敬的灵魂。美，不仅是眼睛的愉悦，更是心灵的震撼。

董倩：《中国诗词大会》从播出到现在不到一个月的时间，有好多记者来采访你，一天到晚地采访，被记者追着这种状态……

白茹云：播出第二天就开始不停有人来。我特别烦。其实我觉得你们也应该换个新人拍，拍我这么多天了，大家看也看累了。我原来几天都很少有一个电话，现在我几天接的电话比一年都要多。

董倩：你是喜欢还是不喜欢？

白茹云：不喜欢。

董倩：好多人就是想出名。

白茹云：可能他们还没有品尝到出了名以后的感觉吧。

董倩：出了名以后什么感觉？

白茹云：太热闹、太烦，连一个安静休息的空间也没有了。白天这么多人，晚上哪有劲头再去看书。完全打乱了我平时的生活作息。

董倩：你觉得别人为什么这么关注你？

白茹云：有的人就说，人家想出名还出不了呢，你出名了竟然还不高兴。我其实没想出名，我就是想去参加个比赛，老老实实在那儿答个题就行了。谁知道参加比赛之后，结果就变成这个状况了。

董倩：周围的人怎么说？

白茹云：也说佩服我，觉得我了不起，在咱们农村竟然有人上了央视诗词舞台。他们有空也向我讨教，跟我背诗词什么的。

董倩：你喜欢诗词，通过诗词有更多人认可你，这有什么不好？

白茹云：好啊。每个人都有虚荣的一面，我也虚荣，我也愿意大家都关注我，但是打破了原来宁静的生活，我就不喜欢。我原来既有时间也有精力，想写诗就写诗，想干什么就干什么。现在老有人给我打电话，我并不是讨厌这些人，就是说要应付这些事，我的学习时间少了，平静待着的时间也少了。

董倩：你今年41周岁，从小在娘家村子长大，你读书的时候想着自己以后能干什么吗？

白茹云：我想成为一名作家或者画家。我画画得特别好，没专门学过，就是自己用铅笔画，看到我就描下来，描得特别像。小时候写作文也挺好的，想着以后能成为一名作家，把我想的美好的东西写下来。

董倩：现实吗？你的好朋友和同学长大后发展道路一般是什么？

白茹云：大部分还是想找个好老公嫁人吧。我觉得我这些想法挺现实的，梦想可以通过自己的努力实现。那时候小，我觉得梦想不是难题。但梦想和现实是不太一样的。

董倩：你遇到了什么困难，让这个梦没成真？

白茹云：我们当时初中毕业有两种选择，上高中或者上师范。我的成绩比较好，当时师范学校特别抢手，要参加预选考试，我被选上了，之后就要去参加中师考试。可能我命运多舛，还没考试，我就因病住院了，做了一个淋巴结手术，出院以后只差两三天就要考试了，我没考上。而高中这边因为没报考，人家又不要。此时，我就处于没人要的状态了。只有复读我才能继续上学，但是家里条件不好，姐妹5个，我是老大，如果我上学，弟弟妹妹就有可能辍学，更何况我当时身体也不太好，所以只能服从命运安排，回家务农种地了。

董倩：16岁的时候对自己的期望挺高，但是没考上。你怎么看待命运突然的变化？

白茹云：我不高兴，也很无语。我在家发怒生气过，但是没办法，我的家庭经济状况就这样。

董倩：如果你跟父母说，我想再读书，可不可能？

白茹云：可能。我父母还是愿意让我复读的，但是我考虑家里边这个条件，底下有4个弟弟妹妹，难道他们都不上学，只让我一个人上学吗？

当时我爷爷还在，他经常生病，我也老生病，生病就要花钱买药。我二弟也是如此，他七八岁就开始头疼，到处去看病。到邢台市、石家庄市做CT检查，我记得那个脑复康（吡拉西坦）一天好像吃一粒，一粒就是一块钱。我爸爸以种地为业，挣得特别少，却要养活一家几口，很多家人都是病残。我读书的时候老二还没有上学，正生着病，只有我和大弟弟读书，老三马上就要上小学了。

董倩：如果你复读了，会怎么样呢？

白茹云：我觉得命运肯定就不一样吧。

董倩：但是你主动放弃了。

白茹云：当然是有一点不舒服。

董倩：十六七岁的时候，其他女同学的梦想都是什么？

白茹云：她们似乎随波逐流，考上就上，考不上就干活。大家议论的是将来干什么活，或者再过两年找一个什么样的对象。

董倩：这些问题你想过没有？

白茹云：有时候想。

董倩：她们说的时候你想吗？

白茹云：我可能是比较晚熟。

董倩：你是晚熟，还是说你想的东西就是跟她们不一样？

白茹云：我特别排斥结婚什么的，我想的都是怎么出去。正好我们村有一个代课老师的工作，我就去干了两年，那时候小孩子都淘得厉害，很难对付。我每天就忙着批改作业，感觉没有什么出路。那段时间很迷茫。

董倩：你是愿意接受教育，而不是去教别人？

白茹云：对，我愿意接受教育。那时候在学校里是教别人，自己并没有提高。所以干了两年我就离开了，到北京在一个人家里做保姆，女主人在中学教音乐。我小时候梦想丰富多彩，想让自己琴棋书画样样精通。她会弹古筝还有钢琴，我就想着在人家里有机会讨教一下，学一下。

董倩：一个从小就心气很高的女孩子，既想读书，又想画画，还想写作，到人家里做保姆，去伺候别人，过往的心态能不能调整过来？

白茹云：我感觉做什么都一样，在这也有可能实现我的梦想。万一有机会学弹钢琴呢？她会弹钢琴、弹古筝，我特别羡慕。

董倩：你有没有学到？

白茹云：当然没有学到。因为她没时间在家弹琴，她要上课，礼拜天她也有她的事，要回到她娘家去。

董倩：你有没有提出来，你想学钢琴或者学古筝？

白茹云：提出来过。我说，姐，有时间我跟你学一下好不好？她答应了，说行，有时间教我，但就是没时间。这份工做了不到一年。

董倩：因为你觉得学不到东西是吗？

白茹云：对啊，然后就灰溜溜地跑回家，在家待了几天以后又继续找工作。倒不是说不好找，主要是我都不太满意，都是那种在饭店里洗碗的、端菜的，在洗衣店里洗衣什么的，我感觉还不如让我在家教书呢，这些工作对我根本没有一点提升。

董倩：你想找什么样的工作？

白茹云：我想找的就是能满足我对文化渴求的工作。在音乐老师家是想学音乐，或者找一份能提升写作技能的工作也行。我不愿意在平淡无奇的生活状态下干活，如果是那样，我还不如在老家教书，这样还可以跟书多亲近一点。

董倩：为什么在北京只尝试这一份工作就回家了呢？

白茹云：在我们这边，23岁就属于大龄青年了，我妈总是打电话让我回去相亲。人家21岁都结婚了，我24岁，在家里算是特别头疼的老大难了。她老是打电话，我没办法，就回来了。

董倩：你相亲的这个小伙子是你现在的丈夫？

白茹云：现在的丈夫是最后一个相亲的，跟我是同学。

董倩：你的标准是什么？

白茹云：我也有少女心思，我想找个风流儒雅的才子，想找一个白马王子，但是我找不到。

董倩：你认命吗？

白茹云：相亲对象见了以后我不喜欢，可我妈觉得还行，我就气冲冲地又跑到北京来。相亲的时候，我如果觉得对方不儒雅，我起身就走，不说话。一般人相亲，来了以后问我多大了，叫什么，哪个村的，地有几亩，都是这些特俗的问题。我一言不发就看着对方，等对方问完，我回答一下叫什么，然后起身就离席。我想的是，我们谈一下学习。老说这种特别俗的话，"在家干什么"或者"你会干什么"这种话，我听着就不高兴。

董倩：你觉得这个太俗了。

白茹云：对。

董倩：但是这是过日子啊，这就是生活。

白茹云：这就是生活啊。当时我是见一个就告吹，见一个我就走。相亲这件事，其实人家也看不上我。在农村这个地方，普通人就是需要一个身强力壮吃苦耐劳的伴侣。我属于个子特别瘦小的那种，人家一看，我就不是那种特能干活的人，而且说话还倔，人家不多说就走了。相应的，我也看不上对方。

董倩：最后你怎么看上你丈夫的？

白茹云：也是偶然。他到我家相亲，我一看感觉面熟，猛然想起和自己是老同学。这次感觉好一些，起码聊的内容稍微有点变化，聊的时间比较长。我们聊毕业以后都在做什么，聊一些上学的事情，感觉不俗。其实我也不是想嫁给他，就是两个同学见面正常聊一下。老同学走了以后，介绍人和我家人说："你女儿见了这么多人都不说话，只有见到这个人才谈了半天，肯定愿意，就把婚事办了吧。让他们俩逛一逛街什么的。"我说不去，没看上他。我爱人这人挺老实的，他第二天就来我家了。反正是同学，转一圈就转一圈，到了邢台碰上另外两个老同学，4个人一起吃了顿饭，我爱人付的款，大概花了两三百，当时觉得挺多的。不嫁给他吧，花了人家这么多钱；给他钱吧，我又没这么多钱。后来我妈说："定了吧，这个好歹看着还老实。"我说不行，就又离家出走了，再次到北京找活干。可他们私下里就把我的终身大事给定了，他们在红纸上写了老同学和我的生辰日期，交换了一下后，打电话给我，通知我已经定亲了。本来我不要结婚，后来我妈收了人家彩礼，不知道收了多少钱，我没这么多钱还人家。不回去觉得对不住人家，回去我又不愿意，心理十分矛盾。在外面找工作也没找到合适的，我只得灰溜溜地回家了。我的计划是结婚以后先跟他过上几天日子再离婚，离婚以后总不能让我家赔他彩礼钱了吧？所以糊里糊涂地就结婚了。

董倩：从16岁到24岁，这几年不管是上学还是结婚，都是命运安排，虽然你心里并不愿意，但是你并没有反抗。

白茹云：对，我就是随遇而安的那种人。

董倩：你不是一个心气很高的女孩子吗？

白茹云：我的心气再高，可我就身处在这样的环境中，无力改变。当时我没有想过反抗，就直接忍受下来了。

董倩：你想着过两天就离婚，但为什么一过就过到现在了呢？

白茹云：他家没女孩，3个儿子，我婆婆公公、他们兄弟几个，对我都特别好。头几天还计划着过几天离婚，可时间一长就有亲情了。老两口花这么多钱让儿子娶个媳妇，要是过几天离婚，儿媳妇跑了，他们必然会很伤心。

董倩：你是替人家想，还是说在过日子的过程中，你们俩有感情了？

白茹云：开始还没怎么有感情，就是替人家想。时间越来越长后，慢慢地就有感情了，是亲情稍微包含一点爱情。

董倩：是过出来的爱情？

白茹云：对，就是慢慢磨合出来的。

董倩：一旦结婚，日子就变得非常现实了。那个时候你心气还有那么高吗？

白茹云：有，他也了解我，知道我。他每次出去回来都给我买好多好多书，买长篇小说、短篇小说，我们家别的没有，就书特别多。

董倩：周围的人能理解你爱看书吗？

白茹云：周围人不知道我在看书，人家干自己的活。婆家那里的人不知道我真正学历是什么，有点事就说，找人家大学生去，意思就是找我。打农药看个说明，到村里拿个药什么的，就说大学生，看这个怎么用啊？

董倩：听别人管你叫大学生，心里什么感觉？

白茹云：感觉挺不好意思的，我就上了个初中，怎么老叫我大学生？

董倩：人家是承认并且尊重你读书这件事的，是吧？

白茹云：是。然后现在改了，就说我是名人了。

董倩：你结婚以后又去工作了？

白茹云：结婚以后，要为这个家操持打算。看书也是抽空看，不再想离婚了，开始想着怎么才能挣钱，怎么才能养活这个家。

董倩：这和你原本的追求已经分道扬镳了。

白茹云：当时确实是以过日子的需求为主，毕竟诗词在远方，我那时还得苟且，还得生活。

董倩：你现在还有原来的追求吗？

白茹云：也有吧。对当作家这个梦想一直没有断过，现在也一直在写。我没想发表，就是练笔，想写什么就写什么。

董倩：当时你为了养家做什么工作？

白茹云：有一种工作，专去你们大城市拆迁的地方花钱收来旧桌子、椅子，开车运回来再卖给我们。我买了一台电锯给我老公，把这些木头锯成一条一条的卖给我们这边板材厂，他们买来拉走作装修材料。我们赚这个加工钱。一般都是我主外，他主内，我比较活泼，他比较内向。去接一车木头，一般都是我去跟人家谈价，他在家干活。我也不用经常接，接回来一车，要干上十天半个月的。

董倩：你以前想的都是那些高雅的梦想，现在开始跟人谈价格了。

白茹云：当时还是挺坦然的，我怎么着也得吃饭啊。

董倩：第一笔生意，张得开口吗？

白茹云：我可能属于适应能力比较强的那种人吧。做第一笔生意，我骑着自行车到交易市场等货到。别人都是男人谈价，他们就看不起我这个女人，还以为是谁带来的家属，没人搭理我，我也没挤上去。他们正谈着呢，突然交警来了，不许他们在这里停车谈价格，他们一轰就散。我豁出去了，别人都跑了，我就一把拽住车门，坐到副驾驶，想跟对方谈一谈，让对方直接开到我们家，把这车木头卖给我。他说我做得了主吗？我说做得了。我们就在车上谈价格，随后把木材直接拉回了。邻居都很羡慕我，邻居们都称呼我"白云"，说："好家伙！白云自己弄回来一车木头！"

董倩：为什么别人撤的时候你敢上？

白茹云：交警来了，让他们赶紧把车开走。我认为这是一个机会，如果大家都围着那个开车的人，我根本不能跟他面对面谈价格，人家都不搭理我这个女人家。我那时候年龄二十六七岁，个子也小，看着也就23岁。

董倩：你哪来的胆量？

白茹云：我也不知道。只有一车木头，这么多人竞争要，正好机会来了，如果得不到这个机会，就只能明天再来等下一车。拿不下我就吃不到这碗饭。

董倩：那个时候你已经开始变了。

白茹云：可能是吧，反正结婚以后我就变得现实了。

董倩：人是清高好，还是活在现实好？

白茹云：我觉得都好吧，平平淡淡才是人生。光想那么高远是维持不下去的，毕竟人是要吃饭的。最好能在平淡生活里，还能继续实现我的梦想。

董倩：这种日子过了多少年？

白茹云：这种日子一过就十几年。2011年我开始生病，开始把人生的重点放到梦想上。从1999年结婚到2011年，中间虽然也看书、写东西，但只占很少时间，就是晚上睡觉拿本书看看，想写了随便写两句。我的梦想，不说彻底断绝，也可以说是没什么大进展。怀孕以后想，有个孩子会不会成为我的累赘？那时候我还想着离婚呢。有了以后，我又想流产掉，还想去追求梦想。当我感受到肚子里的胎动，我还是被感动了，于是便把她留下来了。

董倩：孩子出生以后，你觉得快乐还是不快乐？

白茹云：当时心里还是觉得挺满足的，但一天的更多精力都放在她身上，我离梦想更加遥远了。老大出生几年之后，我又生了一个。本来我不想再生了，结果村干部老对我说，我有生二孩的条件，我也没计划，怀上以后舍不得流产了，就又生了一个。我还是没放弃自己的梦想，还像之前那样努力抽出时间看书，但是这个时间是越来越少了。

董倩：刚查出这个病，你是怎么接受的？

白茹云：比较淡定，我属于特别冷静的那种人。开始我以为是鼻炎或者鼻息肉之类的小毛病，自己跑到邢台眼科医院去做检查。

董倩：那时候经济状况怎么样？

白茹云：还凑合，挣了几万，想着给家里添置点什么东西，或者把房子装修一下。我们家院子挺大的，想再盖一座房，当时想的就是好好建设这个家。

鼻子不舒服，先到县医院，医生说有点贫血。之后又到眼科医院看鼻子，说是鼻子里有东西堵上了，住院以后活检疑似淋巴瘤。为了确诊，我跑了很多地方的医院，最后到了北京，检验科护士说："淋巴瘤没有良性与恶性之分，这就是个恶性。"我父母那时候也老了，孩子还小，我想着怎么也不能让白发人送黑发人，我一定要把这个病治好。

董倩：你是害怕，还是坚强？

白茹云：那时候没想到害怕，就是想快点把这个病治好。我大概是在2011年四五月份确诊的。

董倩：当时没有人陪你？

白茹云：没有。从我第一次发现这个病，到最后全部疗程结束，基本上没有人陪我。也不能说没有一次吧，有时候他抽点空来看我一下。

董倩：你一个人去，是为了省钱还是说……

白茹云：既是为了省钱，也是为了挣钱，如果他来陪我，家里就没有经济来源了。我当然愿意有人陪，有一次化疗后我发高烧七八天，腿软得不行，全靠病友们打饭。我化疗发高烧一天可能就要花1万多块钱。

董倩：不管是一开始跟男人抢订单，还是知道生了恶性肿瘤一个人去看病住院，和你追求的东西所需要的柔弱特质差得太远了，你自己意识到了吗？

白茹云：知道的。我被生活磨炼得特别坚韧。生病以后，家里人哭哭啼啼的，要是以前我早就落泪了，但是如今我没有掉过一滴泪。我想的是要活着，让我父母拥有他们的女儿，让孩子拥有母亲，这样才能有一个完整的家，别的没考虑。我离我的梦想愈来愈远，基本上隔离了。

董倩：我猜想你的性格里是有多愁善感的一面的，虽然生活反复打磨它，但是它藏在心里的最深处。

白茹云：我比较坦然地接受了生病的过程。多愁善感不是一定要像林黛玉一样自怜自伤，盖过了那个多愁善感。

生病让我没有工作能力去打工了，我的时间因此就闲了出来，正好可以去追求梦想。生这场病对我而言反而是一种幸运，让我能捡起来我的梦想。

董倩：怎么捡？

白茹云：我在医院里看过好多悲欢离合。有的人没钱，只能出院；有的人不接受病情，整天哭哭啼啼，最后还是走了。淋巴瘤的治疗过程无休无止，什么时候身体检查看不到癌细胞了，就停止治疗。像肝癌、肺癌做完手术就是6个疗程，不停地耗费钱，有好多家庭因为钱，男的就抛弃妻子了。我一直梦想成为作家，想写出这些故事，当时也确实写了，写自己所经历的事情，有好的，也有坏的。

董倩：诗词是怎么进入你的生活中的？

白茹云：我在医院没人陪床，上午输液，下午没事，睡够了就下去走走，到大街上散散步。有一天出去正好一眼就看到《诗词名句鉴赏辞典》，想着给女儿买一本看看。我小时候也爱诗词，比较喜欢"春花秋月何时了"这种哀伤的。我发现图书因印刷疏忽，个别字打错了，我不想让孩子认错字，于是每首诗挨着标注，最后就喜欢上了。

董倩：设想另外一种情况，如果你在生病时候没有碰到这本古诗词，又会怎么样？

白茹云：我想现在我应该写出一篇长篇小说了，内容就是我在医院所经历的一切，虽然文笔会很拙劣。

董倩：你在人生最低谷的时候读到了诗词，它和你的生活有什么关联？

白茹云：息息相关，如同朋友之间的关系。如果没有诗，我只是写作练笔，内容形式会很单调。但是在了解了诗词之后，我可以用诗这种美好的东西来阐述我自己的思想，能写出更优美的内容。

我得病治疗欠了很多债，回家以后，得面对现实，继续生活。我没体力，不能参加任何工作。我想到一个办法，买了两只羊，生下小羊后再卖掉小羊不就赚钱了吗？顺便我还能喝羊奶，奶制品就不用买了，放羊的时候也可以读书看诗词。家后面有一片空地，夏天都是草，羊随意扔在空地，我就坐在高地上拿着书看，只要它们不跑到人家的庄稼地里就行。

董倩：有太认真只顾看书，结果把羊给放丢了的情况吗？

白茹云：有一次。诗词有比较难懂的地方，我不知道意思，就在想，想着想着，忽然一抬头，我的羊呢？它们跑到人家玉米地里了。我当时特害怕，人家看见了，会说我的羊吃他的玉米。当时赶忙大声叫羊出来。通常情况下我一叫它们就过来了，但是它们太喜欢吃那些玉米了，怎么叫它们都不出来。我把书一扔，赶紧跑到玉米地里面把羊往外赶，特别害怕人家来说我，这样很没面子。人家肯定会说："你看着书，你也得看着羊啊！回家没事看书去！"

董倩：放羊放了多长时间？

白茹云：放了4年。4年过后，这边发洪水，怕把羊淹死，赶紧都卖掉了。卖的时候是5只，没等着养大再卖掉发财，我放弃了发财的机会。赚是赚了，但没赚到多少。我买这个羊的时候挺贵的，400块钱一只，喂了这么多年，还是400块钱卖的。我赚了几只小羊的钱，小羊有卖300块的，也有500块的，这四五年了，无非就是挣了两三块钱。

董倩：如果你不在放羊的时候看书呢？

白茹云：那我肯定就老老实实地放羊，我的羊应该壮大成很大的羊群了。一只羊每年生两次，按一只羊每次生一只算，两只羊每年生四只。四只羊接下来繁衍壮大，四五年下来，我现在最少也得有二三十只羊了，结果真实情况还是两只羊。

董倩：你的这个发财梦，还是让位给诗词与写作的梦想了？

白茹云：我觉得还是挺幸运的，如果我不喂羊，根本就没有时间看书。我要去干点别的，也不会有什么收入，还不如喂羊，喂羊还是有收获的，这是值得的。

董倩：你生病的这段时间，谁挣钱养家？

白茹云：我爱人。

董倩：你肯定心里也急，帮不上忙。

白茹云：度过生死关头以后，心态豁然开朗。原来我为挣钱不顾命地干，现在我就想，人这一生到头，能剩下什么？只要自己身体好就行了。以前愿意买些好衣服，吃点好的，现在感觉粗茶淡饭也是这样，衣服一穿就好几年也无所谓。再不济，无非就是借点钱，慢慢还，所以我没有对钱的执念了。生病以前，对钱看得特别重，每天起来以后就想着干活，多挣钱。生病以后，无所谓了，多点就多点，少点就少点。

董倩：是生病改变了你，还是诗词改变了你？

白茹云：诗词和生病兼有。生病令我把这一切苦难或者困境看得很淡。像苏轼这些诗人，他们的人生有好多波折，但他们特别泰然。这些才子都当过高官名爵，忽然被贬谪到那么远，但是他们依然特别乐观，苏轼说"也无风雨也无晴"，他的心态没什么波动。自己也感觉，怎么能跟人家比呢？人家满腹才华青史留名，我虽说当初也是心气挺高，但毕竟没什么大才华，不过是普普通通的一个人。我所经历的也不算什么大的波折。

我还是很感谢这次经历的，并且感谢生活。以前我特别小气，心胸狭窄，爱哭哭啼啼，有点小事就跟人家争到底。生病以后变得非常豁达，无论别人怎么评价我，都不会在心里产生波澜起伏。有人背地里说我得癌症了，嘲笑我，以前我会难过纠结，现在一笑置之。"仰天大笑出门去，我辈岂是蓬蒿人。"我不跟他们一般见识，我的心态比以前要好得多。

董倩：你怎么看待"这些高雅的东西与农村妇女，而且是有了两个孩子、被家庭琐事围绕的农村妇女没有关系"这样的说法？

白茹云：我是一个自我感觉很好的人。我就觉得自己与众不同且高贵。不在乎他们怎么说，反正我想怎么样就怎么样。我不像他们想得那么俗，总是想怎么挣钱、挣多少钱之类的。我就觉得，我懂得比他们多，这就够了。虽然现在多少年不买一件新衣服，但有句话说得好，"腹有诗书气自华"。我自己是有气质的。

董倩：你处在一个相对比较艰难的状况，又身处农村，有人觉得你追求的那些东西好像跟你关系不大。你怎么看别人的这种看法？

白茹云：每个人都可以有这种追求，只要喜欢，就可以去追求。我不在意别人怎么说。

董倩：你抱怨自己的命运吗？比如我怎么会生长在农村？如果生在城市就不一样了。

白茹云：遗憾是有的，但没有抱怨。有时候就想，要是当初家里有点钱，我就能上一个正规学校，有时间且有机会接触更多的琴、棋、书、画、诗词，然后我去写诗，或者做文艺之类的事情。但是由于养家糊口的生活压力，我现在没有时间，所以特别遗憾，抱怨的是没有这个机遇。

我觉得人一生下来就是有命运的，遇到什么就去接受什么，也不必太在意这些。老话讲得好，兵来将挡，水来土掩。遇到什么就寻找解决问题的办法，我没必要纠结抱怨这些事情。

董倩：你现在在乎打扮吗？

白茹云：买化妆品需要钱，买衣服需要钱。现在没有钱什么也买不了，我没有能力改变外在，但我有能力改变内在。我可以看书、写诗、背诗，或者写作什么的，改变内在，提升气质修养。我达不到更好的条件，就不介意那个条件了。

董倩：女人的容貌会因为内在而改变吗？

白茹云：应该会。反正我出去，他们一般都说："你说起话来不像咱们种地的。"我心里当然高兴，我也是一个虚荣的人，也愿意让大家表扬一下我。

董倩：现在你还需要做什么治疗？

白茹云：一般我都是一年去做一次康复治疗，住院半个月左右，彻底检查一下，输液抗癌药。现在的状态还行。

董倩：你对未来有什么打算吗？

白茹云：我还是愿意平平淡淡地生活，没事的时候读读诗、写写诗，若再有时间就把我梦想的这篇小说写完了。再一个就是孩子能顺利长大，父母身体健康，我就心满意足了。

（文字整理：王哲、陈剑平）

我本可以容忍黑暗，
如果我不曾见过光明

WO BEN KEYI RONGREN HEI'AN, RUGUO
WO BUCENG JIANGUO GUANGMING

•马慧娟

我本可以容忍黑暗，如果我不曾看见过太阳。

——艾米丽·狄金森

整理与马慧娟的交谈记录时，发现她说出来的话落在纸上变成文字几乎不怎么需要改，文字平静文雅，有逻辑，有文采。她随遇而安，有时内心又会不认命。与她的交流过程，跟她的人生轨迹一样，由弱渐强，从紧张到松弛。

不需要多说什么，马慧娟经过的难，我懂。虽然她的生活环境、成长经历我不曾真正体验，但是哪一个人在独自开始面对这个世界的时候，内心没有无奈、绝望和孤独？

马慧娟的故事是小人物和大时代共同作用的产物，缺一不可。

这位西北女子生长在贫苦的宁夏南部地区，世世代代的穷让那里的人们早早认了命，低眉顺眼地过着一眼望到底的苦日子。小时候都对未来有或远或近的想法，就像新长出来的嫩芽，谁不想争着抢着往上往大去长。可是没水没养分，时间久了也就枯萎了。

马慧娟不应该生活在这里的。与生俱来的，她敏感、细腻、清高、浪漫，对生活的细节点滴不马虎，对村子以外充满了好奇和向往。她家里的亲戚有不少在西安、太原，这些城市不是那么流光溢彩、遥不可及，是马慧娟梦想还能够触及的地方。她母亲读过书，也是个对生活有向往的女人，但现实情况是家里连双拖鞋都没钱去买，她能教给孩子的也只有她实现不了的对生活的向往。马慧娟自己读书读到初中，打开书本就像打开了通往外部世界的门，那才是她想去的地方。命运把她安排在这个环境里，却还给她留了一条门缝，让她能模糊地看到微弱的光。真难说这是命运的偏心还是刻意为难。

她说不清她想过什么日子，但是却说得清她不想过什么日子：就是她母亲、她姥姥奶奶、她的同伴们过的那种早早嫁人生孩子，一辈子围着炕头和锅沿转的日子。

十来岁的农村少女马慧娟用了几个月时间起早贪黑卖药材攒下几个钱，到镇上给自己买了一本张贤亮的《绿化树》，给母亲买了一双拖鞋、一副牙刷牙膏。那是逐渐长大的女儿能给母亲最深的安慰：我能比你过得好一点，你得不到的我努力帮你得到。贴心、温存、倔强，让人温暖，也让人心酸。

但是连这样卑微的努力也没持续多久。家里太穷，读不下书了，只能嫁人。

马慧娟在20岁那年嫁人。她那么爱读书，怎么能不知道那是女人一生最美好的时光？可是在那个人生阶段的入口处，她把所有对生活的期待、理想都埋了起来，不是告别，是诀别。自此，她认命，不再挣扎，转身回头，去重复走母亲的老路。

我们被鼓励要树立理想追求理想，但是能想象有理想却只能亲手把它埋葬是什么感受吗？一个20岁的年轻女子，想读书，想走出闭塞的农村。但是没钱、没条件、没机会，被迫一代一代复制着贫困、封闭。

个人的努力虽然失败了，但时代这辆火车仍在轰隆隆向前。

马慧娟在做了10年农妇之后，互联网已经普及到她跟前。便捷的网络把知识带给她，让她在绝望中又孕育出新的希望。马慧娟开始在网络空间里写作。其实这些年，她心里的梦想从来没有远去过，不过是蛰伏在很深的心底。科技和时代的进步提供了最基本的养分，心里的种子，又发芽了。

生活凝结成的文字极其有感染力。即便被生活束缚住了手脚，像被图钉按在墙上的昆虫标本，哪里也去不了，但是马慧娟仍然用文字表达出对自己生活的细微体验，记录下一名跟着时代命运起伏的农家女子的心理轨迹。

她的努力被看到，出版社接二连三地为她出书，她又被选为地区人大代表和全国人大代表。

马慧娟成名了，终于能走出框住她太久的村庄出去看看。周围的姐妹们羡慕极了，直白地跟她说："我想过一天你过的生活。"她们哪一个心里没有过未来？却都因为贫穷而掩埋了梦想。一个人再努力，没有时代大环境的支持，也是无济于事。

董倩：您是什么时候开始识字的？

马慧娟：5岁。这是有历史原因的。我母亲在周围的阿姨里面算是一个有学问的人，当时读的是小夜校，相当于现在的小学毕业。我跟我姐姐小的时候跟母亲学识字。我一直觉得我外公是个很了不起的人，在别人家让男孩子挣工分的年代，他培养我五个舅舅念书，后来他们里有四个是国家公职人员。但是我母亲几个姐妹都没有继续上学，我母亲在农村是一个很清高的人。

董倩：为什么用这个词去描述您母亲？

马慧娟：我们小时候很淘气，虽然是女孩子，但是喜欢上树掏鸟窝、跟男孩子疯玩，回家她就把我们教训一顿，不让我们跟男孩子疯跑，不让我们衣冠不整。那时候的孩子都喜欢把鞋当拖鞋一样穿，我母亲从来不让我们那样。

董倩：您5岁，当时是1985年，在偏僻地方生活的孩子，那个时候识了字，未来会是什么样，您母亲心里清楚吗？

马慧娟：她当时的初衷并不是说要让我们出人头地，她就觉得识点字，至少买药会看说明书，出门坐车知道车是从哪儿到哪儿的。

董倩：当时周围有多少人能够达到这个最基本的标准，多吗？

马慧娟：村子里完全没有人能达到。

董倩：1985年是改革开放以后了。

马慧娟：对，这就是宁夏南部山区跟外界的差别。

董倩：从5岁读到初中毕业，读了11年的书？

马慧娟：这个还是有历史的原因。我外公是从河南来的，当时我大舅舅在兰州，我大姨在山西，我另外两个姨妈在我们宁夏比较富裕的地方。这种家庭情况让我对远方有一种向往，我知道有兰州、山西这些自己认为比较富庶比较远的地方。每次我舅舅和大姨来都穿得比我们好，气色和精神面貌也都比我们好，我顿时心生仰慕。因为有强烈的对比，所以想好好读书。

董倩：当时有没有想过，人家过得比自己好，那自己怎么才能跟人家一样好，这个差距怎么努力才能补上？

马慧娟：没想过，因为地域的限制，你想了也白想。我可能天生就对文字有一种很强烈的喜欢，当时我舅舅已经参加工作了，我们家可以接触到他带回来的报纸。我妈拿报纸糊墙，我就喜欢趴在墙上找我认识的字，连蒙带猜地连成一句话。我小时候对外面的世界充满了向往，才知道在报纸和书本上就能看到远方，那时觉得特别快乐。

董倩：读到初中，在这个读书的过程中你知道了什么？

马慧娟：当时最大的感受就是，在我生活的地方之外，有一个很广阔的天地。许许多多跟我们不一样的人，在过着不同的生活。我就有一个梦想，想去远方的世界看一看，看看不一样的风景，看看别人的生活。

董倩：读到16岁的时候，已经是1996年了，改革开放已经很多年了。您是1999年搬到红寺堡的，1999年之前您在哪个县？

马慧娟：金元县。

董倩：金元县能够读到初中毕业的年轻人是多还是少？

马慧娟：当时还好，差不多80%到90%。再往上读可能就有一半。

董倩：您没有成为其中的一半，为什么？

马慧娟：我们1995年都吃不饱肚子，很多时候别人就觉得好奇怪，改革开放都十几年了，还吃不饱肚子。现在有人宣传粗粮有多好，可我不喜欢吃，因为当时吃得太多了。1996年我辍学，一个很大的原因就是那一年小麦锈病，我家的庄稼没有收成，我就上不成学了。家里有6个姊妹，我最小。

董倩：家里有几个在读书？

马慧娟：都没读成。当时条件不好，哥哥和姐姐上了小学四、五年级就没再上了，二哥连续两年高考都没有考上。我也是没考上，我们考不上中专的可以上高中。我当时还可以选择上高中，但的确是因为家里穷，交不起学费。初中二年级要交一笔不到200块钱的学费，当时没钱交，差点不上了，后来我姐夫替我交了100多块钱。

董倩：不上学就意味着要去种地了。

马慧娟：对，从16岁到20岁，农村妇女干过的农活我都干过。拉麦子、割麦子，这些事情对我来说都是家常便饭。

董倩：如果一个人一辈子没有太多的想法，生下来就知道要做农民，可能也就这样了。但您不一样，读书了，知道有远方，远方还有更吸引人的地方，是因为穷，才只能继续种地做农民。当时是少女的年纪，影响有多大？

马慧娟：很痛苦，很长时间都不说话。没办法说，跟父母说是为难他们，跟周围人说不被理解，他们觉得你矫情，大家都这么过的，你有什么过不下去的？

董倩：有没有问过自己，为什么周围的人都可以过，自己却过不了？

马慧娟：我已经重复过农民的生活，重复我妈妈和奶奶的生活了。如果我不离开我们那个地方的话，我的女儿也将继续重复我的生活。你在那个地方谈梦想是一件很可笑的事情。

董倩：这4年怎么过的？

马慧娟：不停地干农活，不过当时还可以借到一部分书来读。

董倩：去哪借？

马慧娟：当时还有同学在上高中，就找他们借。借的是文学书，后来我自己攒了30多块钱，去县城花18块钱买了一本书。

董倩：慧娟，你是用了多长时间，干什么攒下的这30块？

马慧娟：当时可以摘山里的蕨菜来卖钱。每年到夏天，我就上山摘蕨菜，但是这个钱我要交给家里补贴家用，这30块钱大概是每天两三块零头攒出来的，大概用了3个月时间。

董倩：这笔钱想全部用来买书，还是想给自己买件新衣服？

马慧娟：没有想过给自己买衣服。当时这30块钱是这么花的：我先是买了一本书，后来我妈妈的生日快到了，给她买了一双拖鞋、一支牙刷和一支牙膏，钱就这样全花光了。

董倩：为什么要给母亲买拖鞋、牙刷和牙膏来作为生日礼物？

马慧娟：说起来有点难受。每次看见我母亲在外面干了一天活回家，没有鞋换，我想让她洗洗脚。可洗完脚没有拖鞋穿，只能穿着原来的鞋，很不方便，我就一直想给她买一双拖鞋。另外，当时大家都没有刷牙的习惯，但我母亲她是个很清高且很有追求的人，所以我就给她买了牙刷、牙膏和拖鞋。

董倩：您母亲收到这三样东西的时候什么感觉？

马慧娟：她很开心。她一直是一个有仪式感的人。我们小的时候，周围其他的母亲不会特别在意孩子的生日，但是我妈妈会在我们生日的时候，煮一个鸡蛋，或者买一个苹果，我和姐姐一人分一半。她用这种很细微的仪式感提醒你，妈妈很重视你的生日。所以我有30块钱，也想送她一份生日礼物。

董倩：这是几岁时候的事？

马慧娟：17岁吧。

董倩：这些按理是母亲教给孩子的，结果您倒置了，是女儿给了母亲对生活的期许。

马慧娟：我想给她一点小惊喜，让她也体面一点、舒服一点。

董倩：其实这恰恰是母亲教您识字时希望您拥有的，但是她没能力。您当时用自己那么一点点的能力帮她实现了她的梦想。

马慧娟：对，您说得非常对。

董倩：给自己买了一本18块钱的书，那个时候18块钱是很贵的。

马慧娟：很贵。

董倩：这本书读了多久？

马慧娟：读得很快，因为当时没有书读，所以这本书一天一夜就读完了，自己终于花钱买了一本属于自己的书，很高兴也很有成就感。

董倩：这本书在文字上对您有什么影响？

马慧娟：我到现在还很清楚地记得张贤亮写的那篇《绿化树》。人在那种极其艰难的环境下对精神上的和对爱情的追求，给我留下了非常深刻的印象。

董倩：慧娟，从16岁一直到20岁这4年，应当是一个年轻女性对未来生活、对爱情和婚姻充满期待和希望的阶段。您20岁结婚，是自由恋爱还是父母安排的？

马慧娟：我们是从小玩到大的玩伴，又是小学同学。当时村子里很少有姑娘愿意嫁进来，我当初又不想被安排相亲。我觉得相亲式的婚姻就像一场赌博，所以当时就成了。

董倩：您爱人姓咸，您觉得和老咸结婚要比被安排相亲更靠谱？

马慧娟：对，至少我觉得我是了解他的。

董倩：你们结婚以后日子过得怎么样？

马慧娟：不怎么样，磕磕绊绊的。

董倩：他支持你读书吗？

马慧娟：我结婚之后就几乎没读过书了。

董倩：结婚的时候，是不是算是跟所有的梦想告别了？

马慧娟：确实是做了一场诀别，还不是告别。

董倩：这个词用得这么大，诀别。

马慧娟：对，当时有好多同学都给我写信，希望我回到学校去，他们给了我很多鼓励和温暖。后来我要结婚了，就把他们曾经写给我的信全烧了，算是我跟我的过去做了一场诀别。

董倩：认下这个命了。

马慧娟：当时认了，已经做好重复我妈妈生活的思想准备。

董倩：牙刷、拖鞋和书，全都在心里面烧了。

马慧娟：真的就是要跟过去做个诀别，我跟我最好的朋友都没有说过我要结婚。

董倩：认命了。

马慧娟：对，我觉得我让他们失望了，我很丢脸。

董倩：跟过去都已经诀别了，那您是什么时候开始写东西的？

马慧娟：10年以后。2000年结婚以后，就想跟脑子里乱七八糟的思想、梦想做个了断，然后踏踏实实过日子。到2000年8月，我们搬迁到了红寺堡，当时心里又有点想脱离大山的那种蠢蠢欲动感觉。

董倩：搬到红寺堡之后，给了你改变生活的希望吗？

马慧娟：没有。搬到红寺堡才发现天和地一个颜色。

董倩：您为什么用烧信的方式迫使自己死心？

马慧娟：有一句诗这样说，我本来可以容忍黑暗，但是我已经见过了光明。就是您刚才说的，你已经知道远方有一个世界，即使束缚了你的身体，也束缚不了你的心。

董倩：搬到红寺堡之后，还读过书吗？从哪里弄书看？

马慧娟：没读过书，2008年我买了一部手机。当时买手机，家里边不同意，因为当时家里已经有一个座机了，但我执意要买个手机。

董倩：为什么当时非要买个手机？

马慧娟：就像我当年给我妈妈买拖鞋一样，买手机是我作为女人想拥有一个自由的象征。就是我觉得我想要这个东西，我就想买它。

董倩：哪来的钱？

马慧娟：我当时自己打工赚钱，攒了500块。这500块钱跟当时的30块钱一样，是支撑家庭生活开销之外我攒的。我有这500块钱的第一时间不是想给自己买衣服、化妆品，我就只想买个手机。

董倩：为什么不买书了？

马慧娟：当时红寺堡好像还没有新华书店。

董倩：2008年买手机可以做什么呢？

马慧娟：2008年还没有网络，可以打电话、发短信。

董倩：通过手机想跟谁保持联系？

马慧娟：跟我外甥和外甥女。

董倩：为什么家里有座机不去用，非要买一个手机去跟外界保持联系？

马慧娟：我大部分时间在外面，要么在地里面忙活，要么就在打工。所以我希望有一个手机，属于自己的手机。

董倩：能用它来实现自己的什么小愿望呢？

马慧娟：能跟老板预约打工，去蔬菜大棚摘辣椒。日结工资，一天就赚个三四十块钱。

董倩：这笔钱补贴家用还是留给自己？

马慧娟：优先补贴家用。一点一点攒，就是把生活物资和小孩必需品买完之后，剩下的攒下来。

董倩：攒多久能攒出来一部手机的钱？

马慧娟：很久，大半年吧。当时还不会用网络，从2009年初开始看电子书。我跟侄子、外甥女关系都挺好的，他们喜欢看玄幻、惊悚类的电子书，我让他们传给我一部分。

董倩：什么时候决定开始自己写了？

马慧娟：2010年，从我外甥女那儿知道用手机可以上网搜书，后来通过侄子接触到QQ和空间，发现别人空间里的"说说"写得真好。远方的期许无法实现，不如把眼下的生活记录下来，所以我就开始在空间写120字的"说说"。当时写得很粗糙，比如天上飞过一群野鸽子，或者突然看见沙滩上开了一朵花，这样让人眼前一亮的景物，我就随手写下来。

董倩：每天要出去打工、要种地、要照顾老人孩子、要操持家务，留给自己的时间有多少？

马慧娟：很少，可能白天有一个小时，晚上时间稍微宽裕一点。

董倩：白天哪来的一个小时？

马慧娟：干活的间隙，我们会吃一口馒头，休息休息。

董倩：休息的时候在干什么？

马慧娟：按手机。

董倩：你在工作之余按手机写东西，亲友们都在做什么？

马慧娟：他们在吃馒头、聊婆媳关系这类家长里短。

董倩：别人拉家常的时候，你躲在一边按手机，别人会说风凉话吗？

马慧娟：也没有，别人干着活我按手机才怪异，我都是利用休息时间按。

董倩：晚上收工回家一般是几点？伺候完老小吃饭和上床睡觉之后，留给自己的自由时间还有多少？

马慧娟：9点到10点半吧。因为再晚一点我就要睡觉了，第二天还要干活呢。

董倩：写的东西在空间里有反响吗？

马慧娟：开始就是少部分网友在看，大家对大西北这片荒凉又有些许生机的土地感到新奇，慢慢看的人就多起来了。

董倩：慧娟，你给自己起了一个QQ名叫溪风，"小溪"的"溪"，"微风"的"风"，为什么起这个名字？

马慧娟：这个名字还不是我起的，我侄子给我QQ号的时候，名字就是这两个字，我很喜欢这两个字，我觉得有一种小情怀在里面。"溪风"就是很有意境的两个字，早年间我还用这个名字发表了好多文章呢。

董倩：第一次发表是什么时候？

马慧娟：2014年。

董倩：一直写，每天都这样坚持吗？白天一个小时，晚上一个多小时？

马慧娟：对。

董倩：按说你的工作、生活是很辛苦的，干大量农活，要养家，有很多细碎的家务要做，在这种情况下压榨时间去写作，你心里的想法是什么？有想通过这些文字来改变命运吗？

马慧娟：没有，写这些文字是因为热爱写作。另外一方面就是想给自己一个交代。这是一种绝望之中的希望。我当时很绝望，觉得我不可能改变我的命运了，既然我去不了远方，看不了远方的风景，那么我就希望把我生命中值得记录的东西记录下来。等我年龄再大一点的时候回望过去，至少我是留下过痕迹的，我不会像一粒沙子一样什么都留不下。

董倩：多年的梦想被婚姻和家庭束缚，在这种情况下仍然不愿意认命，仍然要写。

马慧娟：死不悔改。

董倩：你认为这股不认命的劲儿到底是什么？

马慧娟：读过书了就不敢去认这个命，人在世间不留一点痕迹的话，真的很令人绝望，没有出世入世的感觉。

董倩：坚持写作，你爱人支持吗？老人支持吗？

马慧娟：他当时不知道，我是偷着写的。

董倩：为什么要偷着写呢？这又不是什么见不得人的事。

马慧娟：这还真是个见不得人的事，人们认为农村人把地种好，家庭主妇还要把家庭这一摊子事打理好。当年没书读就特别想看报纸，我在我妈那儿拿了几次报纸，我妈就骂我、训我，她说你看那些东西有什么用？

董倩：这个不应该是您母亲问出来的话啊！是她教给您识字的。

马慧娟：但在她的意识里还是觉得我不应该做我生活之外的事情，所以我买了手机之后，都是背着他们写东西的。

董倩：如果被他们知道了，结果会怎样？

马慧娟：会指责我，觉得我不务正业。

董倩：会辩解吗？

马慧娟：我不会，因为2016年之前我是个很少说话的人，缺乏表达。我心里面想什么，是从来不会说的，因为说了也白说。说话是我所有技能里面最弱的一项。

董倩：后来被别人发现了没有？

马慧娟：发现了。2014年我的文章发表在《黄河文学》期刊上，然后家人就知道了。他们把样刊寄过来了。

董倩：署的是溪风还是真名？

马慧娟：溪风。

董倩：那谁也不知道溪风就是你。

马慧娟：后来我拿给我妈看，她就拿着那本杂志说："溪风？怎么不叫东风？"

董倩：这话里面有讽刺啊。

马慧娟：她是很内敛的人，她心里觉得挺不错的，还能发表到杂志上，但她嘴上是不会夸你的。

董倩：老太太挺矛盾，一方面要支持，一方面还要打压。

马慧娟：对。

董倩：您为什么没有主动拿给您丈夫看呢？

马慧娟：他是先看到的，很不屑一顾。他不了解我的文章，更何况当时他是个瓦工，出去打工一天可以赚两百块钱，我的稿子发了之后，杂志社给了我930块钱稿费，他是不屑一顾的。

董倩：是对文字不屑一顾，还是对你挣的930块钱不屑一顾？

马慧娟：都有，他觉得你弄这些东西没什么用。

董倩：您怎么看待别人对你的质疑，而且质疑的都是你所追求的东西？

马慧娟：我理解他们，因为我就是从那个环境里面出来的，我非常非常理解他们的想法，但是我从来不解释，我不解释并不代表我认同他们，我觉得我所做的事情是有意义的。

董倩：丈夫是最亲的人，拿给他看你沉甸甸的成果，本来是希望得到他的认可或者鼓励的，结果他不屑一顾，这种反应对你有什么影响吗？

马慧娟：没影响，我觉得我们是在各自的轨道上前进，你有你的价值观，但你的价值观影响不了我，我不会跟你争辩，我会默默地做我自己的事情。

董倩：孩子们怎么评价，妈妈写的文字能变成一本书出现在他们的面前？

马慧娟：他们很激动。后来我的书出版之后，我给儿子很郑重地签了一本，他拿到学校去给同学传阅，书拿回来的时候都被他同学翻得不像样子了。

董倩：您开心吧？

马慧娟：是，很开心。

董倩：2014年，文字变成铅字出现在文学杂志上，虽然也赚钱了，但是并没有得到周围人的理解、尊重和鼓励。

马慧娟：因为在只看种地产值的地方，文字对大家的影响力是很苍白无力的。

董倩：第一次发表文章是2014年；第一次出书是在两年之后的2016年，叫《溪风絮语》，这本书有多厚？

马慧娟：290多页。

董倩：这本书用真名还是笔名？

马慧娟：真名，2016年之后我就开始用我的真名马慧娟了。

董倩：好了，当"马慧娟"这三个字出现在一本书上，村子里的人怎么看你？

马慧娟：大家其实对这本书很无感，2016年《我是演说家》节目才引起他们的注意。

董倩：因为上了电视，大家才重新打量你，而不是因为出了一本书？

马慧娟：对，到现在还是因为电视的影响力才关注我。一直跟你一起在地里默默干活的人，突然有一天站在一个很光鲜的舞台上，给别人讲她的故事、讲这片土地，你就能想象到周围人的震惊了。

董倩：出书有没有改变自己的命运？

马慧娟：不能说出书改变命运，但它让我的人生在精神层面上获得了很大的成就，让我有机会看外面的世界。

董倩：第一次走出红寺堡是什么时候？

马慧娟：2016年。

董倩：跟书有关系吗？去的哪里？

马慧娟：没关系，因为新闻报道来的北京。

董倩：新闻报道怎么发现的你？

马慧娟：因为文字。

董倩：所以最终还是文字改变了自己的命运。

马慧娟：也对，但我还是觉得文字让我达到了一个不一样的生活层面。

董倩：有什么不一样？

马慧娟：你仍然身处在那片土地上，但你可以光明正大地读书，你也有了自己署名的出版物。

董倩：什么时候从偷偷摸摸转变为光明正大地写了？

马慧娟：2018年。当时这两本书也没有赚到多少钱，老家的人还是觉得我在不务正业。

董倩：写书的价值能用赚不赚钱来衡量？

马慧娟：我喜欢文字，所以我觉得文字在我心中重于泰山，但是他们这些实实在在过日子的人只关注收成，所以他们并不理解，这也是正常的。

董倩：在出版两本书都没赚钱的情况下，您还是坚持继续写作？

马慧娟：自从2018年我当选人大代表之后，老家的人对我的看法在慢慢发生改变。

他们现在都很理解，丈夫觉得我是因为文字才拥有了今天的一切。周围的人更多的是一种羡慕和肯定。我的一个姐妹跟我说："我们现在就想体验一天你过的生活。"听到这句话我既心酸又感叹，我觉得我周围的每一个姐妹曾经心里面都有大大小小的梦想，也想去远方过不一样的生活，但是最后都不得不跟生活妥协，跟命运妥协。

董倩：你通过对文字的喜爱、对写作的坚持，改变了自己的命运。你现在是全国人大代表，有了平台和能力，可以为那些处在跟你曾经相似处境的女性做些什么？

马慧娟：2018年，我在村里面成立了一个读书社。刚开始期望还是蛮高的，希望我能起到榜样的作用，吸引大家参与进来。但是成立之后，我发现70后的大姐们不识字，后来我就反思是不是对她们的要求太高了，我觉得得先过识字这一关。其他90后的小媳妇，一直紧跟着时代的步伐，借助网络，对外面的世界都是相对了解的。读书社不单单是读书，大家也在一起聊聊不开心的事、聊聊家庭矛盾。90后的这些小媳妇表达的诉求是想多引进亲子教育、家庭关系的讲座。她们已经觉醒了，希望孩子们不要重复自己的命运。

董倩：过去这20年，红寺堡的人均收入从500元涨到快一万元，人们的视野、精神上有没有相应的提高？

马慧娟：70后的这些大姐们，可能已经认命了，但是她们拿我去鼓励她们的孩子要好好念书，只有念书才能改变命运。2020年4月23日，我举办了我的新书发布会，书名叫《走出黑眼湾》。我想的"走出"是两个层面，第一个是我们物质上脱离贫困，第二个是精神层面注重教育、关注下一代的发展。

董倩：你曾经一直想去江南看一看，有没有去过呢？

马慧娟：没有。本来是计划去的，但那时候人太多，所以没去成，再看机会吧，总会去的。

董倩：以你现在的经济能力，如果想去江南旅游，可不可以随时实现？

马慧娟：有点困难，因为我要顾及家里。

董倩：虽然一直在想改变自己的命运，但是现实像大头针一样把你牢牢地扎在墙上动弹不得。这么多年经过自己的努力改变了很多，在40岁这样一个时间节点上，对未来的生活还有什么期盼？

马慧娟：早年的生活经历把我变成一个很现实的人，我对所有的事情都充满着期望，但是从来都不奢望。我希望自己一步一个脚印，踏踏实实地去做一些事情。

董倩：什么样的日子对于40岁的你来说是最理想的？

马慧娟：我觉得至少能自由地支配我的所有。

董倩：这个自由是指什么？

马慧娟：不仅仅是行动上的自由，更多的是精神上的自由。

董倩：这辈子在追求自己理想和梦想的过程中，一直被人问，读书有什么用？现在能不能告诉他们读书有什么用？

马慧娟：读书并不一定能让你的物质生活过得有多么宽裕，但至少能让你在遇到困难时从容应对，能让你的精神世界达到挥洒自如的程度，我觉得这就是读书的意义。

董倩：在西北，女性结了婚以后就不再有自己的名字了，都是叫谁家的媳妇、谁家的妈。对吧？现在他们怎么称呼你？

马慧娟：村里面的人还是习惯叫谁家的媳妇、谁家的妈，但是外面的人都是喊我的名字。

董倩：被别人叫自己的名字和被人喊谁的妈、谁的媳妇的时候，心里会有什么不一样？

马慧娟：喊我名字的时候我觉得我就是我，喊作别人的媳妇或孩子的妈的时候，我觉得我是依附于丈夫和孩子的。我更愿意别人叫我马慧娟。

董倩：在网络覆盖的地方，人们都在用手机接触外面的世界，手机会给人们提供更多认识世界的可能性。这和你提的二次扫盲有什么关系？

马慧娟：到医院挂门诊或者到银行办业务，如果不识字，就不会用手机操作这些智能的引导；如果不会使用手机，实质上会给他们增加困难。我觉得人还是要念书的，念书会拓宽你的视野，加深你对世界的理解。

（文字整理：陈剑平）

拼命
是一种解脱

PINMING SHI YI ZHONG JIETUO

• 殷玉珍

改革开放前，中国各处农民过的日子都差不多：家里孩子多，地上种出来的粮食还不够一家人吃饱肚子，很少有人能上学，不管男女都是早早成家。殷玉珍娘家过的就是这种日子。苦是苦，但家里姊妹多，说说笑笑间多少稀释了苦。她们对未来也没大指望，觉得以后跟现在不会有两样。可待嫁姑娘对婚姻总是有憧憬，前程再是灰扑扑，出嫁总归也是崭新的起点，都是怀着一颗不甘的心，总想着能把自己的日子从苦里过出些甜来。

殷玉珍也一样。19岁被父亲包办婚姻嫁了出去，她脑子里出现的画面是，迎她入门的丈夫能穿着西服。那时她还年轻，不知道老天爷安排起来是没有最差，只有更差。等待殷玉珍的，

是远比娘家的穷更没希望的新日子。漫无边际荒无人烟的沙漠里，一个说地窖不像地窖，说房子不像房子的窝，勉强容得下两个人，家徒四壁，暗无天日。唯一家当就是大大小小的破罐子，里面盛着沙澄出来的泥水。站在眼前的这个男人，是说给自己的丈夫。年轻是年轻，但沙漠里离群索居久了，话都不会说。蓬头垢面破衣烂衫，根本不是少女心里藏着的那个穿西服的男子。有很长一段时间，她没日没夜地哭，心想死也比眼下要好。对这个没走出过村子的农村姑娘来说，寻死就是跳井和上吊，可嫁过来的这个家连腰都伸不直，怎么上吊？沙漠里根本没有水，跳井都要跑回娘家去跳。在井边，殷玉珍又想到好不容易娶回家的弟媳，她知道弟媳妇心里也是委屈的，如果她跳下去了，弟媳也会跟着往下跳，这个家就毁了。

老天爷把殷玉珍逼到了绝路上，连寻死的路都不给她留。

性格决定命运，殷玉珍要强，能吃苦，有韧劲，关键是性格死倔。这些性

格特点在她被逼得走投无路时，混合起来形成了一个念头——她要种树。人都能在沙漠里活，树怎么就不能？既然老天爷连条寻死的路都不给，那么就寻出条生路来，有了绿就能有生路。

时隔多年，已经步入老年的殷玉珍无法想象自己当年的疯狂，却能理解当年为什么会疯狂：既然命运不给活路，横竖是个死，那么要么把树种活，要么把自己累死，反正怎么都比等死强，因为没有什么比当时摆在她眼前的日子更差了。她年轻，她还有大把的时间和力气，她赌一口气：只要能种活一棵树，就能种活一百棵乃至一万棵，最后或许能摆脱强按在她身上的这种人不人鬼不鬼的日子。与其什么都不干，任由命运的摆布和沙漠的欺负，不如干脆豁出去拼命。和陈胜、吴广当年的起义其实是一回事，他们反抗的都是命运的安排。

殷玉珍就这么和命运死扛。她种下，风沙拔起，她再种下，风沙再拔起……一棵棵，一年年，就这么反反复复地拉锯。折腾了不知道多少个来回，命运终是没拧过不要命的殷玉珍。

她种活了一棵树，又种出了上万亩树林，有了树就有了草，有了草就有了牛羊，有了牛羊就有了钱，有了钱殷玉珍的日子就完全变样了。这个过程用了30多年，她吃了数不清的苦，受了说不完的罪。

殷玉珍怀着第二个孩子还在背树苗，上坡时滑倒，树苗压在已经八九个月的肚子上，孩子生出来是没气的。怀孕的母牛也跟着她受罪，边拉苗子上坡边生小牛犊，生下来喘口气继续往前走。殷玉珍管大哭叫"嚎"，她嚎过很多次，心里叹着自己和这头母牛一样，命真贱。可嚎归嚎，嚎完了继续干。她从来不怨，因为她看得清，只要努力，连沙漠都会给她让路。殷玉珍愣是用自己的倔脾气和双手，改了老天爷安排给她的命。她不再被沙漠欺负，成了沙漠里绿洲的女王。

殷玉珍年近60，沙漠里挣扎了40年，她已经活成了土地的化身：黑红的脸庞，茂密的头发，宽阔厚实的胸膛，粗壮的四肢。在她身上，没有任何造作和轻飘，是负重、孕育、耕种、收获，她就像大地母亲，地再贫瘠，环境再恶劣，也能孕育出生命：孩子、树、草、花、西瓜、小米、玉米、羊、牛……

　　她喜欢巡林时站在皮卡车箱斗里，手握栏杆，昂着头，任烈日照在她脸上。车穿行在林间，会生出一阵阵风，这时树枝就像对它们的女王行鞠躬礼，纷纷低下头去。而殷玉珍对这些她亲手培育出来的臣民们挥一挥手，脸上露出的，是真正王者的微笑。

　　董倩：大姐，你在这儿待多少年了？

　　殷玉珍：我1985年19岁嫁过来的，就嫁到这前面的沙漠里，今年是第38年。

　　董倩：有邻居没有？

　　殷玉珍：没有。只有个掌柜的，我老伴。

　　董倩：爹娘为什么要把你嫁到这里？

殷玉珍：我父亲过去从内蒙古放马回来路过这里，渴得实在不行了，看这里有脚印，有个人给他喝了一口水，这人就是我老伴的叔叔，他们就有了来往。到10月份，我老伴的叔叔对我父亲说，能不能帮他介绍个侄媳妇，他气管炎估计活不了多长时间了。我父亲就答应了。我爱人20岁，比我大1岁，10月答应的，11月老人就去世了。他感觉很遗憾，就让我嫁给了人家。

董倩：你肯定不愿意。

殷玉珍：不愿意。因为在我脑海里，我觉得结婚应该是打领带，穿着体面的。我特别爱美，我嫁的人只要穿得干净整齐就行。没想到来了之后，家里不像样，要钻洞，顺着很窄的空隙进去，然后睡觉。

董倩：你的嫁妆是什么？

殷玉珍：我没有嫁妆，我妈妈家就给了这么大一面镜子，衣服也没有，被褥也没有。没车，要徒步赶一头毛驴。正月二十一结的婚，早上开始走，中午12点到这个家。远处是一望无际的沙漠，快走到沙漠边上了。我一见沙漠，就已经号啕大哭，把嗓子都嚎哑了。没想到踏的脚底下看见的这个洞就是家。

董倩：多大？

殷玉珍：不大，只能站两个人。

董倩：家里有什么？

殷玉珍：没有床。有两个罐子，一个大罐罐，一个小罐罐，是放粮的。前面有一个沙坑子，一罐水里有半罐沙。

董倩：哪里来的水？

殷玉珍：离住的地方不远处有水。

董倩：这日子怎么过？你在娘家的日子比这好还是比这赖？

殷玉珍：我娘家的日子比这儿好。姊妹七个，我是老五。我们那个庄子都是平原，黄土地，人家也挺多的。来到这个地方，一下子是一望无际的大沙漠，只有我们这一户人家。

董倩：为什么只有一户人家？

殷玉珍：我掌柜是过继给他叔叔的，叔叔是要饭的，他就一直跟着。1954年发洪水，他叔叔在村子里待不成。因为是气管炎，生产队让他干活，他干不了，就跑到这片沙漠里要饭，躲起来。我们内蒙古这个地方，出去能碰到死猪、死羊，死了的牲口都拿回来，皮毛他缝着穿，肉拿来吃。

过去就是包办婚姻。结了婚以后想过死，不可能在这种地方过下去，而且我也不可能活得下来。

董倩：能跑吗？

殷玉珍：没地方跑，一望无际的沙漠，一个人出来害怕。是我父亲把我送过来的，后来他就回家了。一到春天，天天刮大风。我也不能跑回去，我父亲是说话算数的人，我跑了就给他丢人了，我们全家族也丢人了。想死，死了就解脱了。但是连死的办法都没有。后来想不如回娘家去看看我妈，我们那儿有个大的机井，不如跳机井里死，别人不知道，还以为我跑了。我姐给我做的嫁妆鞋是红色的，我把两只鞋放在井边，把腿放在井里，开始号啕大哭。那时候我突然放不下我妈和我弟弟，我妈挺可怜的，我要走，我妈肯定会受不了。后来又想，不管怎样，还是先活着吧。又起来把鞋穿上回到我妈家。

董倩：又改主意了？

殷玉珍：改主意了，想看完我妈和我弟弟再死。在我妈家，我弟媳妇也过来了，她比我弟弟大3岁。我弟弟太小，我死了以后会给弟媳妇做坏榜样。为了我弟弟，为了这个家，我决定不能死，得活下来，最起码给兄弟媳妇看个样子。

董倩：你是结婚多长时间想回娘家寻死？

殷玉珍：不到5个月的一个端午节，我们这个地方有一个习惯，出嫁的姑娘回娘家过端午。我回来的时候我父亲也一起过来了。那几个月，我从挺强壮的人，瘦了很多。

董倩：是饿的，还是折磨的？

殷玉珍：都有，主要是折磨得心里难受。我父亲看我瘦成这样，不知道他后悔不后悔。我父亲看完我回去就病了，5月份得病，8月份就去世了。快20年了我才理解我父亲，因为我一直很恨他，恨他把我放在周围都是沙漠的艰苦环境。为什么要把我嫁到这个地方？而且嫁给这么老实的人？等我大儿子在呼和浩特上大学，我送他到学校的那一刻，突然很想抱抱他，离开我儿子的时候，才开始理解我父亲。

看完我回去之后，他有一口气顶在肚子里，最后转成肝硬化，应该也是心疼的。我们做儿女的永远理解不了父母的心，等理解了，什么都晚了。我父亲一走，我便决定一定要在沙漠里活下来。我父亲曾经跟我说过一句话："腊月鸡叫狗咬，腊月黄土埋人，爹把你嫁到那儿是唯一的选择，因为爹是向人家承诺过的。"我父亲病的时候，我还是挺恨他的，不想去看他。后来有一天我去看他，脚上面都烧得起泡。那会儿沙子特别毒，烫手，到肉上都能烫起泡来。

董倩：没鞋吗？隔着鞋还能烫出泡？

殷玉珍：有鞋，路上走得多，会把鞋踩烂。过去做一双鞋没有东西做，要扯笤帚，纳底子。如果不穿鞋撒着脚走，走得又快，还不废鞋。到妈妈家已经把脚都烫起了泡，泡里又钻进细沙，疼得要命，但必须回家，不能在娘家住，因为有兄弟媳妇，你能回你妈妈家住，我也能回我妈妈家住。我父亲8月去世的，我号啕大哭，我想要活出个样子来，为妈妈争口气。我父亲去世以后，我妈妈成了一个人，我弟弟又小，要是我不管这个家，这个家就瘫了。姐姐们早就出嫁了，她们都有孩子，我还没孩子，再者，我一直是家里的顶梁柱，过去犁地、种地都是我。

董倩：想活出个人样，但是怎么叫活出个人样？

殷玉珍：当时也没想要种树。在妈妈家里的时候，种树就像种花一样培养。

董倩：最先那些树是哪里来的？

殷玉珍：是我妈妈家的。我们家过去有果树。那一次回家扛回了两棵树苗，像拄拐棍一样拄回来的，在自己家的门前种，都发芽了。后来我为了看树根，把一棵挖死了，因为我一天到晚看那棵树的根，我受了风寒。没挖的那棵树苗活了，这也证明不能挖。

董倩：挖它干什么？

殷玉珍：看发芽。你能看它，也能跟它说话。

董倩：跟树说话？人怎么跟树说话？

殷玉珍：那能跟谁说话？

董倩：你不是有老伴吗？

殷玉珍：我老伴不说话。他7岁就在这个地方，很少见人，大家觉得他跟傻子一样。

董倩：你宁愿跟树说话，也不愿跟老伴说话。你嫁过来，心里得多别扭？

殷玉珍：他不说话。水只会给你放那儿，他不会说"你喝一口水"。我很痛苦。

董倩：跟树说什么？

殷玉珍：跟树说，你要好好长，长茂盛一些，你有叶，最起码叶子能飘起来，我也能看到。沙漠的光刺眼睛，我可以看那些绿色，眼睛还好一些。树啊，你长吧，长吧，长大好好发芽，还能让我避凉。

董倩：跟树说话也不是个事。你想要活出人样来，人样得怎么活出来？

殷玉珍：当时很穷，没有米，只能用玉米糁子煮粥喝。大风来了，一下子连锅带粥全都翻倒在地，还把我脚烫起了泡，烂了。从那时候开始，我就恨这个风。

董倩：它怎么欺负你了？

殷玉珍：它把我熬的粥都掀翻了，又把脚烫了。那粥很金贵，三天吃那么一顿饭，喝水有时候只是含唾液。后来我发誓，宁可种树累死，也不能让沙子把我欺负死。我种的树杆能长高，高到我能用树戳破天。

董倩：当时你想过出去吗？在沙漠里种树容易，还是干脆搬走容易？

殷玉珍：想过。如果我不在这里待，可以去另一个城市，理发或者开食堂，也能过个好日子。可我能干这些，我掌柜的能干什么？他老实得什么也不懂。从1987年到1988年，我们有了大儿子，有了孩子，走到哪里都是累赘，所以开始种树。种树是为了把风沙堵住，别把我们刮走，别让大风把我大儿子卷跑。因为那时候的风特别大，像现在拖拉机的声音一样。我们把窗户堵住，把门口围住，然后弄一个玻璃，向外能看见，但外面刮风的时候是黑的。

董倩：去哪弄树？

殷玉珍：让掌柜的去村里种麦子的人家里打工。谁家有苗子，我们就把小杨树苗子拿回来，他们卖不了钱，也没人要。1988年我们村把树苗分给每家每村种，但没人种。掌柜的就全背回来，我扒拉开一看，上面干了，根还有点绿，就开始挖坑，把坑挖得大一点，一场风又刮掉了。后来我干脆跟他一块儿去村子里要树去，把苗子全抢到湿的地方，把水浇上，等活过来了再拿回来，看能不能发芽。后来我们背完了，那些芽子放在地上能活。20多年了，现在土质已经转换过来了。你看，（殷玉珍抓起一把沙）它是细的。

董倩：你把树种进去，沙子这么松，怎么固得住？

殷玉珍：固不住，白种了。种上一千棵，只要有一棵活了，你就有希望。

董倩：问题是从哪里弄一千棵苗？

殷玉珍：纯靠打工。

董倩：一千棵活一棵，存活率也太低了，人不得累死？

殷玉珍：再难也得坚持。因为你种的这个地方是你的家。

董倩：你当时认为种这些树和草，能得到什么？

殷玉珍：我把这些树全栽起来，只要活上一棵，后面就能活十棵，十棵活了就能活一百棵，一百棵之后能活一千棵。长久下去，我可以养家糊口，最起码我能养羊，能喂羊，我们的生活改善之后，就不会没吃的。

董倩：在沙漠里种树，以前听说过没有？

殷玉珍：之前没听说过，我们很少出去。但是你得试一试，不试怎么能知道。反复试了五六年，天天琢磨怎么能把它种活，怎么能让它长起来，并且能让苗子立在沙里不会死。

董倩：当时扒沙有工具吗？

殷玉珍：当时有铁锹。只有我们俩人，你得为自己争一口气，别让别人看不起你。

董倩：沙漠里哪儿来的水？

殷玉珍：沙漠里没有水，但可以挖到湿的地方。一开始我们都不懂，慢慢地研究，挖到湿的地方，然后再埋苗。我们还要浇水，在门口就能挖出水来。

董倩：沙漠底下还有水？是哪都有，还是恰巧你们家那有水？

殷玉珍：就在那块湿的地方，要挖30多米，我们俩挖了一个多月。挖出来水也不多，把罐罐、盆盆、桶桶都放到跟前拿起来舀。

董倩：在水很少的情况下，是紧着人吃，还是紧着树喝？

殷玉珍：紧着树喝。我们洗脸、洗手都舍不得倒，脸很少洗，倒点水在毛巾上擦一擦。那时间只会种杨树，没有其他的树，想种也没有。只有春天和秋天能种。

董倩：能活多少？

殷玉珍：假如种两千棵，可以活四五百棵。等逐步有了经验，只要能在沙里头活下来一棵，我就能看到希望。

董倩：你从娘家带来的两棵树死了一棵，活下来的那棵一直活着吗？

殷玉珍：一直活着，后来1993年我们盖房子的时候用了。

董倩：后来的苗子都是从哪里来的？

殷玉珍：都是去村子里打工挣的。

董倩：要钱还是要树？

殷玉珍：要树，不要钱。

董倩：别人打工挣钱，你打工挣树。一年能挣多少棵树？

殷玉珍：一年能挣大几千，到一万。我带孩子种树，掌柜的去村子里给人打工挣树，我种树，一年一年越来越有经验。晚上我跟我掌柜的说，你就看谁家育的苗最多，你就去给他们家打工，看见周边没人要的小苗子，把它拉回来。后来那家卖苗子的，看我们可怜，又再给我们奖励了两捆，两捆就是200株，100株一捆。从1987年开始，我们也有了经验。活一棵树能把风挡住，这个风可以把苗子压弯，脑袋压得什么也看不见。

有一天风沙刮得实在太大，我们两个人谁也看不见谁，他拿着铁锹，我抓着耙子，只听见风呼呼的。我们家的狗叫了，两个人顺着狗叫声才回到家。我们家点的煤油灯，红彤彤的，外面是黑的。那时候我们有了三间土房，是我过来的后半年，姐姐们接济的，给我们搭了个房子。

董倩：什么时候开始不怕沙了？

殷玉珍：1987年到1988年就不怕沙了。我没日没夜地干，不相信治不住这些沙子。只是刮一个春天，六七月风就不刮了。我现在也纳闷，看看过去，现在想起来还害怕，怎么知道这些树能活？但当时我不管那么多。

董倩：你老说"我就不信"，哪来这么大的倔劲？

殷玉珍：对，不管那么多，也不想那么多。在这沙漠里，也是一种解脱，太孤单，太压抑了，实在是没办法。你除了死，跑也跑不成，只能开始跟沙子较劲。

董倩：你信命吗？

殷玉珍：当时我说，心有天高，命如纸薄。可能我的命不好，老天也不公平。但凡公平一点，能不能给我下点雨，让我多种两棵树，让我能看见绿色，也看见希望？为了我自己和娘家的名声，我也得留下来。我跟沙漠抗争的时候会想，沙漠，你厉害还是我厉害？我不相信我还盖不住你！现在想想，当时那是气话，你不可能把沙漠盖住，也不可能把天捅破。

董倩：但能改变家门口的这点地方。

殷玉珍：对。慢慢地，逐步地，真的皇天不负我这个有心人，最起码还让我看见了绿色。

董倩：其实你的路是你自己蹚出来的。

殷玉珍：是我一点点琢磨出来、走出来的，是靠汗水一点一点铺出来的。从1993年开始，家里的日子一点点地过得好一些了。树种完以后，我去别的地方把牲口买回来，然后我种草，到七月份我再倒卖牲口。树叶摘下来我能喂羊，喂到7月15日，我又能卖肉赚钱了。赚了钱之后，我再买苗子。只要空闲下来，就自己琢磨种树。1989年我开始买牲口，1992年买了头骡子。1998年我已经有了27300亩林地。

董倩：怎么会一下就到那么多了呢？

殷玉珍：1999年西部大开发。记者们来这里看到我栽下的树，是他们给丈量的。树栽大以后，把风沙堵住，能让子孙后代过上好日子。家人有吃的粮，羊有吃的草，不会讨吃要饭。我们要走在前面，不要让别人看不起。

董倩：有树，有草，能养牲口了，自己吃的那些粮食呢？

殷玉珍：也种着。我们来种。

董倩：你们俩人哪够用？要种树，种粮食，还要放牧，哪有那么多的精力？

殷玉珍：那时候没有那么多羊。羊都是圈养，不可能放。一过完年，春天我们就开始种树，种完树，我们两个人再种地。孩子放在家里炕头上，立根柱子，用长绳绑住，两边再压两个沙袋。这样他就动不了。在沙里累得不行，眯半个小时，让孩子吃口奶，我们两人再继续去沙里头干活。有月亮的时候，月亮就是我们的灯。

董倩：你俩没话，但是能把力气使到一块儿去？

殷玉珍：对，他听话，如果他不听话我也待不住。他要是打我，我肯定也不待在这个地方，但他不打。有一年我说这个地方不待了，他说好，然后我回娘家，我走到这山头，他在那山头，他哭着说这个鬼地方他也不想待，我心软了。因为我一走，这个地方只剩下他一个人了。

我们很少说话，也不会牵手。在城市里看见老头老太牵着手很羡慕，我只能和树牵手，看树挺高兴。我让他种苗苗他就种苗苗，让他背苗苗他就背苗苗，让他做什么他就做什么，至少我还顺心些。

董倩：他对你好吗？

殷玉珍：挺好的，他要不对我好，我也不留在沙漠。

董倩：一开始没感情，看不上他，现在这一辈子过下来，有感情了吧？

殷玉珍：有了孩子就是个家。

董倩：你跟树感情深，还是跟你老伴感情深？

殷玉珍：我跟树感情深。

董倩：你跟你老伴更多的是伙伴关系？

殷玉珍：对。

董倩：种粮食，一定会发展到某个阶段两个人不够用的吗？

殷玉珍：后来逐步地开始雇人。种地、卖粮食、卖羊，再做点小本买卖，到秋天雇人。我们村雇人两块钱，后来涨到三块、五块，最后涨到十块。在内蒙古这边雇人，在陕西那边也雇人。村子里亲戚传亲戚，一个传一个都来了。雇娘家的人比较多。

董倩：他们怎么看待你能够在一片沙漠里种出树的事，而且还种出了钱？

殷玉珍：他们那时候都看不起我们，娘家人、婆家人都看不起。我父亲去世之后，我叔叔来看我。他好不容易来了，能帮我看孩子，我们两个可以种树，所以那天晚上都没回家。后来我叔叔指着我们骂："你们种树是能管吃还是能管喝？你们扔下孩子一晚上不管！"我们一晚上在沙里种树，我们那时候已经看见了希望，把树当成自己孩子一样，甚至比孩子还要亲。孩子放家里，树放在沙里头还有谁能看？

董倩：当你种出点名堂来，种出钱来，到你能雇人的时候，别人又怎么看你俩？

殷玉珍：别人看我们家种这些树，说还不如给其他人打工，出去包块地种也比干这个强。

董倩：还不看好你？

殷玉珍：不看好。

董倩：你雇人，谁来？

殷玉珍：我们雇人不赶着种粮的时候，种地的季节雇人价格贵。三月份种地，劳累三个月，其他几个月他们都歇着，所以人会好雇一些。到时间开始雇人了，我们就会去他们家打招呼。

大家认可我，选我当了全国劳模。过去我姐一直不赞同我的做法。我跟她说，我能种出树，也肯定能种出希望，我能种出粮，而且我要过上好日子。以后不是只有你们有电灯电话，我也要有电灯电话。我姐说，你有电灯电话，狗头上都会长犄角。

董倩：她是严重不相信你。

殷玉珍：对，不相信。后来我成了全国劳模，我四姐夫来了。

董倩：你自己有没有想过，在沙漠里种这些树，能种出电灯电话来。

殷玉珍：我妈那边有电灯电话，我来这里只能点煤油灯。只是自己的向往，我不想让他们打击我。我不是非要在沙漠里种起一片林子，只是有好多事情压抑着我，逼着我。我的性格还比较开朗，是我的性格改变了我。我不想那么多，我也不能思考得太多，反正我就是钻这个牛角尖，始终不灰心。

董倩：实际上你当时没想过要种出什么样，只是想发泄自己，因为不这么干，没活路了？

殷玉珍：对，没活路了。

董倩：一点一点反而种出今天来？

殷玉珍：对。1999年我开始办农庄。被评为全国劳模以后，社会各界好些人，有韩国的朋友帮助，有企业的赞助，有政府的支持，从那个时候起，我的眼界也大一些了。我是劳模，又是女杰，还是代表，等于开过眼界了。看的不一样，做的不一样，脑子琢磨的也不一样，自己的思路被打开了，我也不压抑了。最起码能向周边的人展示，我们两个人都不愣着。我掌柜也不愣着，他只是待在这个地方，人老实，没见过人。

董倩：不愣着是什么意思？

殷玉珍：不傻的意思。所以我们感觉到自己也能转得起来，我们不是这么渺小。

董倩：其实你就想活口气？

殷玉珍：活口气。

董倩：这一路上谁帮过你？

殷玉珍：这一路上帮我的还是我的弟弟。成名了以后，外人开始帮我。

董倩：你说的成名，就是被人发现？

殷玉珍：对，2006年评了劳模以后，韩国的朋友，他大孩子13岁，小的10岁，把压岁钱捐给我种树。他们年年过来栽种，到现在我们两家已经和一家人一样了。

董倩：你在萨拉乌素村，有没有谁帮助过你？

殷玉珍：有帮助。他们最起码能让我们放苗子，苗子挣回来之后，放到这家，他们把水浇上。大家伙都会这么帮，一看我们不容易，可怜我们，早上四点多两个人走过来，他们早早地起来帮我们，给我们水喝，帮我们打捆。

对于我们栽树，现在很多人会说，你一个女人能栽成这样，我们男人都不如你之类的。我们村子好多人说，他们白活了，他们有钱之后都去了城里，并没有尝试改善当地环境，但是我们最后把沙漠变绿了。

董倩：你的日子过好了以后，你想没想过，也让村子里的其他人能跟着你干，进而把日子过好。

殷玉珍：现在我已经把他们带动起来了。

董倩：这是你愿意还是别人找上门来？

殷玉珍：我愿意。一个富不算富，大家富才算富。我从那么穷过来，酸甜苦辣都尝过了，当时人家也帮助我。我渴的时候别人给我喝了一口水，我至今都念念不忘。当了代表以后，把自来水接通了，把路修通了。

董倩：为什么还要拉扯他们？

殷玉珍：因为我已经成了代表，就代表了人民，代表了老百姓。我也要让他们喝上自来水，走上好的道路。我们这个地方一下雨，西瓜等好多作物都卖不出去，因为这是盐碱地。地一泥泞好几天，外面车子进不来，人家自然也就不想拉我们村的东西。只有我们把路修通了，外面的人和车能进来，把村子里的西瓜、玉米拉出去，村子才能发展起来。

董倩：有了你种的林子，这和他们以前在沙漠旁边种地有什么不一样？

殷玉珍：他们种的是黄土地，我这是沙漠，最起码帮他们把风沙挡住了，他们种的粮食不会被沙漠淹没。现在他们每年春天只需要种一茬，不用种两茬。过去的风沙堵不住，他们要种两茬或三茬，因为风沙一来都打死了，需要反复地种。

董倩：咱们现在坐的这个地方为什么叫欢喜梁？

殷玉珍：我有一次背苗子，在往上走的时候拉着牛尾巴，看见牛犊生下来了。

董倩：牛都下小崽了，你还让它干那么重的活？

殷玉珍：没办法，栽树的季节是有限的，过了这段时间就栽不成树了，没想到它会在梁上下崽。我们过去背苗子，光靠人背不够，我肩膀全都背烂了，就是绳子拉的。人是背不过牛的，牛能背400多斤，我们只能背到200斤。我拽着牛尾巴，牛还驮着4捆，400斤左右。

董倩：你要累死这头牛了。

殷玉珍：牛驮着那么重，我还拽着牛尾巴。我看见有血点，原来是牛下崽了。我赶紧把牛套了，牛生下的崽活着，牛也活着，还给我下一只小母牛。我特别高兴，所以我把这个梁起名叫欢喜梁。那会儿牛4岁，生完孩子它第二天还能干，不像现在的牛都娇气，牛跟着我受苦，所有的动物跟我都受苦。没办法，因为种树的时间是有限的。我22岁第一胎8个月，背苗子累得早产。为了活下来，没办法，为了一口气。后来孩子都是自己生，蹲下来脐带断了，继续干活。

只要我走过的，我的印象都会特别深，这个地方是比较成功的梁，我喜欢的梁。你看那个地方，那个边都是我的，这个地方灰蒙蒙，特别漂亮。我们过去光种树，成名以后，我开始琢磨在沙漠里种桃子、梨、樱桃。人都说樱桃好吃，树不好栽，但我把樱桃栽活了，我还把沙漠玫瑰栽起来了。现在人有吃的粮，羊有吃的草，我也开得了车，住的是小别墅。如果不是靠过去的奋斗，哪有我们现在这么好的生活？

董倩：经常哭吗？

殷玉珍：经常哭。我哭的时候一般不让我爱人看见，我在高粱上嚎了一顿，起来继续干活。让他看见也没用。我哭了以后，把眼睛擦得好好的，有时候眼睛会哭肿。

董倩：你一开始说嫁过来的时候是个爱美的姑娘，嫁过来之后不可能了吧？

殷玉珍：我年轻还烫了头发，虽然长得不美，但我打扮一下还挺美。

董倩：你现在还留着大辫子。

殷玉珍：因为这个地方没有打理的店铺，我们旗县才有理发铺，去一回得走很远，大部分时间都是自己剪一剪。省事，一洗，头发一盘，一个礼拜不用梳头。

董倩：当时住在半地下的坑里时，怎么也不会想到会有今天。

殷玉珍：我现在回顾过去，也琢磨我自己，那时的毅力是怎么来的。我感觉人只要有力气，有毅力，想把自己活成哪个样子，一定要咬牙坚持。只有你活下来，你才会成功。就是一口气，就是不想比别人差，不被别人看不起，我们只是穷。但是，我这辈子穷，我不会再让我的儿孙穷，让人笑话。

董倩：现在家里还是你说了算？

殷玉珍：家里我说了算。

董倩：老伴听你的？

殷玉珍：听。

董倩：孩子也听你的？

殷玉珍：听。

董倩：周围的十里八村也听？

殷玉珍：因为他们现在都挺羡慕我，都说你看人家以前那么穷，都能活出个人样。

董倩：现在你的林子里都有什么树？

殷玉珍：太多了，有一百多种。过去栽杨树，后来栽松树，现在是云杉、文冠果、柠条、酸刺。因为我想杨树的寿命只有几十年，活不了百年；松树能活上千年。我不在了，我的树还在这片沙漠里，我孙子会跟他的孙子说这是我奶奶栽的，我想让他们把种树的使命传承下去。

董倩：这些树是你想种什么种什么，还是有人帮你规划了？

殷玉珍：也不是我想的。我们去南方考察，我们问人家这个树多少年了，他们说树已经一千多年了。后来我琢磨南方的树在沙漠里能不能种活。我第一次拿了四五十棵，因为松树苗10多块钱一棵，还要浇水，一棵松树的成本要五十几元钱，我不能多种。后来我把养的牛全卖了，种了三万多亩樟子松。松树可以长上百年、上千年，到时候都是松树，你说多好，还能看见绿色。松树现在的占比是小一半，树林总共7万亩，有3万亩的松树，我还在不断地发展。

董倩：现在的这个土种什么都行了吧？

殷玉珍：种什么都行，只要肯慢慢努力，慢慢琢磨和研究，种什么都能成功。因为现在我种了好多都成功了，如桃树、玫瑰。

董倩：林子大了，需要巡林吗？

殷玉珍：现在用车巡，过去我挂着棍一个人走不害怕，现在林子大了，我还有点害怕。我怕林子里面有狼，这里面有好多动物。

董倩：巡林的时候是不是有种检阅的感觉？

殷玉珍：是的。来的时候也可以跟它们摆摆手，大家长得好，同志们长得好。为什么我的心态好，是它们把我哄得心态好。你看它们在沙漠里都长得那么茂盛。

董倩：你刚嫁过来，住在地窝子里的时候，不敢想会有今天。所以人的命也是可以改变的。

殷玉珍：是，有人说"人的命，天注定"，不是那么回事，命运可以改变，只要你努力，总会成功的。

董倩：从你自己的感觉来说，以前当农民，尤其是在这个地方种树都让人看不起，现在怎么样？

殷玉珍：现在看得起，还是当农民好，自由。

董倩：你做了一辈子农民，做到现在，感觉自己还比别人低一等吗？

殷玉珍：肯定低一等。因为在知识跟前，农民永远还是农民。

董倩：如果在城里人跟前，你觉得低一等吗？

殷玉珍：在城里人跟前也还是低一等，我们从小没有接受城市的文明教育，还有方方面面，远见不一样，我们还是农民的眼界。

董倩：怎么才能改变？

殷玉珍：得你自己努力，一往无前。

（文字整理：郑蔚然、陈剑平）

选择

XUANZE

• 刘林

1.刘林妈妈

刘林[①]考上了北大考古系。这对于一个父母常年在外打工，孩子留守的家庭来说，是命运给出的一个最好回报。过去18年，他们吃了无数的苦，受过不少罪。本来，一家人应该喜极而泣，可是这对父母发现孩子根本不愿意跟他们分享这份喜悦。不仅考上大学的消息不告诉，等他们远道赶回家，女儿更是故意躲开不见。夫妻俩的心，真是冰火两重天：他们没想到女儿能这么出息，也没想到女儿会离他们这么远。他们尽到了自己的责任，但好像把女儿丢了。

其实，所有的这些"没想到"不是真的没想到，过去这18年，他们每往前走一步，都是前思后想，该想到的都想到了，可想到有什么用呢？是有太多的没办法，他们只能等着看到今日的结果。

女儿考上北大这年，刘林爸爸45岁，刘林妈妈43岁。他们过往人生40多年所身处的，是中国社会剧烈变动和发展最迅速的时代。他们面对的结果并非突然而至，他们也并非个例。

在读书的年纪，他们读不起书。读书需要钱，需要时间，农民没钱也等不及这漫长十几年，于是他们涌向了广东工厂的流水线边。那时他们还意识不到，工厂里的流水线就是地里的那一条条田垄，一样是一辈子辛苦劳累做不出头。不是不知道读书的好，不是不知道在外打工不是长久之计，但有的选吗？不能读书，就只能靠那点微薄可怜的收入摆脱缠绕太久的贫困。那时他们的目标很简单，别再为吃喝发愁，别再过这种穷日子。

这些年轻人，用最丰沛的体力换回低廉的报酬。他们与流水线上的部件一

---

① 为保护当事人，本篇中人物名字均为化名。

样，从哪来往哪去，早被打上了批次和标签。刘林妈妈到了嫁人的年纪，找了在深圳打工的同乡刘林爸爸。深圳虽然包容，但他们只能是过客，在这里安不下身。两个人结了婚，还是各自住在集体宿舍。没得选，只能如此。

怀孕了，刘林妈妈回到老家把孩子生下来，喂奶到第八个月，回深圳继续打工挣钱。那时候刘林妈妈25岁，第一次与骨肉分离。天底下没谁比妈妈更舍不得自己的孩子。但是仅靠刘林爸爸一个人在外打工养她们娘俩和几位老人是养不起的，她必须出去继续和丈夫一起挣钱养家。一步三回头，撕心裂肺，泪如泉涌，汩汩地擦不完。留下，能守在孩子身边，但挣不到钱；出去挣钱，却陪不了孩子。就这么两条路，不知想了多少遍，最后告诉自己，先出去把钱挣下供他们读书吧。孩子长大不是一两天的事，还能等等。

最难过的是在深圳的周末和节假日，人闲了，想回家看看孩子。可是辛苦攒下来的工资哪经得起频繁花在路上？只能忍着，不敢上街，生怕看见人家夫妻两个领着孩子高高兴兴在街上走。盼到春节，大包小裹恨不得把所有好东西都带回去给孩子当补偿。

孩子渐渐长大，老师跟刘林父母说："你们孩子是读书的料，最好能到县里去读好学校。农村户口进不了县里公立学校，只能进私立中学，一年几万块学费。"夫妻俩毫不犹豫，省吃俭用给孩子出这笔钱。他们吃够了没读书的苦，说什么都不能让孩子重复走他们的路。但是，这笔支出就意味着他们要更长时间地在外面挣钱。

在分离中，孩子一天天长大。刘林妈妈知道她不能待在孩子身边，就只能多跟孩子说说话。但是拿起电话，永远都是那几句：都好吧？中午吃了什么？晚上吃了什么？吃得好吗？学习怎么样？还需要点什么？……这些话题孩子小的时候还有热烈的回应，能说上好一会儿。可孩子大了，随口应付一下就说完了。说完了再说点什么呢？

不是不想，是不会。即便在孩子身边，即便有高学历，也没几个父母懂得如何跟不断成长的孩子交流、走进他们的心。更何况农民工常年不在孩子身边，父母与子女之间存在着巨大隔阂，怎么能靠有效沟通去弥补，这单凭父母自己根本无法完成，需要有人教教他们。刘林妈妈想跟女儿说说心里话，可电话那边要么是沉默不语，要么是她刚说一句女儿就把她噎了回去。女儿心里已经垒起了城堡，不想让母亲进去。

作为母亲，刘林妈妈早早感觉到女儿的疏远，她隐隐预感到某种巨大的、无法抵挡的力量正在把女儿带走，她慌张地想把女儿拉回来，但不知道该怎么办。她越使劲，女儿就越想挣脱。她不会求救，因为她对生活的不如意向来都是逆来顺受，苦惯了，觉得就应该是这样，也只能这样。她感到恐惧和无助，同时也在自欺欺人地心存侥幸，觉得自己的孩子不会就这样越走越远不再回头。但是侥幸最终还是变成了不幸，这个结果也从预感变成了现实——女儿与她形同陌路。

高考的分数那么高，考上了北大考古专业，这么大的消息刘林妈妈是从新闻里知道的，女儿一个字都没告诉她。当他们问到这个专业以后能不能在大城市里养活自己、有没有前途时，一下子把女儿惹怒了，住到同学家，连个招呼都不打。

这本该是举家庆贺的时候。刘林妈妈和爸爸在外打拼了18年，女儿刘林在家留守了18年，夫妻俩共同的目标是女儿能读书、读好书、有出息，今天全部实现了。但是刘林妈妈和爸爸没有想到的是，他们托举着女儿有了今天，可女儿却变成了一个陌生人。

刘林妈妈一遍一遍地想，自己哪里出了错，怎么致使女儿变成这样。这20年他们夫妻俩几乎没过过一天好日子。除了辛苦打工，就是辛苦思念；除了忍受身体的疲惫，就是忍受骨肉分别的精神痛苦。他们深知自己没有能力选择，因此放弃了自己的一切，让孩子能具备选择的能力。

其实，刘林妈妈爸爸作为个体，是逃不出整体命运的：留守儿童与外出打工的父母，结局大多是这样。这是大时代背景下一代人的命运，个人无论怎样不甘心，总归逃脱不了。数以亿计的农民工为了更好的生活和下一代不再重复自己的命运，付出了自己的全部。一开始，他们不顾一切地从农村冲了出去，青年不能读书，成年不能夫妻团聚，做了父母不能陪伴孩子，人到中年不能赡养老人……他们不是弄潮儿，他们是被时代浪潮裹挟着的、跌跌撞撞向前的浪花。因为他们没有支配自己的能力，所以他们羡慕那些能做选择的人。

刘林妈妈43岁，长得挺好看，身材苗条。按照城市生活的节奏，她这个年纪的人，还正一个劲儿往青春靠拢。她呢，像一头牛，一辈子吃草挤奶，这时已经显得疲惫苍老，脸上的皮肤衰老得都撑不起表情。她坐在那里，边说边哭，她内心得有多少委屈啊！她也是从小姑娘长起来的，可她是小姑娘的时候就没法再读书，而是离家到工厂的生产线，工作辛苦，对未来无望。后来她成了媳妇也成了妈妈，所做的事情越来越不是为了自己，而是为了别人。没人娇宠过她，没人问起过她心里的未来是什么样，可她难道不想吗？她多想女儿能慰藉她，可到头来她发现女儿这18年也是装满了苦，根本不是他们夫妻俩以为的甜。本来女儿的未来应该是她的希望，可是刘林妈妈坐在那流泪，是那么绝望。她的委屈、她的困境，谁又能帮上她呢？

2.刘林

刘林自己都不知道，过去的18年在她心里到底积攒下多少委屈、无奈和孤独。

很小的时候，她心里最大的期待就是过春节。春节前几天，她就和弟弟走到路边，往路的最深处张望，她总觉得如果这么一直看，肯定能把父母从路尽头盼出来。她说不出是想他们，还是想他们带回来的好吃的。知道他们是爸爸妈妈，但是一年才能见到一次，见了面总觉得有点生分，要酝酿好半天才能叫出爸妈。好在他们回来以后，家里的气氛就完全不一样了，变得热闹、喜气、暖洋洋。在这种气氛里，"爸爸妈妈"自然而然叫得越来越顺口，跟他们也越来越亲昵。但这样的时候太少了，太短了。春节结束，十五一过，两人就走，一天都不能多留。任凭她和弟弟怎么哭怎么扯，他们还是一步三回头地走了。刘林小时候那些年，从他们回来，到他们走，这十几天一半身子在天堂一半身子在冰窖，快乐是真快乐，但快乐的底下是不舍。一年就浓缩成十几天的快乐，余下的三百多天，全是无尽也无望的想念。她弄不明白，为什么他们是自己的父母，却不能陪在自己身边？他们走的时候也哭，可为什么不能留下？这些问题问了爷爷奶奶，他们先是"唉"一声，然后说："除了走，那又怎么办呢？"

后来，刘林上学。小小一个人，背个书包从家走到学校。农村里的孩子大都一个人上下学。刘林和同学的家长大多数都在外面打工，留下爷爷奶奶和小孩子在家。刘林想爸妈，但看到周围同学也都没爸妈在身边，心里多少平衡了一些，是个安慰。凡事就怕比较，她一个好朋友的爸爸就一直没出去。每天下学，刘林和同学本来是手牵着手从学校出来，但是看到爸爸骑个摩托在学校门口等着，这个同学一下撒开刘林的手，先高声叫"爸爸"，再兴高采烈冲着她爸飞奔过去。接着，俩人骑着摩托嗡的一声冲出去，留下一卷卷的尘土。刘林在一旁看着全过程，在父女俩掀起来的土雾里站着，心里说不出的滋味：羡慕、委屈、想念、埋怨、孤单……从学校到家的路其实并不远，可是满怀心事的小女孩走起来却很长，一路上她不知道哭了多少回，想着自己的爸爸妈妈什么时候也能来接自己。她在这条路上走了很多年，从很想很想爸妈，到后来有点怨他们，再后来，心上渐渐磨出了茧，泪也不流了。

如果说小时候，长久的分别能靠一个春节的团聚来弥补彼此间的陌生，那么随着刘林的长大，一年的两地相隔，只靠十几天仪式一般的亲近就再也不能拉近彼此了。

刘林一天天地长大，她进入青春期了。这个阶段的孩子，非要有一个成年人在一旁密切关注着不可，他们是每天一个样，每天一个想法，父母要观察着、分辨着、引导着，才好进入他们的世界，才能跟他们成为朋友。而这一切，对于

"刘林"们的父母来说，一方面根本做不到，另一方面他们自己就是"野蛮生长"，就算在孩子身边，也未见得能知道如何陪着孩子度过青春期。

刘林的父母还在以对宝宝的方式对待已经进入了青春期的女儿，拿起电话，吃了吗？睡了吗？学习好吗？需要什么吗？这是他们能拿出的所有珍宝。但是在刘林看来，这些问候让她心烦，反而成了负担。刘林不是不懂事的孩子，她看得到父母的艰难，如果没有他们长年在外的辛苦做工，哪来她在老家的衣食无忧和顺利升学？她也去过深圳爸妈打工的工厂和宿舍，条件简陋艰苦，她很心疼他们，但是与父母的陌生让她根本表达不出来心里的复杂情感。她现在首先想要的，不再是吃的喝的穿的玩的，这些也需要，但是跟这些相比，她更需要有人能听到她内心的想法。学校里遇到一些事，有的好玩好笑，有的让她伤心费心，有的她看不懂想不通。她想跟爸爸妈妈交流这些事，可是怎么交流呢？本来就不熟悉，再加上通话贵，而且双方空闲时间不同步，有时候就没心情了。一次两次，三次四次，想跟他们交流的这条渠道，就慢慢关闭上了。

妈妈努力过，曾经回来三年陪他们。刘林心里是欣喜的，有妈妈在家里，给他们做好吃的，带他们去周边玩，但不知怎么的，她和妈妈之间，就是建立不起无话不说的亲子关系。刘林心里愿意妈妈在身边，可是表达出来的，却是冷淡，甚至是反感。其实，这个时候，父母长期不在孩子身边的影响就已经开始显现了。妈妈错过了女儿成长的关键阶段，女儿心里的世界，她已经进不去了。

高中三年，刘林有过很困惑的时候，她不知道未来是什么，在哪里。此时她已经不想再跟父母商量，她知道商量也商量不出一个结果。无意中她读到了樊锦诗先生的自传。当刘林读到樊先生读的是北大考古，一辈子待在敦煌工作的时候，她一下子就被吸引了。她感觉找到了人生选择的答案。但是，当她跟父母提起的时候，他们觉得没钱赚没前途，不欢而散。

当高考成绩出来，刘林的成绩在整个湖南省都名列前茅。这本应该是全家最高兴的时候，可没想到在她心里积压了18年的火山，却在这时候爆发了。

　　导火索是报考专业的分歧。刘林心里很希望父母能跟她聊聊她为什么喜欢考古，聊聊樊锦诗的选择，聊聊她是怎么影响了自己。可是他们一回来就问她怎么报这个专业，听人说挣不来钱，还很辛苦。她一听心里就火了。为什么他们永远都是钱、钱、钱？在他们心里，钱比人的喜欢更重要吗？他们的付出，是不是就是想让我挣大钱？

　　理解，从来都是双向的。刘林父母走不进孩子的世界，刘林同样也不能深深懂得父母的良苦用心。父母张嘴说的是钱，但那只是表象，钱后面是担心女儿未来会不会受苦，考虑的是能不能过上舒服且幸福的生活。在他们单调艰苦的人生世界里，钱是在严酷现实里生存的唯一保障。可这些，在18岁正处在人生逆反期的刘林看来，是俗不可耐，完全不可忍受。

　　如果，他们能多一些相处时间；如果，他们能懂得成长也需要学习，会不会就不存在那么大的隔阂了？可这些恰恰是他们没能力做到的。

　　刘林让人心疼。她是个很懂事，很用功，很有追求的女孩子。但是她在成长中遇到的心理需求没能及时被发觉和解决，因此造成了刘林对父母的误解，也使得她的性格存在一点阴影。但我想，她会慢慢长大，她会成为妻子成为母亲，到了那时，她一定能够理解父母为她做的一切。

一、刘林爸爸

　　董倩：你是读到几年级就不读书了？

　　刘林爸爸：读到六年级，老爸老妈说没钱读，就不读了。我1975年生人，那年我13岁，下面有个弟弟，我比他大4岁。

　　董倩：几岁出去打工？

　　刘林爸爸：15岁。中间两年在家里帮着干农活。

董倩：你喜不喜欢读书，愿不愿意读书？

刘林爸爸：想是想读，但是自己家里条件不允许。

董倩：不读书去干农活，这就有比较了。

刘林爸爸：一比较，就想读书了。当时刚好升初中，我们在学校做小工，挑砂浆。我同学在上学，心里很不舒服（眼里有泪，用手背擦掉），心酸。

董倩：15岁出去打工这件事是父母决定的还是你自己想出去？

刘林爸爸：自己想出去。那个时候熟人介绍，去广州帮人家养鱼。

董倩：干吗要跑那么老远呢？

刘林爸爸：那个时候能赚钱不饿着就不错了。

董倩：当时家里面挣不出一碗饭吃了？

刘林爸爸：那个时候家里还是比较穷。

董倩：那你出去图什么呢？

刘林爸爸：就是想改善家里经济条件。

董倩：但是你没读书也就没有多少能力吧？当时意识得到吗？

刘林爸爸：当时意识不到。就想靠力气赶紧给家里面挣点钱。在广州养鱼养了一年，有点苦，一般人是做不下去的。当时我喂鱼要住在山沟里面，而且是坟山里面，就一个人。挣的应该算多了，5块钱一天。

董倩：为什么就做了一年呢？

刘林爸爸：我想学点技术，后来做了建筑方面的工作，就去了深圳，在那待了10年。

董倩：从耒阳到深圳，眼界打开了。

刘林爸爸：那边太繁华了，我们这边跟人家比差很远。

董倩：得学一门本事。

刘林爸爸：对。做泥水，从基础到技术工作，我全部都会，半年就做师傅了。我学东西比较快。

董倩：你为什么比别人能吃苦能用劲？

刘林爸爸：还是家庭的原因吧。那时候我家在村里条件是比较差的，想改变。我不想比别人差很远。

董倩：要想不比别人差，自己得付出什么？

刘林爸爸：就努力嘛，尽力去做事。

董倩：这10年里面，你想过未来吗？比如在深圳安家。

刘林爸爸：没有。那个时候纯粹就是想赚点钱给家里，没那么多想法。这段时间我把技术学得很好了，后面几年自己包了工地。那时候二十几岁，带了十几个人，干了两年。还算有一点出息。

董倩：什么时候娶的媳妇生的孩子？

刘林爸爸：25岁，2000年年底在老家结的婚，亲戚介绍的。她那时候在中山打工，我在深圳。结完婚，她跟我一起去深圳了。我知道，我们的能力在深圳安不了家的，只能打工赚钱回家，都是这样的。当时没想那么多，就想尽量多赚点钱，每年过年的时候回家。

董倩：你15岁离家，还是个孩子，出去干活，心里什么滋味？

刘林爸爸：舍不得，第一年出去的时候，很想家的。但也兴奋，因为可以出去赚钱了。每年年终要回来前就特别兴奋，晚上睡不着觉。家再苦再穷那也是家。

董倩：回来还想出去吗？

刘林爸爸：都想在家里多待几天，但是不得不出去。

董倩：假如不出去，会怎样？

刘林爸爸：没想过，因为都想出去打工赚钱，待在家里是没出路的。我们村里的地比较少，如果在家里纯粹种地的话，吃都是一个问题。没的选，只有出去一条路。

董倩：15岁跟父母就分开了。以后基本上没有长时间跟他们在一起了吧？

刘林爸爸：2012年建房，我在家里待过半年多，除此以外就只有过年。

我的小孩子长大以后，有时候我中途回来，更多时候回不来。

董倩：你跟你的父母聚的时间就很少，心里有没有歉疚？

刘林爸爸：有歉疚。去年我老爸出了车祸，当时我在四川成都打工。心里急得很，但是回不来。对父母很愧疚，对孩子也是很愧疚的。大孩子2002年在家生的。那一年我就回家了，一直到孩子有五六个月，我才出去。

董倩：走得开吗？

刘林爸爸：还可以，我老爸老妈会帮着带。

董倩：那是你自己的闺女。

刘林爸爸：那也没办法，还是生存问题，为了生活。你要让她过得好，只有出去赚钱。如果在家里，吃饭问题都很难解决的。

董倩：有那么严重吗？

刘林爸爸：有。我家里老爸老妈加我兄弟家里的人，一共11口人，却只有8分水田种稻子，8分田怎么种也不够吃。种点菜，卖菜又累又赚不到多少钱，只有出去打工。我弟弟也是一样，结了婚出去打工，其实心里很舍不得。我记得我老爸那个时候说，小孩儿都几个月了，还不出去打工，家里小孩儿要用钱，要吃奶粉。我老爸也是不得不叫我出去，在家里没饭吃，只有出去找碗饭吃。他不是心狠，也想我在家，但没办法。

董倩：有没有想过怎么才能既可以不走，又能挣到钱，还能跟家人在一块儿。

刘林爸爸：在我们这边是实现不了的。附近找事做，挣不了多少钱。出去了，我们有技术，找活也找得到，工资也高。

董倩：把孩子带走，去深圳读书，在自己身边呢？

刘林爸爸：二孩小的时候就想过了。那边消费太高，带小孩还要上班，照顾不到，只有让爷爷奶奶带才行。

董倩：把孩子放在家里，你外面挣钱寄过来，可能是最好选择。但孩子的成长也需要父母呀。

刘林爸爸：需要肯定是需要。但我们这里都是这样的。

董倩：孩子读书这个事，你怎么想的？

刘林爸爸：我们也想过，如果读书能读得出去，就能改变命运。女儿在村里读到六年级，老师跟我爸妈说，你孙女读书厉害，不要在这里读，在这里读不出去的，要去市里好一点的学校可能就读得出去，她学东西很快。建了房子以后，就让她出去读书了。

董倩：换好学校要花很多钱吧？

刘林爸爸：比公立要多很多。我们乡下户口上不了县里的公立学校，只有好的私立学校，一年一万二。六年级转过去，一直读到高中。老二后来也读这个学校了。两个孩子读书的钱一年就三万多。从2013年到现在，我们两个打工的钱，差不多除了学费和家里开销就没存什么钱。我们只是想着，她读得进去书我们就尽量供她读，花多少代价都值得。农村人只有读书可以改变命运，不读书改变不了自己命运。

董倩：怎样才算是好日子？

刘林爸爸：我觉得一家人能在一起生活，不用为了吃饭这些最基本的事而分开。我们现在一家人都不在一起。

董倩：挣钱重要还是一家人在一起重要？

刘林爸爸：先要生存，挣钱重要，生存了才可以团聚。吃饭都成问题了，在一起也难以为继。解决了经济问题，才有时间在一起住，如果住在一起，连温饱问题都不能解决，对小孩子也有影响，我们自己也没面子。

董倩：挣钱就得骨肉分离，要不骨肉分离就过不上好日子。

刘林爸爸：是。

董倩：这种二选一对你来说有多艰难？

刘林爸爸：我们不觉得艰难，习惯了，都是这样的。

董倩：认了。

刘林爸爸：嗯。

董倩：你觉得你女儿要不要再过你这样的生活？

刘林爸爸：她以后就不用过我这种生活了。她现在高中毕业，她的家长会我都没开过一次，很遗憾。

董倩：你丢掉的是什么？

刘林爸爸：跟女儿没多大感情。

董倩：你跟她感情深不深？

刘林爸爸：我跟她肯定深。

董倩：你女儿跟你感情深不深？

刘林爸爸：不深。她对我感情没有爷爷奶奶那么深，他们把她带大的。

董倩：你丢掉的多，还是得到的多？

刘林爸爸：这个我没想，就想让她过得好些。没办法，只有丢掉一头，只有出去打工，把亲情丢下了。心里面肯定不好受，但是没办法。

董倩：老刘咱们谈话到现在，你说了很多很多的没办法。当你每天遇到这么多没办法的时候，心里什么滋味？

刘林爸爸：只有忍着，该打工就打工。让孩子读书去改变命运。

董倩：你知道考古是学什么吗？

刘林爸爸：我不清楚，现在知道一点，搞古董一类的东西。

董倩：她学考古，可能要过风餐露宿的生活。

刘林爸爸：那跟我搞建筑差不多了。

董倩：你同意不同意？

刘林爸爸：我同意她的选择，只要她喜欢做，我是很支持她的。当时我是没的选，她可以自己选择生活。她做的是喜欢的事，我们做的是生活所逼的事。这不一样。

董倩：你羡慕她吗？

刘林爸爸：我佩服她，羡慕她。

董倩：人和人的差异，就是手里有选择权。你所有的奋斗，就是为了让你的孩子能有这个选择，而不是被人选择。

刘林爸爸：对。

董倩：人家都关心你怎么教育孩子的。

刘林爸爸：从来没管过她，就是打电话的时候叫她注意安全，要吃饱饭。我们只能交代这个。学习上的事她很自觉，不用我们说。

董倩：她的自觉从哪儿来的？

刘林爸爸：这个我真的不知道。她从小跟着爷爷长大，比较自律，读书都有计划。我们就是过年回来，等他们大一点，带他们去广东住几天。真正学习的时候我们都不在家里。

董倩：孩子提过什么需求吗？了解过吗？

刘林爸爸：没了解过，没跟他们谈过，需要什么东西他们会跟爷爷奶奶说。

董倩：除了物质上的需求，还有什么？

刘林爸爸：精神上的。她想让我们多陪陪他们。我女儿跟我说过，爸爸你要多陪陪我们啊，就坐在这里说的。那一年刚好厂里查环保，都停工了，暑假我们回来一个月，就陪了他们一个月。这一个月，天天做好吃的给他们。

董倩：你能感觉到他们的开心吗？

刘林爸爸：能感觉到，跟我们特别亲。有一天我还带他们两个去动物园玩了一天，很开心。之前从来没带他们去过，也算个小旅游。天天跟他们在一起，他们跟我谈学校的事，他们想吃什么，我就买回来煮给他们吃。我觉得那是他们过得很开心的一个暑假。我女儿再怎么开心，也不会表现得很明显，她会笑眯眯的。平时她一般都不爱说话，不怎么笑的。

董倩：即便是隔着千山万水，现在也能通过微信视频来经常见面和交流。

刘林爸爸：她学校半个月放假一次，我们打个电话问一下，平安到家没有，主要是问一下这个。

董倩：她有没有受委屈，有没有遇到困难，这些她会跟你们说吗？

刘林爸爸：我也不知道，反正没跟我们说过。我们只是问她在学校过得好不好，每次问她，她都说还可以。我们也只会简单地问这些问题。我们真的一点都不知道她的内心想法。她就说喜欢历史，我也是在网上看到才知道。

董倩：你回来多久了？

刘林爸爸：一个月了。高考成绩出来以后我回来的。我们没交流过，她一般不是在同学家，就是在舅舅家，很少待在家里。人家恭喜我们，说你家的闺女考上北大，是你的荣光，但是我感觉她好像是人家的女儿一样。她太陌生了，我不知道她喜欢什么，真的不知道。现在和她之间的距离，好像很远一样。

董倩：还能再拉近吗？

刘林爸爸：很难。我记得三岁多的时候，带她去过广东。她什么事都跟我说，读书以后就不跟我说了。

董倩：性格随谁？

刘林爸爸：我也不知道随谁。

董倩：你知道她喜欢吃什么吗？

刘林爸爸：我知道她喜欢吃巧克力，带她出去买东西，她就买巧克力。

董倩：她在家里面吃什么菜你知道吗？

刘林爸爸：她好像不挑食。

董倩：她喜欢看什么书？

刘林爸爸：不知道。

董倩：她喜欢什么颜色？

刘林爸爸：不知道。

董倩：她长大想过什么样的生活？

刘林爸爸：我也不知道。

董倩：老刘，在你女儿成长的过程中，你为她做什么了？

刘林爸爸：我帮她交学费了。

董倩：这个对她有多重要？

刘林爸爸：这个我觉得对她很重要，如果我们不赚钱，她再怎么有天赋，再怎么努力，没钱读，也是读不出去的。

董倩：老刘，你一辈子图的是什么呢？

刘林爸爸：图什么呢？父母也没有陪，孩子也没有陪，真的不知道图的是什么。我们在广东那边看到人家带小孩儿出去玩儿，我们也想过要是小孩儿在这里多好。心里面肯定不是滋味，羡慕人家。

董倩：你让他们过上了好日子，让他们拥有了选择权。你用你的好多不得不，给你女儿换来她可以不用"不得不"了。

刘林爸爸：我们只是想着能改变她的命运，只有读书才能有出路。

董倩：那你这辈子开心过没有？

刘林爸爸：在女儿考上大学之后，我就开心了，以后她的命运可以自己把握了。

董倩：接下来你们两口有什么计划？

刘林爸爸：我们还是回广东打工。现在两个孩子读书还是要交学费的，而且北京学校的学费可能会更高一点，生活费也可能会多一点。

董倩：你们生活的乐趣是什么？你们有没有为自己活过？

刘林爸爸：没为自己活，主要是为了孩子。

董倩：每一天每一年都那么辛苦，怎么犒劳自己？

刘林爸爸：我们好像没怎么犒劳过自己。上班一个月只休息一天，常常加班，休息了买两瓶啤酒喝一下。

董倩：你想过的好日子是什么样的？

刘林爸爸：就是不用为了钱出去，想睡到什么时候就睡到什么时候，这是好日子。等孩子大了，都成家了，我们应该能过得上吧。

董倩：什么时候不打工了？

刘林爸爸：那也要等小孩子大了以后再说。

董倩：与你的上一代和下一代比，你觉得你得到的是什么，失去的是什么？比上一代好在哪儿，跟你下一代比，不如在哪儿？

刘林爸爸：和我老爸比，我们现在的生活比他们那一代提高很多了。和小孩子比，我觉得他们又比我们提高很多了。他们不用像我们这么小就出去打工，他们小的时候不用想这个。

董倩：谢谢老刘，我们梳理了你所有的过往经历。如果没有你的这些付出，就没有她的今天。她懂得你为她做的这一切吗？

刘林爸爸：我没问过她。我想她慢慢会明白的。等长大了，工作了，慢慢会明白。我还是希望她懂。

二、刘林妈妈

董倩：你是二十几当妈的？生下孩子几个月就得出去打工了？

刘林妈妈：我25岁生的小孩。孩子一岁都没有，8个月时我出去打工的。如果等孩子三岁，我再出去打工也可以，就是要节约一点，吃饭还不成问题。当时就想早点出去，把自己的家搞好一点。

董倩：你自己是几岁出去打工的？你自己离开家的时候，有没有这么难受过？

刘林妈妈：17岁。我离开家的时候没有，去那里上班累的时候就想家。

董倩：你作为孩子离开父母，和你作为父母离开孩子，哪个更不舍？

刘林妈妈：离开孩子的时候，尤其是大孩子，第二个好像就已经习惯一点了。

董倩：这还能习惯啊？

刘林妈妈：第一个孩子，我走的时候真的都不敢回头看，一走就是几个月。别人都说吃8个月的奶刚刚好，我提前就断了。她爷爷奶奶也说他们还年轻，他们来带，让我们出去打工，反正迟早还是要出去打工的。

董倩：你想多挣一点钱来改变现在的生活，拿什么交换？

刘林妈妈：骨肉分离。

董倩：做过取舍没有，哪个更重要？

刘林妈妈：孩子最重要。

董倩：既然孩子最重要，为什么离开？

刘林妈妈：既然为了孩子，就想给他一个更好的生活。

董倩：正常情况下就是过年回来，还有没有其他更多的机会能回来看看？

刘林妈妈：放暑假的时候带她去深圳玩过几次，她三岁的时候去过，以后每一年放暑假的时候都去。

董倩：当你们盼了那么久能把孩子带出去，去享受一家人天伦之乐的时候，什么感觉？

刘林妈妈：很高兴，很开心。平时看见人家能带着孩子出来玩，我心里就想念自己的孩子，很羡慕人家，觉得对不起自己孩子。

董倩：为什么是对不起呢？

刘林妈妈：没有在身边。对得起就是要看着她长大，给她好的生活。

董倩：你选择了不陪伴她长大，目的是让她能更好地长大。这个矛盾没法解释。

刘林妈妈：我都不知道怎么去解释，只能这样子。

董倩：孩子就这么一点一点长大了，你跟她交流吗？

刘林妈妈：她很少跟我交流，很少。

董倩：好多事女儿就是得跟妈妈说呀。

刘林妈妈：我就问她喜欢吃什么，你想要什么就跟妈妈说，妈妈能够做到的都会答应你。

董倩：她要过什么？

刘林妈妈：她没要什么。我说只要我有这个能力，只要你问我要，什么我都会给你，她说知道，就这样点头。她听话，但是话不多。

董倩：你尝试过问深一点层次的问题吗？你也是从女孩子那会儿长大，一路会有困惑、委屈，也有想不明白的时候，需要交流。

刘林妈妈：尝试过，但她不爱说话。我就问她在学校有没有谁欺负你，读书有没有压力，她说还行，没人欺负我。

董倩：她说的还不如你说的多。她是从小就这样，还是渐渐变成这样的？

刘林妈妈：渐渐变成的，估计就是因为我们没有在她身边。我现在尽量跟她接触多一点。她高考以后，我陪她出去旅游，单独跟她一起说话。但是她现在话越来越少了。我曾经就想着，等房子建好，我还是得回来带他们，看着他们成长。她10岁那年我回来了。

董倩：回来待了多长时间？

刘林妈妈：10岁到14岁。我在家里做事，找了一家制衣厂，离他们近了，天天能回家。

董倩：4年你在身边，孩子有什么改变？

刘林妈妈：好像亲近一点，但她话还是少，不怎么跟我说话，我问什么，她都说还可以，还好。从来不跟我说哪里不好。

董倩：你自责吗？

刘林妈妈：自责，我跟她发微信说过，我在她面前很愧疚，因为没有看着他们成长。

董倩：你不是没努力，你努力了。你陪伴的这4年对孩子的成长有多重要？

刘林妈妈：很重要，女孩子那个时候很需要妈妈的。那4年还是很值得的。

董倩：但那段时间你们收入就受到损失了，两个人收入变成一个人了。

刘林妈妈：我那时候在家里才1000多块钱一个月，很低。我挣的钱全都给小孩买吃的了，一分都没剩，可还是很缺钱，还要她爸寄钱给我们。

董倩：为什么就陪了4年，在她14岁的时候还要出去？

刘林妈妈：我还是想让小孩出去读书，上那个私立学校要很多钱的，再加上家里开销，她爸一个人养不起。我们还有四位老人，我和她爸的父母都老了。

董倩：两边都需要你，怎么选择呢？

刘林妈妈：我还是选择去外面挣钱。

董倩：你得心里面算多少次账，才能算出这么一个结果来？

刘林妈妈：想了很久。我们自己没读什么书，过得很不好，我不想我的孩子走我的路。

董倩：你说的不好是什么不好？

刘林妈妈：没钱，吃也不够，穿也不够，又没文化。我跟我女儿这样说过，你要努力读书，以后不要跟妈妈走同样的路。

董倩：你说的同样的路就是我没的选，生活把我逼到了这个地方，我只能这样做。

刘林妈妈：不希望她走。

董倩：你要付出什么？她要付出什么？

刘林妈妈：她要付出努力去读书，我要付出努力挣钱供他们去读书。

董倩：如果得到这些，你要丢掉什么？

刘林妈妈：丢掉一家人的快乐，孩子童年的快乐。

董倩：她丢掉的和她得到的，哪个重要？她多希望爸爸妈妈在身边。

刘林妈妈：是的。

董倩：你觉得她丢掉的能补偿回来吗？

刘林妈妈：补偿不回来了。

董倩：她考上北大，考上了如意的专业，能不能弥补上？

刘林妈妈：我感觉她如果做她喜欢做的事，对我们来说，就是弥补她了。我没强求她去选择我想要她读的专业，而是选择她喜欢的专业，我支持她。

董倩：你想让她学什么专业？

刘林妈妈：说实话我们农村人确实是一辈子为了钱，所以我想让她学个以后不会在钱上面发愁的专业。

董倩：你吃过没钱的苦，所以你不希望孩子过为钱所困的生活。考古专业可能赚不了钱，但是你闺女又这么喜欢，你纠结过没有？

刘林妈妈：说实话纠结过。什么专业赚钱我们也不懂，只能尊重她的选择，因为她有权利去选择她自己喜欢的。她已经掌握了自己的选择权，不像我们是被选择。

董倩：你和你爱人拼了一辈子，苦了一辈子，就是希望把选择权给你闺女。

刘林妈妈：对。

董倩：所以当她有选择权的时候，你不想剥夺她这个权利。

刘林妈妈：是的，不想剥夺她。但是父母总是担心，如果选择这个专业，以后去大城市发展，可能房子都买不起，担心没有地方住。

董倩：很现实。女儿怎么说？

刘林妈妈：她没回复我。

董倩：回复？

刘林妈妈：微信上没回复。

董倩：这么重要的事在微信上说？

刘林妈妈：因为她没在家，在同学家里。

董倩：你是什么时候回家的？

刘林妈妈：她7月23日出分数，我25日回来。

董倩：她怎么告诉你的？

刘林妈妈：我们也是从网上知道的。

董倩：这个不仅是她的成绩，也是你们的成绩，她为什么不把这么好的消息及时告诉你们呢？

刘林妈妈：她也说了，自己都没想到会考那么高的分，感觉还在做梦，还没来得及说。老师发在群里，我就知道了。当时我也感觉好像在做梦，很开心，高兴得跳起来了。我女儿终于有出息了。

董倩：你认为怎样才算是有出息？

刘林妈妈：就是可以改变自己的命运了。过上好的生活，比我们的生活过得好。

董倩：我们又回到这个问题，什么是好生活？

刘林妈妈：我理解的好生活就是衣食无忧。以后她不可能像我一样，她的孩子不会成为留守儿童。

董倩：这个有多重要？

刘林妈妈：很重要，他们可以一家人开开心心在一起。我们没有。

董倩：你没陪女儿，你能不能利用这几年，多陪陪儿子？

刘林妈妈：想过，也能做到，就是物质上过得差一点。如果孩子能够过上好的生活，我还是愿意。

董倩：你40岁出头，这么多年最开心的是什么事？

刘林妈妈：女儿这么有出息，考上这么好的学校。在这之前我生一个儿子也很开心。

董倩：你觉得你的日子是苦是甜？

刘林妈妈：苦。我们打工一辈子，辛苦一辈子，孩子没顾上，家庭也没顾上。付出了，却没有得到什么，很苦。现在女儿考上这么好的学校，就觉得很值得了。我们活着的价值就是为了小孩，自己没有盼头，只能打一份这样的工，维持家里开销，维持孩子的生活，让他们过得好。

董倩：你从村子里出去，到深圳打工，结婚生小孩养家，你的位置在哪呢？

刘林妈妈：自己的位置没找到。

董倩：当你还是个女孩子的时候，想过以后过什么样的生活吗？

刘林妈妈：当时没目标，好像就是为了生活而生活。

董倩：你的女儿和你一样吗？

刘林妈妈：她不是。她想让自己有出息。

董倩：你知道什么是考古吗？

刘林妈妈：不是很懂。

董倩：你对于你女儿选择这个专业吃惊吗？

刘林妈妈：吃惊。

董倩：从来没听她提过是吧？你跟你女儿最深的交流能到什么地步？除了吃、穿、注意安全之外。

刘林妈妈：她跟我不谈心。我问过她，以后读书出去了，想学什么？她说没想好。

董倩：其实也许她想好了，但不愿意跟你们交流。

刘林妈妈：对，她说没想好，问什么她都不愿意说。

董倩：你还能再走进你女儿的心吗？

刘林妈妈：很难。

董倩：如果一切能重来，你还是出去打工，不在家陪孩子吗？

刘林妈妈：如果还是那样的条件，我还是会这样选择的。

董倩：女儿基本上培养出来了，你才43岁，生活还有大把大把的时间，你想过什么日子？

刘林妈妈：我还没想，我现在要培养儿子。

董倩：还准备继续出去打工吗？到什么时候为止？

刘林妈妈：到自己做不动，没有哪个公司愿意要我的时候，估计就会回来了。

董倩：有可能改变吗？

刘林妈妈：无法改变的，我们没有文化，不能够去做别的工作，选择权不在自己手上。

董倩：你努力了一辈子，把选择权交到你女儿手上？

刘林妈妈：对，是。

董倩：你女儿能理解你吗？

刘林妈妈：我估计她现在还没理解。

董倩：她不理解你会伤心吗？

刘林妈妈：伤心是伤心，但无法去说。女儿跟我们离得太远了，心越走越远。

董倩：所以你现在到底是高兴多，还是难过多？

刘林妈妈：一半，也高兴也难过，更多是高兴。

董倩：这回变成她走了。这和你第一次离开女儿时的舍不得不一样。

刘林妈妈：我感觉那个时候离开她我更加心痛。

董倩：你这一辈子总是在离别。你最想过的日子是什么样的？

刘林妈妈：最想过的日子还是待在儿女身边。

董倩：我们做一个选择：她没考上这么好的学校，但是她能在你身边；她考上了，但是她不在你身边，你心里面更愿意过哪种生活？

刘林妈妈：我感觉考上了好。她是一个有梦想的人，她要去实现她的梦想。

董倩：所以你和他爸爸，是用自己的一辈子托起来她的梦想。

刘林妈妈：我觉得值得。我女儿肯定不会重演这样子的事，她现在已经有这样的成绩，不会重复我的路了。

董倩：你一辈子没有自己的生活，但不是你一个人过这样的日子，村子里面好多人都是这样，你们之间彼此会交流这些吗？

刘林妈妈：在一起会说的，没怎么带过小孩，感觉挺对不起孩子。

董倩：别人管你女儿叫留守儿童，你愿意吗？

刘林妈妈：不愿意，挺扎心的，确实不好听。孩子心里本来就不舒服，他们父母没有管他，没有带他，他们心里也苦，这么一说心里就更苦了。

董倩：天底下有几个孩子能像你女儿这样争气？

刘林妈妈：是的。可以说在留守儿童里，我女儿是最争气的了，一般人都取得不了这种成绩。她自律，也聪明，天生加后天。学习上我们一点都帮不到，都不懂。我最多就跟她说，你好好读书就行，什么事都不要管，也不要给自己太大压力，尽力就可以了。一个女孩子，能做自己喜欢的事有多好。

董倩：你喜欢做什么？

刘林妈妈：这么多年过去了，自己喜欢什么都不知道了。

董倩：喜欢读书吗？你的成绩估计差不了。

刘林妈妈：那个时候父母不关心我们读书，也没想要我们以后能够读出去，就想着我们跟他们走一样的路，在农村里还是种地算了。

董倩：为什么你和你的父母不一样？

刘林妈妈：因为我喜欢读书，但不能读书，我知道这个苦。

董倩：谢谢你。别人关注你女儿，我更关注你们两个。你们不容易的。

三、刘林

董倩：你记事是几岁？记住的是什么？

刘林：小学一年级，记住的是开学。先去报到，领课本，然后爷爷奶奶给我买了一个新书包。

董倩：爷爷奶奶送你去上学，还是自己去上学？

刘林：都是自己去。和表哥表姐，大家一起去。小学是走读，就在村里面。

董倩：你们村子里面的孩子，爸爸妈妈在身边的多吗？

刘林：少，很少。

董倩：你能记起小时候和父母在一起的事吗？

刘林：我记得好像有几年的暑假还是寒假，我去他们工作的地方和他们住了几个月，有一间很大的工厂，我爸爸妈妈住在里面。有一个地方有一台麻将机，我和一些小朋友会在上面玩麻将。

董倩：在你的印象里面，你盼他们回来吗？

刘林：在他们没来之前会期待，每次他们回来，我们就在家旁边的马路上等他们来，自己又有点不好意思，不会叫他们的。很久不见，一年见一次，就感觉有点不熟，虽然期待了很久。当时也没什么概念，不知道他们为什么没在家里。但是看旁边很多小孩子的父母都不在家，所以觉得这个很正常。盼的话，就是快过年的时候盼，他们会带回来很多好吃的。

董倩：父母对你来说就是能带回好吃的？

刘林：差不多。父母回家会更关注我们，会带我们去玩，小时候会教我们怎么打扫卫生。

董倩：爸爸妈妈在身边教你们这些生活技能，和爷爷奶奶教，有什么不一样？

刘林：不太记得有什么不一样，其实好像都差不多。

董倩：情感上呢？

刘林：爷爷奶奶一直在身边，情感上可能会更亲一点，更熟悉一点。

董倩：他们回来的时候，你心里面跟他们亲不亲？

刘林：也不是很亲。就是因为离开太久，小孩子是认生的。你知道和他关系很近，但没有在一起，还是会觉得很陌生。

董倩：你身边有没有跟着父母长大的孩子？同学里面。

刘林：有。我有个很好的朋友，她就是爸爸一直在家，放假回家她爸爸会来接。而我爷爷奶奶不会来学校接。

董倩：你希望有人来学校接吗？

刘林：希望。

董倩：你刚才讲了，上学都是自己去，为什么还盼望有人能来接你呢？

刘林：那段路挺长的。六七岁的时候人很小，走两三里路感觉特别长，自己就不想走。每次同学的爸爸来接，会骑个摩托车，不用走路。我就很羡慕。

董倩：羡慕的是摩托车还是羡慕他爸？

刘林：摩托车。

董倩：羡慕他爸爸不？

刘林：不太羡慕。没有概念，觉得爷爷奶奶也可以。

董倩：当时想过你爸爸妈妈来接你吗？

刘林：没有。

董倩：有没有在成长过程中特别需要妈妈的时候？在心里感觉很艰难的时候。

刘林：有，会有很艰难的时候，但第一时间想到的不是爸爸妈妈，是同学，因为和同学关系更近。如果感觉跟同学也不好讲的话，会写日记。

董倩：你不是没有爸爸妈妈，他们即便远在天边，发个微信就"近在眼前"了，对吧？那为什么不通过这种通信方式跟父母讲？尤其跟妈妈讲。

刘林：以前小学、初中没有手机，和爸爸妈妈交流得少。初中在住宿学校，会有很多人排很长的队打电话，就很麻烦，所以一般都不打电话。

董倩：写信不？

刘林：也不写，当时还不知道信是什么东西。

董倩：也就是小时候即便有感情需要，也没处去说。

刘林：对。

董倩：想过跟他们说吗？

刘林：没想过。

董倩：那父母对你来说到底是一种什么样的存在？

刘林：到高中，我感觉父母能给你提供一个家，供你上学，提供一些生活用品这样的感觉。感情挺淡的，但还有感情。

董倩：什么时候觉得特别需要父母？

刘林：感觉没有。

董倩：一直就没有过？

刘林：没有。

董倩：那你的爷爷奶奶对你来说是不是更像父母？

刘林：嗯。

董倩：跟他们交流有障碍吗？

刘林：会有。我讲学校的很多事情他们都不懂。比如有时候需要回家签个字，他们都不知道这是什么。我讲学校有多少个班，怎么分班的，他们都听不太懂。我们小孩子后来有手机，玩游戏他们更不懂。

董倩：你玩他们也不会管你，他们也不知道你在干吗？

刘林：对。我放假回家就一直玩，他们每次都问我作业写完了吗？听到我说作业写完了，他们就会让我玩。每次我回家，他们都会问学校有没有发生什么事情，我就会告诉他们，但是他们也听不懂，后来便不问了。我不是一个太爱说的人，我喜欢听。

董倩：你这个性格是慢慢变成这样的吗？刚才你说也想跟爷爷奶奶去交流，但是他们听不懂，那交流不下去了，是不是也就不想说了？

刘林：是吧。

董倩：那你平时要想说话、想交流，跟谁交流，跟谁说话？

刘林：生活上有什么必要的事，会跟爸爸妈妈讲，现在有手机，联系也方便一点，然后其他的一些事情，会跟同学讲。我爷爷喜欢讲很早很早之前的事，从他的爷爷开始讲，一路讲下来，讲他小时候怎么过的。我觉得很有意思。

董倩：春节和父母在一起的时候，你能记住的都有什么？

刘林：不太记得。我对小时候的印象都比较模糊，会闪过其中的一个片段。

董倩：刚才你说小时候站在路边等他们回来，渐渐长大了，还会这样做吗?

刘林：不会了。他们有时候会半夜回来。进来我们都不知道。第二天醒来发现爸妈在家就很惊喜。

董倩：你妈在家陪了你3年，给你留下的是什么记忆?

刘林：印象里我妈妈做生意，开了个鞋店。我是寄宿，学校两周放假回家一次，一放假就和妈妈在一起了。回家之后，妈妈做的菜很好吃，也期待妈妈带着我出去玩。不像奶奶，他们不太懂，也很少进城，妈妈会带我去各个公园玩。我妈妈在城里租的房子旁边有个顺湖公园，会在那里玩。

董倩：那三年跟你妈妈在一起，给你留下什么印象?

刘林：我还是更喜欢没有父母。那段时间青春期，叛逆，和妈妈关系不太好。

董倩：你在成长过程中是希望有人陪伴还是不希望有人陪伴?

刘林：会希望有人陪伴。但是在一起的那三年，我和她之间有代沟，矛盾很深。

董倩：你和她怎么相处?

刘林：我回家住两天，妈妈做饭，我做家务什么的，会在一起。

董倩：你跟你同学说的那些悄悄话想跟你妈说吗?

刘林：不想。

董倩：那这三年下来，当她要走了，你愿意她走吗?

刘林：不太愿意。

董倩：你俩不是相处得不是特别好吗?

刘林：但是她在家，我们的生活会好很多，我奶奶做菜没那么好吃，奶奶不会买新衣服。爸爸妈妈会经常带我和弟弟去买东西。妈妈还会带我们出去玩。

董倩：那你跟谁亲呢?

刘林：跟同学亲。

董倩：女孩子第一次生理期，这个时候谁告诉你应该怎么办，这个时候你希望妈妈在身边吗？

刘林：我之前看过相关的东西，知道怎么处理，所以也没有跟谁讲。

董倩：我们假设一下，你自己未来做了妈妈，这件事情你是跟女儿说，还是让她自己去摸索？

刘林：我会跟她说。

董倩：如果她不是通过你了解到的，你心里会难过吗？

刘林：会吧。如果我有孩子，我会一直带着她，带在身边，我会觉得和她很亲。如果这件事是别人告诉她的，我会觉得她不很信任我。

董倩：由妈妈教给自己，和由别人教给自己，这件事情重要不重要？

刘林：重要。

董倩：你有无奈的感觉吗？

刘林：有吧。

董倩：那我们换个角度，你能理解你父母为什么不在你身边吗？

刘林：能，非常能。我家是农村的，如果像我爷爷奶奶种田，是没有多少钱的，可能我上学也是个问题。他们在外面打工，可以赚钱。我去过他们的工厂，也看到他们打工，真的非常辛苦。

董倩：能体谅他们吗？

刘林：能。

董倩：你能体谅你的父母，心里会跟他们亲吗？

刘林：不会，我觉得这是两件事。

董倩：你觉得什么是亲呢？

刘林：我觉得是你很信任他，会跟他交流很多东西，一般有什么事会跟他说出来。

董倩：你身边有这样的人吗？

刘林：有，我同学。

董倩：同学能取代一切吗？

刘林：不能。

董倩：没有，是不是一个空缺？

刘林：习惯了，就没觉得有空缺。

董倩：你能充分理解父母，却没有信任，矛盾不矛盾？

刘林：不矛盾，感情和物质是两件事。

董倩：他们给你的是感情还是物质？

刘林：物质。

董倩：他们对你和弟弟以及你们这个家倾注的感情，能感觉到吗？

刘林：能感觉到。

董倩：这是一种什么感情？

刘林：一种守护。

董倩：既然你理解得这么深，为什么跟他们不亲呢？

刘林：还是从小没有在一起。

董倩：这是缺失吗？

刘林：不是，我觉得这是一种成长的环境，我没觉得有什么不好。爸爸妈妈不在身边，爷爷奶奶带我，我会觉得什么都得靠我自己，会更加独立一点。

董倩：你能有今天这个好成绩，很多人都好奇你是如何取得的？

刘林：在农村，不好好读书就是下田种地，会很辛苦。爷爷奶奶一直跟我们说，一定要好好学习，不要像他们一样总是种田。其实我小学和初中成绩也没特别好，一般偏上一点点。这个学校我觉得挺好，是寄宿，除了学习就不用做其他的。老师对我们很好，总鼓励我们，主要是受老师的影响。

董倩：你爸妈起到了多少作用？

刘林：他们付出的挺多。从高中以来非常重视我的成绩，班群他们都会加。我考不好也会鼓励我。他们对我的要求就是尽力就好。

董倩：对你有帮助吗？

刘林：有。我压力会小一点。农村家庭往往会把所有希望全部压在一个孩子身上。他们这么说，那么如果我考得没那么好，当然应该也不会太差，我家里对我应该不会很失望，就是尽力就好了。

（刘林此时说不下去，开始流泪。）

董倩：是不是感觉很委屈？我知道你心里憋着很多话，跟同学也不是所有事情都能交流的，是吧？那你就憋在心里吗？你曾经想过跟爸爸妈妈说话吗？

刘林：想过，我尝试过，他们真的不懂。我很少跟他们交流，有时候和他们的交流涉及感情方面，他们就不懂。

董倩：他们比你经历的人生要多，怎么会不懂感情呢？

刘林：总是有这种印象，就是他们不同意我做任何事情。他们实际上不理解我，但他们总觉得他们理解我，总觉得他们什么都知道。

董倩：你不跟他们说，他们怎么知道你想什么呢？高考志愿报北大考古系这个事是怎么定的？

刘林：我自己决定的。我小时候就对历史感兴趣。

董倩：跟他们交流过吗？

刘林：没有，他们什么都不知道。他们一开始不同意，说考古不适合女生，然后觉得考古专业以后挣钱少。很多人支持我，有很多记者因为这个采访我，他们对我爸妈说学考古挺好的，他们才同意。

董倩：那你觉得他们为什么不同意？

刘林：就是觉得毕业后挣钱少。他们指望着我考上一所好大学，以后挣很多钱。他们不明白我有条件选一个更好的专业，为什么偏偏要选这个。我能理解他们的想法，但我不想这么做。我不想为了钱去做什么，这是一辈子的事。

董倩：那你觉得，他们说女孩子不适合做这个和挣不来多少钱，这两个事情现实不现实？

刘林：现实。

董倩：你怎么考虑这些很现实的问题？

刘林：我不在乎钱。不喜欢为了钱而做出自己不喜欢的选择。

董倩：考古专业毕业之后，可能工作是真挣不了多少钱，这个想过吗？

刘林：想过，我愿意过这样的日子。

董倩：父母希望你能够找一个相对好的专业，毕业后工作能多挣一点钱来养家，你觉得他们这个想法有没有问题？

刘林：我觉得没有问题，但是我不喜欢，也就不想跟他们交流。

董倩：我看你家里有《史记》《资治通鉴》和外国的历史、传记一类书籍，那都是什么时候买的书？

刘林：高中。

董倩：樊锦诗先生的故事你是什么时候读到的？

刘林：也是高中。高二的时候。

董倩：有人觉得考古沉闷，你怎么看？

刘林：我不觉得，我觉得每一次挖掘都是一次发现惊喜的过程。

董倩：你觉得学考古专业能坚持下去吗？

刘林：我觉得能。对一件事情就算我不喜欢，我也能做下去，我喜欢的话会坚持得更久。

（文字整理：陈剑平）

认真地 活着

RENZHEN DE HUOZHE

- 巫雀屏
- 郑烨

人生很苦的。所谓的快乐幸福，无非是从苦水里探出头来，深吸一口气，或者更幸运的，能寻到几粒糖。但是那自由的呼吸和片刻的甜蜜，却值得一生去努力，认认真真地活着，仔仔细细过每一天。

郑烨从10岁就开始品尝生活的苦，过早地迈入了成年人沉重的世界。本来这是一个平稳的三口之家，爸爸在遂昌县税务局做公务员，妈妈是乡镇卫生院检验员，夫妻二人都有稳定的工作，还有一个聪明的孩子。可是生活里的无常还是大于平常，父亲突然脑动脉瘤破裂，前一天还好好的一个壮年男子，连声招呼都不打就躺倒在了病床上，将近一年的沉睡，再也没有起来。

10岁的郑烨没有了父亲，童年一下子就结束了，他按住心里的害怕去安慰母亲，尽量平静地上学下学。从10岁到18岁，他的成绩一直很好。在别人上各种兴趣班的时候，他静静地在家里从网上学折纸，能折出栩栩如生的昆虫和动物。不用妈妈花钱，但是还能让她心安，自己的孩子没有因为没钱而耽误学习技能。

18岁，郑烨高考成绩是丽水市理科第一，如愿考上了浙大竺可桢学院。生活刚有转机，却被告知得上了急性淋巴细胞白血病。心理上早已成年的郑烨面对这种重击却没有太大的情绪起伏，谁也不知道年纪轻轻的他这些年到底经历了什么，只看到他默默地去接受治疗，化疗那么难过，却一声不吭，反过来安慰妈妈。也许在他的世界里，苦和难，才是家常便饭。

比郑烨更难的，是他的妈妈巫雀屏。当初父母给她取了这样一个锦绣的名字，却怎么也不会想到女儿的生活只有雀屏背面的不堪。

30岁的时候，丈夫一病不起。在医院的9个月，每天的花销像流水一样绵绵不绝。能依靠的男人轰然倒塌，连带着惊人的费用。她蒙了，不知道如何是好。是懂事的儿子让她在惶恐慌乱中定住阵脚。看着小孩子强作镇定，主动来抱抱妈妈，让妈妈别害怕，巫雀屏在那一刻知道，为了这个懂事的儿子，她要好好地活。

9年的光景，债还清了，儿子养大考上了好大学。刚刚能挣扎出来透口气，结果等到的是更大的打击——儿子又得了重病。

说实话，巫雀屏应对艰难的心理素质比不上儿子。她想不明白，为什么命运就不放过她，一遍遍、一次次，死去活来地折磨她，9年前的痛苦和煎熬竟然要再来一遍。这一次，又是儿子救了她。看着孩子坚强地治病、冲她笑、帮她干活，她的心渐渐放宽，反正事情来了，横竖躲不过去，那就平心静气地应对吧。打起精神，去菜场买最新鲜的菜做给孩子吃，一顿饭一顿饭地熬过艰难的日子。

母子两个认真地活着，眼泪都流到肚子里，留给彼此艰难的微笑。也许就是这个笑脸打动了命运，在郑烨病入膏肓的时候，最及时地找到了骨髓配型，得到了重生；浙江大学体恤地为他定制了课程，静候他的到来；社会给他们娘俩捐款，让他们不用操心高昂的医疗费用。乌云边上终于看到了金光。

命运公平也不公平。让一个人反复遭遇这么大的不幸，不公平。但是在命运的重压下没有被压垮，命运就显示出了公平。而所谓的公平，是自己挣出来的。

郑烨母子两人，跟命运做了十几年的较量。他们没输。

一、采访巫雀屏

董倩：这个房子是什么时候租的？一个月租金多少？

巫雀屏：去年6月我们来这个医院看病，确诊为白血病后就开始找房子。房租一个月3650元，两室一厅，我一个月工资不到5000块。接下来打算

回家。这个星期东西整理好就搬回遂昌的家。

董倩：能走了，是不是说明孩子身体恢复得不错？

巫雀屏：还算稳定。头两个月每周都要去看门诊，昨天医生建议可以两周看一次，如果遇到特殊情况就随时过来。我感觉他蛮好的，至少精神不错。

董倩：骨髓移植前后人有什么不一样？

巫雀屏：我感觉精神状态比化疗的时候要好，但体力没之前好。现在可以拎一个满热水瓶，但会觉得累，倒水会感到手酸，稍微重一点的活还是不能干。

董倩：医生说什么时候可以恢复到正常状态？

巫雀屏：医生也不好说，每个人的体质不一样，一般需要一两年。

董倩：你怎么解决吃的问题？算上交房租，你每个月的花销应该都很紧张吧？

巫雀屏：回去之后我会一边上班一边照顾他。第一次疗程的费用基本上是找兄弟姐妹借钱，后续这么久的治疗费我是靠亲戚朋友以及社会好心人

士的帮助。

董倩：回过头想想你们家遭遇了很多困难。孩子爸爸是哪年生的病？

巫雀屏：2009年，孩子爸爸生病比较突然，那时候孩子10岁，对这些还不是很害怕。刚开始什么都没跟他说，只让他跟着姨妈去上学。

董倩：你是把这件事情弱化，还是将事情原原本本地告诉他？

巫雀屏：我没有说太多，如果他要去医院，他会把作业做完再去或者带着作业在病床旁做，他也知道爸爸一直在昏迷中。

董倩：爸爸去世的事情是谁告诉他的？

巫雀屏：我弟弟告诉他的。我不敢在他面前说，我总觉得只要孩子爸爸还有一口气，即使他每天躺在医院里，孩子都能过去叫一声爸爸。但是一旦他走了，孩子连叫爸爸的地方都没有了。我真开不了这个口。

董倩：知道这个消息后，孩子什么反应？

巫雀屏：他还在安慰我，抱抱我。那时候他才10岁，眼泪止不住地掉。

董倩：爸爸生病后对他有没有影响？

巫雀屏：我担心会对他心理产生影响，父亲对孩子的影响还是比较大的，我只能在生活上照顾他，很多需要从父亲身上学习的东西，我是没办法教给他的。

董倩：爸爸走了之后，你觉得他坚强吗？

巫雀屏：坚强，他遇到事情很淡定。也许有很多事他都不知道怎么办，但是他认为总有办法解决的。

董倩：他会安慰你吗？

巫雀屏：会的。我有时候情绪不好，可能语气会重一点、凶一点，但是孩子知道是我心情不好，所以他要不就自顾自做事，要不就故意转移话题。他知道父亲的事提起来只会越来越伤心，所以就尽量避而不谈。

董倩：他会不会主动安慰你？或者说两句话让你心里好受点？

巫雀屏：会的。他爸爸刚走那几年，我当时尽量不让自己在孩子面前流泪，但有时候就是忍不住，他就说要不给我讲点笑话。他不知道怎么哄人，会和我说些别的事，转移我的注意力。其实我知道他的心思，也会尽量让自己的心情好一点。

董倩：孩子的学习一直都很好吗？

巫雀屏：是的，从小学开始就一直很好，小学一般是班里前十，初中毕业后保送到高中。

董倩：上中学以后学业负担比小学重多了，很多学生开始请家教，上补习班，学各种各样的东西，你有过这个想法吗？

巫雀屏：没有。他学习一直很好，另外上补习班费用比较高，他觉得没有必要去，周末也能在家自习或休息下。

董倩：他是从什么时候开始折纸和玩魔方的？

巫雀屏：初一初二。他有一个要好的同学也折纸，他们会跟着网上学，折得很好，我看了都很喜欢。

董倩：一般来说，像他这个年纪的孩子，在家庭遇到变故后学习可能会受到影响，为什么你儿子成绩依然名列前茅？

巫雀屏：他上课效率比较高，学习很主动。我平常没有给他很大压力，也不会讲什么大道理，只是会跟他说，妈妈能助你完成学业就很不错了，以后的路你只能靠自己走。可能这些话让他更加自立了。

董倩：你爱人走的时候孩子上四年级，之后的9年里你们娘俩在经济上艰不艰难？你求过人吗？

巫雀屏：没有，就靠我那点工资。除非万不得已。

董倩：你对儿子最大的期望是什么？

巫雀屏：希望他做自己喜欢的事情，能顺顺利利考上自己心仪的大学，把学业完成。我觉得日子肯定是一天比一天好，孩子一天天长大，一天天懂事，我就自然而然地觉得日子会越来越好。

董倩：孩子什么时候被查出来身体有问题？

巫雀屏：去年6月初。高考前一天晚自习接他回家，回来看他嘴唇发白，我就觉得他是累的。第二天上班前顺便帮他抽血带到单位化验，没想到结果出来血色素很低。我当时有点不敢相信，甚至怀疑是仪器出了问题。我第一个想法是营养性贫血，但是按照平时的饮食，这种情况又不大可能。那么最大的可能性就是失血性贫血，但是我也没有听他说过有大小便异常，而最后的可能就是造血功能异常，我心里隐隐有这种想法，但是又不敢往那边想。他的淋巴细胞数据很高，我虽然不是很专业，但至少在这个行业干了很多年。我很怕，没敢跟任何人说，在他们面前我也不敢表现出来。

董倩：你这么多年一个人带着儿子长大，娘家有可以倾诉的人吗？

巫雀屏：我不大想去说。一方面是性格因素，另一方面我觉得我娘家人已经帮了我很多，如果我再将生活上的苦和累跟他们倾诉，会给他们带来更大压力。

董倩：很多事情需要倾诉才能减压。你靠什么来减压？

巫雀屏：我尽量会往好的方向去想。我当时真的很乱，不知道该怎么办。

董倩：3天考试下来，他的感觉怎么样？

巫雀屏：他跟平常一样，一点都不知道。高考结束当晚就出来检查了。当时还侥幸，希望检查出来不是真的，只是虚惊一场。检查第一天就做了骨穿，6月17、18日骨穿结果出来了。过了二十几天，最后还是我弟弟跟他说的，我在旁边，我当着他的面真的说不出口，我怕他受不了。

董倩：你儿子有你想象中的受不了吗？

巫雀屏：没有。他当时很惊讶，但神情很淡定，在接下去的治疗中他会询问医生病情，平时也会研究这个病。

董倩：你觉得孩子比你想象的坚强，还是没你想象的坚强？

巫雀屏：比我想象的坚强，我当时就担心他会受不了，心理上受到很大打击，接下去的治疗中会不配合或者很消极，但他都没有。

董倩：是他装出来给你看的，还是真就那么坚强？

巫雀屏：我觉得他的性格就是这样，他也不想在我面前表露出来。自从他知道自己得了这个病以后，我也不会在他面前过多提及。治疗过程中会出现一系列的药物反应和肠道反应，人没力气，也吃不了饭，有些同龄人会大哭大叫。但他从来没有在我面前抱怨过，胃口不好的时候，最多也就平淡地说句吃不下饭。

董倩：知道自己的病会不会影响他填报志愿？

巫雀屏：不会，他一直都有自己的选择。

董倩：以他丽水第一的成绩，在上海能上什么学校？

巫雀屏：上海交大、复旦都可以。我当初建议他学医，但是他最后还是遵循了自己的意愿，报了浙大竺可桢学院。

董倩：不管得没得病，儿子对你的帮助应该是越来越大的吧？

巫雀屏：得病以前，在学习方面他很让我放心，在生活方面他也能做一些力所能及的事情。平常我在单位值夜班，他小学五六年级就待在我身边，上初中之后他觉得自己可以独立了，就一个人待在家里。一开始我还是有点担心，之后发现他适应得很好，后来我值班他就都自己一个人上下学。他很体贴，这个孩子情绪表露不多，话也很少。

董倩：你和儿子快乐吗？

巫雀屏：平平淡淡的幸福吧。

董倩：孩子得了这个病之后，是不是把一切都打乱了？

巫雀屏：是的。但也是因为这个病，他比以前更坚强了，现在他说话都比以前多了，看到什么新闻就会跟我聊一聊，以前我们很少聊天的。

董倩：当时治这个病需要多少钱？

巫雀屏：医生说至少要七八十万，多就没上限了。

董倩：那时候你丈夫治病的钱还完了吗？

巫雀屏：刚刚还完，日子刚稍好过一点。孩子高考完要出去上大学，我只要在经济上负担他读书就行了，不像读高中需要每天起早贪黑，我一个人的生活会稍微轻松点。但是这个突如其来的病把节奏全打乱了。

董倩：好心人帮你凑了八十万医疗费，但是医生说需要一百万，你怎么应对？

巫雀屏：我首先想的是回去卖房子。但是这套房子一直都是他爸爸的名字，我们想把房子过户过来，婆婆不同意，这房子也指望不上了。回去后我老公的同事在单位募捐了五万多块钱。医疗费来源更多是通过众筹，也得到了政府部门的关注。

董倩：你在几乎无路可走的情况下得到了这些人的帮助，这对你来说意味着什么？

巫雀屏：希望。

董倩：妈妈一定心疼孩子，他有没有表现出超乎你想象的坚强？

巫雀屏：说实在的，每个患者的内心一定都很痛苦，但他说的不多，他一直都有信心认为自己能康复，他对自己的身体很有信心。

董倩：你觉得儿子的未来明亮吗？

巫雀屏：我必须这么想。

董倩：南方的冬天很冷，这段寒冷的日子里你都在陪儿子奔波。你感觉什么时候最艰难？

巫雀屏：应该是在移植舱里的那个月，我觉得时刻都是煎熬。每天不在他身边，很担心他。

董倩：你儿子有没有很虚弱，需要你背上楼的时候？

巫雀屏：有过。除了出舱他舅舅过来背过几趟，其余时间他都不让我背他。他本来也不重，就117斤，化疗时才九十几斤，我应该背得动。但是他尝试着自己走，于是我就带着一张小板凳，走一会儿就休息一下。他觉得自己能行。

董倩：你抱怨过吗？

巫雀屏：抱怨没有用。之前我偶尔还会想，老天对我们家太不公平了，但是现在不这么想了，我觉得我们其实很幸运。

董倩：孩子得病的这段时间你有没有心里特别难受的时候？自己一个人偷偷地哭过吗？

巫雀屏：有的。我躲到被窝里哭。

董倩：孩子见到过吗？

巫雀屏：应该看见过。他让我不要哭，他很好。

董倩：他生了病却还反过来安慰你，是不是心里更难受？

巫雀屏：一方面很难受，但另一方面我觉得他更懂事了。

董倩：你们两个互相打气？

巫雀屏：是的。

二、采访郑烨

董倩：你感觉自己的身体状态怎么样？可以自己上楼吗？

郑烨：一般上到四楼脚会有点酸，但是中间休息一下就好多了。

董倩：你能帮妈妈干一点什么活？

郑烨：妈妈不让我拖地，因为担心我会吸进去灰尘，我基本上也搬不动重东西。在家主要是休息。坐久了也会累，所以坐一坐、站一站、走一走。

董倩：着急吗？

郑烨：不怎么着急，读书名额可以保留几年，这段时间安心养病，争取尽快康复、早日上学。

董倩：爸爸生病之前这个家是什么样的？

郑烨：家里还好，爸爸会到楼下跟我打篮球、羽毛球。

董倩：你10岁的时候爸爸得了病，这件事给你带来多大影响？

郑烨：那时候我还在学校上课，有个老师过来跟我说要送我去医院，当时我不知道是什么事情，以为只是小病，没想到爸爸就一直躺在病床上再也没有醒来。有一点怕，但是不敢多想，就是希望他能醒来，在病床前面想拼命唤醒他。

董倩：你会和妈妈表达害怕吗？

郑烨：不会，因为我知道她肯定也怕，我担心我一说我们两个就都承受不住了。

董倩：那时候你才10岁，就能想这么多？

郑烨：我就是不想让她伤心。平常去上学老师都会安慰我，让我先安心学习。

董倩：这些话对你有帮助吗？

郑烨：有一点，至少能让我安下心来。

董倩：你的情绪会不会受到这件事的冲击？

郑烨：有一点，当时有一段时间情绪特别消沉。我妈会过来安慰我，让我放心，但是我能看出来她是强忍泪水和我说这些话的。

董倩：你看到妈妈这样，你会怎么做？

郑烨：我也忍着。

董倩：忍得住吗？

郑烨：在她面前必须忍住。

董倩：你自己会偷偷哭吗？

郑烨：流过几次泪。

董倩：是天生就比较坚强，还是遇到事情后慢慢成长了？

郑烨：我觉得父亲去世这件事对我影响挺大的。家里少了一个人，就冷清了很多，妈妈一个人带我也很累。

董倩：你当时还那么小，能理解爸爸去世的含义吗？

郑烨：我当时不敢相信，但是后来参加葬礼，看到爸爸躺在那里一动不动，我真的忍不住了，眼泪哗哗地掉。

董倩：爸爸走了之后，你能感受到自己身上的责任吗？

郑烨：那时候妈妈跟我说，家里就你一个男子汉了，你要支撑起这个家。

董倩：能懂这句话吗？

郑烨：必须懂，我会尽自己的力量帮妈妈做事，洗洗碗、洗洗衣服什么的。首先要把自己照顾好，不能让她多担心。

董倩：你从小到大学习都那么好，这和爸爸去世有没有关系？是不是只有你学习好了，才能不让妈妈担心？

郑烨：我觉得有一点关系。

董倩：你有没有上过补习班？

郑烨：我本身就不想上。我平常就比较贪玩，如果周末上补习班就没时间玩了，所以不想上。

董倩：这是一方面，除此之外有没有替妈妈考虑？

郑烨：去上补习班的话，家里的经济压力会有点大。

董倩：如果可以的话，你想上什么补习班呢？有没有看同学在上，你也眼馋想上的？

郑烨：有时候会有这种感觉。

董倩：你会跟妈妈提出来吗？

郑烨：妈妈经常说去学点乐器什么的。当时我在学校的音乐课上学过竖笛，觉得挺好玩的，也想学，但是想想还是算了。学乐器一学最起码几年，中途还不能断，肯定要花很多钱。后来就再也没有想过。

董倩：你为了减轻妈妈的负担，主动放弃了一些爱好，那你会不会通过一些其他途径去弥补和学习？

郑烨：我会在网上自学一些技能。折纸是从初三开始学的。我有个同班同学折纸折得特别好，我很感兴趣，他就教我，给了我一些资料学习，于是我开始学折纸。一开始因为纸比较厚，折不了很复杂的东西，后来折多了，慢慢手也变巧了，我就会去买一些比较好的纸来折，纸还是挺便宜的。

董倩：你没上补习班，也没人辅导你，你的学习成绩从小到大还都这么好？

郑烨：很多人问过我这个问题，我觉得应该是我的学习效率比较高的缘故。我平常上课听得比较认真，之后再做一下功课，这些知识点差不多就都掌握了，也不需要课外学习。

董倩：想考哪个学校，读哪个专业？

郑烨：学校老师特别看重我，想让我考清华北大，但是这对我来说还是有点压力的。分数很高，我平时的模拟考分数还和它差一大截。

董倩：你妈妈不是希望你学医吗？

郑烨：我当时对医学没什么兴趣。考虑到浙大比较近，可以经常回家看看妈妈。竺可桢学院里有很多专业，包括数学、物理学、人文。

董倩：你是什么时候觉得身体不舒服了？

郑烨：高考前的5月中旬，那时候觉得爬爬楼梯、打打球就会很累。我妈觉得可能是高考前学习太紧张导致的疲乏，会熬点汤给我补补。5月底突然严重起来，爬个三楼就很累了。

董倩：你在医院住了多久后才知道自己得了白血病？

郑烨：我的病房在血液科，我妈当时告诉我是贫血，但是病房里总归有人在说话，我多多少少听到了一些，直到后来我大舅告诉我得了白血病。当时很震惊，脑子一片空白，在网上搜了下，发现这个病很可怕。

董倩：你得了病后更多是跟妈妈交流，还是跟同伴交流？

郑烨：跟同伴。跟他们说话没什么负担，跟妈妈说，她可能说着说着就会受不了，心里会特别难过。化疗的时候很难受，但我基本上什么都不会想。

董倩：好多人难受都会叫，你叫了没有？

郑烨：一开始也叫过，但感觉没什么用，后来我就不叫了，忍忍就过去了。

董倩：你怕妈妈听到后会担心？

郑烨：怕，当时外婆也在。

董倩：你毕竟是个孩子，得了病以后为什么不撒撒娇呢？

郑烨：我一直认为自己是个男子汉，能撑起这个家，所以我对我妈撒娇有点不好意思。

董倩：你觉得什么是责任？

郑烨：就是我要先做好自己的事，再去关心别人，照顾别人，帮妈妈分担一些压力。

董倩：你是从什么时候开始意识到生活不易？

郑烨：爸爸去世之后。当时偶尔听妈妈打电话，提起过家里欠债比较多。她经常都是捂着嘴说，听到欠几万几万。我感觉家里经济压力很大，可能会没钱。我觉得10岁和18岁都是我的转折点。10岁以前天塌了都跟我没关系，10岁以后我觉得我要帮妈妈分担压力，一起撑起这个家。18岁以后我想着要自己独立生活，不能再让妈妈操心了。

董倩：但是你18岁生了一场大病，你还怎么去撑起这个家？

郑烨：我尽量让妈妈别太难过，别太担心。

董倩：不治疗的时候你一般会做什么呢？

郑烨：因为没什么力气，我一般会坐着休息。当时病情挺严重的，手机也不想看。

董倩：那时候你对生活还有信心吗？每天都是那么难受，你有没有想过怎么熬过那么多关呢？

郑烨：那时候还要化疗十几天，我想着这么长时间都熬过来了，再熬十几天应该也没什么问题。

董倩：你会跟妈妈说你很难受、很恶心这种话吗？

郑烨：偶尔也会说，我也装不了，因为真的太难受了。

董倩：你是靠什么坚持下来的？在你病重、难受的时候，有没有想过生活的目标是什么？

郑烨：我就想着过一天算一天，熬过这阵子就不难受了，中间有些时间是休息期，我就很盼望休息期的到来。

董倩：你在治疗的时候有想过以后吗？

郑烨：当时不敢想。

董倩：按理说考上名牌大学应该是一家人最开心的时候，那家里人开心吗？

郑烨：其实刚收到消息时还是比较开心的，但是后来就没那么开心了，因为需要考虑的东西特别多，怎么上学？生病了该怎么办？开心是开心的，但是一想到不能立马去上学，还是会有点难过。听他们说可能需要休学一两年。

董倩：你敢不敢问妈妈治病的钱怎么筹集？

郑烨：钱的事情我不大敢问，平常看到账单的时候，钱好多啊，压力也挺大的。

董倩：你见过单天的最大数目是多少？

郑烨：一般是几千、几万，有些药特别贵。当时觉得这个数字特别大，怕没有钱付。

董倩：你们母子俩有坐下来说过这个事吗？还是大家都避而不谈？

郑烨：我们对于这件事基本上都是回避的，就想着先安心治疗。

董倩：你从小到大经历了不少大事，你是一直有信心一关一关挺过去，还是也有失望，甚至想放弃的时候？

郑烨：我也会突然间冒出想放弃的念头。我想如果我放弃，会对不起我妈的辛苦付出,我就逼着自己坚强起来。

董倩:考上好学校,但是身体不给力,无法往前迈,你心里是不是很着急、难受和复杂?

郑烨:确实挺矛盾的,自己身体不行,没法去上学。现在有点想开了,其实先休养再上学,也没什么关系。

董倩:留得青山在,不愁没柴烧。你觉得你这18年是快乐多,还是难受多?

郑烨:快乐多。我平常在学校跟同学都非常合得来,玩得也特别开心,那些难过的事情我基本上都不怎么想,过去的也就过去了。

董倩:人一辈子总会遇到坎坷,只是你比较特殊,前18年就集中遇到了。

郑烨:这些磨难可以磨炼我,让我成长。

董倩:你可能只是间接知道社会上有好心人给你筹了这么一大笔钱,但你不知道是谁。对于他们,你是一种什么样的心情?

郑烨:我真的特别感谢他们。发起众筹后的链接在我朋友圈里刷屏了,点进去后我能看到很多鼓励我、祝我早日康复的评论。

董倩:人不仅需要物质上的帮助,也需要精神上的鼓励,在你们娘俩走投无路的情况下,突然出现那么多帮助和鼓励,你心里什么感受?

郑烨:特别感动,也特别感谢。我最大的回报就是把自己的病养好,尽我所能,鼓励其他病友,把自己经验分享给他们,让那些同样得白血病的病友们看到希望。

董倩:这18年里你遭了不少罪,也经受了不少磨难,那生活在你的眼里是明亮的,还是灰色的?

郑烨:是明亮的。我依然希望快乐能多一点,既然难过的坎都过去了,那么快乐就会被放大。

（文字整理：陈剑平、陈姣姣）

最后的

牵手

ZUIHOU DE QIANSHOU

- 冯明

- 张萍

　　背景：2016年深秋，宁波鄞州人民医院重症监护室里发生了一件真实感人的事件：一对年过九旬老夫妻于生命终点躺在病床上牵手告别，医务人员不经意拍下的那张深情牵手照片一时传遍网络，引发无数网友感慨与热议，宁波大学一位教授在收看完专访后，深受感动，根据这个真实事件改编创作成原创音乐剧《牵手》。

　　冯明早早就跟孩子们说过，到最后，能让他体面地走。孩子们孝顺，也答应下他。但他没想到，真到了生命的最后，远不是他安排好的那样。

　　最后时刻是突然而至的。

　　一阵昏迷过后，再醒来，冯明已经是躺在病床上，眼前是惊慌失措的孩子们，没人跟他商量，更没人会想起来他曾经嘱咐好的话。他们把他送进了重症监护室。冯明急切地想告诉他们，他不想去。他想伸出手去找老伴，但除了眼睛，哪也动不了，这让他的心底最深处滋生出来一股极大的恐惧：这是梦吗？还是已经死了？

　　他的脑袋能支配思考，却不再能指挥身体，这个不同步给他带来了巨大的痛苦。

　　冯明在ICU度过了5天。头脑清楚一时模糊一时。抢救是很痛苦的，切开、插管，那是远在自身病痛之上的痛。他有时感觉被各种管子维系住的身体很重，一丝一毫都动弹不得。可有时又感觉很轻，好像四肢和主干都消失了，只剩下脑袋。他也分不清是清醒还是昏迷，眼前看到的是他一辈子的一幕幕场景：他还是孩子，被母亲抱着；他上学；他上班；他娶妻；他生子；孩子成家了；他和老伴在家里每天一日三餐，互相陪伴……然后呢？怎么想不起来了？张萍呢？怎么老伴找不到了？他心里生出巨大的遗憾：也许再也见不到张萍了，这个陪伴他一生的女人，连再见都没说上一声，自己就这么走了。在老人心里，这不是分别，这叫失散。

　　冯明脑子里想的这些，躺在医院楼上骨科病房的张萍感应到了。老伴昏迷时，孩子们问过她要不要进ICU抢救，她同意的，她想尽一切努力让老伴能再坚持活下来，70年都在一起，她想象不出没了老伴的日子该怎么继续。但此时她仿佛听到老伴在不停地喊她，一声声敲着她的心。

楼下抢救室里，冯明已是奄奄一息。原本他不害怕死，活到这个岁数，总要离开的，最好能平和体面地跟老伴孩子们说声再见，转身再走。可现在他被绑在病床上，痛苦万状，求死不能。他怕的不是死，而是不让他死。他拼尽全力在纸上歪七扭八地写下几个字：拔掉，就了。

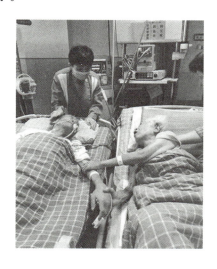

老人躺在病床上，无奈且无望。余光里，他看到一张病床推了过来，床上支起来一个身影，在跟他说话。护士帮他侧过头，那个模糊的身影逐渐清晰起来。当他认出那是老伴，泪水一下就涌出来了。他想告诉她：他很想她，他很感谢她这辈子给他生儿育女操持家务，他想嘱咐她，自己走了她一定要好好生活，他会在那边看着她等着她……怎么会有那么多话呀？怎么一辈子的时间都不够说，没说完呢？他想说，可是一个字都说不出来。他只有盯着她看，流眼泪。他想抬手拉老伴，但是做不到。

张萍也是躺在床上，她能支配的只剩下两条胳膊。她努力抬起上身，一把抓住老伴的大手。那只手心里，温度尚存。她又有多少话要对老伴讲呢？她想说：这一生好快呀，二十出头嫁过来，两个人组成一个家，后来有了孩子们，当时感觉无休无止的日子里是没完没了的家务，现在才知道那些烦恼反而是来人世走一遭的幸福。她想跟他说谢谢，她遇到一个好丈夫，丈夫年轻的时候很好看，多才多艺，又理解她，体贴她，两个人一道从年轻到年老。她还想告诉他，她也怕，他走了她真不知道自己该怎么办。老太太知道，她是来告别的，一辈子依靠的老伴就要走了。

告别，多长时间都不够。

老太太两个手抓住丈夫的手，大声、镇定地对他说："老头子，你放心走吧，我会照顾好自己的。"她知道，他最担心的、最要听的，就是这句。

冯明盯着自己的老妻，泪水模糊掉她的样子，但他还是紧紧地盯着看。对生死再坦然，在面对自己深爱的人时，还是舍不得，放不下。

鄞州人民医院做到了自己能做的，让两位老人在ICU里相见。

告别的时刻到了，可冯明不想松开手。张萍深情地看着自己的老伴，紧紧握了握他。两张病床还是慢慢分开了。两位老人，一生就此别过。

告别之后，孩子们与医生达成共识，撤掉插管，为老人注射了镇静剂。孩子们折腾了一大圈，最后尊重了老人的选择。可是如果能不折腾，在老人出现不可逆情况的时候不去抢救，让他能回到老伴身边，能在从容和温暖中告别，该有多好。儿女强加给老人的爱，让老人在生命最后还得经历仓皇。

好在，老人在跟自己妻子告别以后不久，能够平静地离开。留下老太太，苦苦地熬着日子。

悲莫悲兮生别离。死不可怕，可怕的是分别。

张萍在冯明走了以后，失魂落魄。过了一辈子的夫妻，先走了一个，剩下的这个就落了单，日子每时每刻都不好过。

老太太也处在老伴临终前的那种模糊状态。她分不清白天黑夜，也分不清清醒和梦境，她不想回到现实，她只想找到朝夕相伴的老伴。最令人动容的是她对女儿说："我给你20万块钱，你去找找你爸爸，告诉我他在哪，他过得好不好，我想去找他。"

大约半年过后，张萍去找冯明了。

宁波大学的梁卿老师，为他们写了一部音乐剧。首演前一天，老太太过世。演出那天，整个剧场空出来两个最好的座位——7排1号、2号，给老夫妻俩，上面摆了两大束怒放的玫瑰花。

老太太一定在天国找到了自己的老伴，二人再也不用分别。

一、采访老奶奶张萍

董倩：奶奶，您缓过来点没有？

老奶奶：还可以。我还有两个儿子两个女儿，一个孙子一个孙女，他们都来看我。老头子走了，但他们每天都来陪我，也不孤单。

董倩：老伴在的时候，有没有说起将来如果谁不在了，以后会怎么办？

老奶奶：老头子给我讲过，他说有生就有灭，是自然现象。孩子们都很孝顺，我们每个月都有1万多块钱。他说福禄寿三星都有了，活着的这个人也应该满足，不要有遗憾。我比他长命他知道的，我脾气比他好，我没有心脏病，内脏没有不舒服，他说我能活到100岁。

董倩：虽然有那么多儿女，但毕竟替代不了老伴。

老奶奶：这个不一样的，儿女跟丈夫是不一样的。现在我有幻觉，总听到老头子在叫我："老太婆？"我说："哎，什么事啊？"今天两点多，我好像又听他在叫老太婆。

董倩：您怎么办？

老奶奶：没办法，能有什么办法？我每天都在想老头子跟我说的话，人最终总是要灭的，现在灭好了，这个愿望现在很迫切。

董倩：女儿、儿子们肯定希望您长寿。

老奶奶：他们是这样想的。说实话，我没有什么奢求，我都95岁了。

张艺梅（女儿）：她愿意随我爸去。她一天到晚都在说，她做人已经做到头了，要跟着他去。

老奶奶：我的4个孩子都很孝顺，他们4个轮着来陪我。我小儿子在上班，他星期六晚上到这来，他很会讲笑话的，常能逗我开心。

董倩：您现在觉得这个日子过得快还是慢呢？

老奶奶：过得慢。

董倩：老伴在，日子快还是慢？

老奶奶：老伴在，日子过得快。

董倩：您见了老伴最后一面，两个人能拉拉手告别，您心里也算满足吧？

老奶奶：说满足，也不是很满足。他要走了，我还有什么满足的？

董倩：如果最后阶段能在家里边陪老伴，是不是会觉得好一些？

老奶奶：肯定会好一点。我跟医生讲了，如果没有办法了，我们就回家，我让120把老头子送回家。

董倩：奶奶晚上睡得好吧，几点睡到几点？

张艺梅：她睡得不是很好，因为她白天也睡觉。多数的时间在床上睡觉，她精神好的时候，就自己唱歌、念唐诗。躺在床上，老年人的肺部不好，唱歌可以提高肺活量，我妈还是很开心的。

二、采访老奶奶女儿张艺梅

董倩：您父亲的身体是什么时候突然出现变化的？

张艺梅：我父亲2016年10月24日走的。他10月6日住院，在医院还可以，10月19日傍晚，他心衰加快了，呼吸也很急促，医生给他戴上氧气面罩。我妈是9月12日就住院了，他们在同一个医院。我爸住在16楼普通病房，我妈住14楼，阿姨每天推着我爸坐着轮椅下楼，他要去看我妈。平时我爸住院次数多，我妈住院次数少。我爸住院期间，我妈每天都往医院跑，每天一定要去看老头子一面。

董倩：两位老人结婚多少年了？

张艺梅：1950年在一块儿，已经六十七八年了，生活习惯了。原来各自有工作，互相还不是特别照顾。退休在家之后，感情越来越深，谁也离不开谁。到最后是你中有他，他中有你。

董倩：你父亲进ICU是出现什么情况？

张艺梅：这个事情，我们兄弟姐妹几个思想斗争很激烈。老人92岁，各种脏器都已经衰竭，这是自然规律。对于是否要去ICU，我当时坚持不用去了。

董倩：老人本身什么意见？

张艺梅：老人本身也不想去。虽然病入膏肓，但脑子非常清楚。他一直提出要安乐死，他不愿意再受苦了。痰吸不出来，满头大汗，如果不进ICU，自然就走了。姐姐弟弟们听医生的话也有道理，就是再给他一次机会，看能不能治好。如果治得好，我爸肯定能延长一段生命。当时我父亲已经不太能讲话了，但神志清醒。去ICU的时候，子女在旁边，他模模糊糊地说"安乐死、安乐死"。子女很难下决心，是给他一个机会，还是让他走呢？最后进了ICU，但我们心里每一分每一秒都在煎熬。看到父亲这么痛苦，年纪这么大，再受这个苦有必要吗？再延长他的生命也就几天，有必要吗？

董倩：您看见什么了，觉得父亲一定是难受的？

张艺梅：他这么大年纪，装上呼吸机肯定难受，他的头和手脚都绑起来，一点不能动。嘴永远闭不上了，用机器把氧气打进去。吸痰的时候非常痛苦，人不断抽筋。这个场面我看到了，看见就后悔了，第二天我就提出来要拔管，不上呼吸机了。ICU的医生说，你们叫心脏内科的医生看看吧。后来心脏内科医生说，都已经装上了，还不如再给他装几天看看，看能不能挽回病情。

董倩：所谓的挽回病情，就是让他能够用呼吸机和各种仪器维持生命，再也回不到正常的状态了？

张艺梅：可能还能回到正常状态，拔掉呼吸机，还能延长生命。

董倩：这种可能性有多少，谁知道？

张艺梅：没人知道，只能根据我爸的病情自己去评估。经医生这么一说，我们又动摇了。从他的目光里感觉得到，他是非常难受的，还有对我们的不满和愤怒，他是求死的。后来第三天、第四天，我们一进去，他就用手写"拔掉"。我们当时就拔掉了，我领会到"拔掉，我就能走了"这个意思。

董倩：人在那个时候被捆起来去延长生命，有尊严吗？

张艺梅：没有，但还有一丝希望。这么高龄的老人，现在想想，确实没必要了。最后那天，我爸和我妈见面的照片上了报纸。

董倩：那是上呼吸机的第几天？

张艺梅：第5天。老人意识非常清醒。我们做好了让他走的准备，让我妈来见他最后一面。

董倩：在这令人煎熬的5天中，你父亲有没有表示过想见老伴？

张艺梅：我父亲在没进ICU之前，跟我们交代了一些身后事。他知道自己这次回不了家了，其中有一条就是要我们照顾好妈妈。想见上海的两个弟弟，想跟我妈见一面。我妈知道我爸当天拔了呼吸机就要走，她就不肯住院了，一定跟我爸一起出院。

董倩：把管子拔了以后人什么状态？

张艺梅：插管以后，声音非常模糊，要凑到他嘴边去听他在说什么。手是肿的，因为打了很多针。他意识还很清楚，但山穷水尽了。现在看来，违反自然规律的事情不能做，强行延长生命几天，太痛苦了。回家是最好的选择。老人临终，24小时有家人陪着他，他会有安全感。给他安慰，让他感到祥和，让他平平静静地走。在ICU就像幼儿园一样，把老人放进去，全部让医生管，他心里肯定很反感，甚至感到愤怒。

董倩：如果重来一遍，你会让两位老人一起回到家里，让他们温暖体面地走完？

张艺梅：对，作为子女，最好的选择就是要让老人走得安详一点，心里舒坦一点。我爸在病房不经意间说过他愿意怎么走，愿意在什么情况下走，他愿不愿意去那个ICU。

董倩：现在想想，两位老人没有正式地告个别，是吧？

张艺梅：我们提出来以后，医院也乐意帮助我们，我们很感谢。老太太、我上海两个叔叔进去了，上海的叔叔不会走路，坐着轮椅，一个90，一个85，两个弟弟是我父亲非常牵挂的人。我父亲是老大，很早参加革命，把两个弟弟丢在家里没人管，这一点他非常内疚，觉得对不起他们，所以临终很想见上他们一面。我爸看见我妈很激动，但他已经不会说话了，戴着呼吸机和氧气罩，只能点点头。他眼眶里有泪，我妈就这样拉着他的手，在ICU见了一面。

董倩：他肯定有千言万语想说，但是人没有能力说了。

张艺梅：是的。两个人朝夕相处，肯定是放心不下的。

董倩：人不能说话，身体又不能动，能动的就是眼睛和手，他怎么去表达呢？

张艺梅：是啊。呼吸机拔掉以后，人不能自主呼吸了，血压慢慢低下来，不能动了，所以他只能用眼神示意或者点点头。老太太攥着他的手，对他说："老头子你放心吧，老头子你放心吧。"她也是比较激动的。现在想起来给他们见上最后一面是很需要的，让他们告别一下。上午10点多见完面我们回到家里，我爸11点就走了。

董倩：老太太和老伴见面几分钟？

张艺梅：只有几分钟。因为ICU里面不允许我们待太长时间。

董倩：相见时难别亦难，老人家见面不容易，分开更不容易，怎么分开的？

张艺梅：见完面以后就推出来了，由不得他们。

董倩：他们知道这是最后一面了吗？

张艺梅：我妈肯定知道再也见不着了，我爸也知道这是在生命最后尽头。都知道的，就是最后一面了。

董倩：手拉上再分开，那还不撕心裂肺？

张艺梅：那怎么办呢？是要撕心裂肺的。那个时候，家人是很难受的。我在现场，我托着老太太。我爸到最后思维都很清楚，等见完面了，我跟我爸说："我们回家吧！"后来跟医生达成默契，把镇静剂给他推进去，让他睡着，就这样拉回家了。

董倩：拉回家以后他清醒了没有？

张艺梅：没有清醒。回家以后大概两个小时还不到，在睡着的状态下走了。

董倩：既然知道老人家不久后可能要离开人世了，为什么最后要折腾回家呢？

张艺梅：我妈是这个意思，我们也是这个意思。我们宁波有一种习俗，让老人在家里走比较好。回到家躺了两个小时不到，就没有呼吸了，我们知道他走了。救护车先把我爸拉到家，再去医院拉我妈回来。

董倩：老太太回到家以后，见了面没有？

张艺梅：见了，见的时候，我爸已经过去了。两个人就一起躺在这个床上。我妈一直认为老头子没走。她老是这样"哎哎"地应，觉得老头子在叫她。

董倩：自己在家里经历这些，你觉得子女应该怎么处理老人走这件事情？

张艺梅：我想，对于老人的走，一定要有思想准备，思考让他怎样走好。我曾经跟我爸说，一定让他平平安安、祥和且有安全感地走，可后来还是弄到ICU去了。

现在我觉得尊重老人的意愿是很要紧的。生命的尊严是他自己的，他想怎么样，最好满足他的要求。虽然我们中国没有安乐死，但是安乐死是一种很明智的选择。在老人痛苦的情况下，子女为了满足自己的心愿，让他受苦，延长他的生命，是很不好的。

对老人的关怀有很多方面，不是光给他吃的穿的。首先要对他的情绪、思想关怀。我爸在家里会拉小提琴，会弹琴，会做一些数字游戏。有一次他跟我说他玩了一个数字游戏，发现这里边有很多规律，我夸他厉害。这个思想交流是非常重要的。你跟他多交流，他什么事情都愿意给你分享，他对你就有一种信任，会依靠你，有事情就想到你。我总是在心里想，他没多长时间了，这个相处的时光也是一种享受。

董倩：现在就剩下一个人了，对于你们已经步入老年的子女来说，又应该怎么照顾落单的老母亲呢？

张艺梅：尽量满足她生活上的需要。4个子女都很照顾她的，每天换着花样买吃的。我已经60多岁了，也经常住院，自己家里也有事情，家里还有个外孙子。那没办法，只能以大人的事情为主。

董倩：您能理解你母亲说她愿意追随你父亲走这件事吗？

张艺梅：理解。他们已经是一个人了，谁也离不开谁了。她跟我说她愿意花一二十万，只要能去看看他。她非常想念我父亲。她有一些钱，可是再多的钱没用啊。她非常想知道他现在在哪儿，过得好不好。我爸跟我们说灵魂是有出处的，也是有去处的。如果有地方去了，最好是回家。

董倩：您感觉现在老母亲最需要什么？

张艺梅：我想她现在最需要的还是精神上的安慰吧。她还是离不开我爸的。

董倩：老，比死要可怕得多。

张艺梅：一生一世，人有两关，生死关都要过。这个关怎么过，确实是要思考的问题。老了以后一个是不受罪，否则活着没有质量，也没意思。第二个，最好在家里走。老人不要过度地治疗，一点意思也没有。我看到我爸遭受的痛苦，我的心时时刻刻都在痛。

董倩：有父亲的情况在先，老母亲有百年的这一天，会怎么处理呢？

张艺梅：不去医院，肯定在家里。

董倩：给父亲插管、拔管的过程征询母亲意见没？她后悔吗？

张艺梅：去ICU也征询了母亲。我们也跟她说了父亲在ICU遭受的痛苦，她说当时不应该坚持去治疗的。

董倩：到ICU去见老伴最后一面，是谁提议的？

张艺梅：母亲提的，坚持要去ICU见他。那时她自己不能走，坐也不能坐，只能躺。躺着见了最后一面，她知道我爸拔管以后没多长时间就要走了。

董倩：现在老太太有没有时间观念？

张艺梅：没有。不知道几点，她的时间观念是模糊的。有时候吃中午饭了，她说我早饭还没吃呢。老太太睡在床上，已经没什么时间概念了。她老是半夜里说，他又来叫我了。

三、采访鄞州人民医院ICU护士长王艳芳

董倩：老先生一直在ICU，在生命尽头老伴要来看他。在ICU里帮助他们见面，难在什么地方？

王艳芳：以前有其他人来看病人，都是走着或者推轮椅来，从来没有把一张病床推下来，让两个病人相见的事情。来回转运，要考虑到来探望的病人的病情。如果老太太生命体征不平稳，来回搬运对她身体是有影响的。家人表达意愿以后，我们跟主治医生和骨科病房医生联系，应该是没什么问题。

董倩：你们为什么要开这个绿灯呢？

王艳芳：我们医院是通过JCI（国际医疗卫生机构认证联合委员会）认证的，里面有一条就是要尊重病人临终时的心愿，给病人提供人性化关怀，让他能平静安详地离开这个世界。

董倩：从尊重老人意愿的角度说，最后他并不愿意靠外力延长生命，

但最后还是给他送到ICU，从某种程度上来说，这是不是也违背了老人的意愿呢？

王艳芳：医务人员有建议权，家人有决定权。把老爷子送到ICU进行抢救，看看有没有好转的迹象，如果可以延长老爷子的生命，又何尝不可呢？

董倩：用上ICU一些特殊护理设施，老人会痛苦吗？

王艳芳：到ICU抢救，要维持心和呼吸功能稳定，肯定要在嘴巴里插气管，上呼吸机。插管的过程是很难受的，一根管子从嘴巴里经过声门然后插到气管里边，病人会丧失说话的能力，不能表达自己的意思。我们会向家人表述疾病发展的趋势。

董倩：当时那种情景，假如您是老人的亲人，是愿意把他推进ICU抢救，还是说遵从他的意愿，让他平静地走？

王艳芳：如果是我自己，我更愿意选择让他平静安详地离开。进不进ICU，得看病人是什么疾病，多大年龄，适合不适合在ICU抢救。假如四五十岁，经受这一段痛苦后，能够恢复健康，还能再活二三十年，那就应该抢救。这就是一个选择的问题。

董倩：其实大家都清楚，90多岁的老者，离去是不可逆的。既然都清楚，为什么还要把老人送进ICU受罪呢？

王艳芳：这可能是家人犹豫的结果，家人也想搏一搏，看看能不能通过几天抢救延长老爷爷的生命，让他继续陪老伴几年。这是子女内心选择的过程。有的子女觉得连ICU都没让老人去，都没有给老人最后一丝希望，就直接让他回家，自己是不是不孝顺啊？自己是不是没做到子女应该做的事情呢？

董倩：90多岁的老人，生命已经走到尽头。明知道无用，但还要去做，您怎么看这种选择？

王艳芳：我曾经看过一本书，在这本书里，作者写道：我们没有权利去评价家人这样选择是错的。这个老爷子活着，对老奶奶和他的子女就有影响。

不管放弃治疗还是继续治疗，我都很尊重家人的选择。因为每个人生命的意义都存在自己最心爱的人身上。

董倩：我们换一个角度，假如你是那位老先生的子女，会怎么做？

王艳芳：跟他子女选择一样，会去做一下尝试，然后再让他离开。

董倩：明知道这个尝试很痛苦，仍然去尝试一下？

王艳芳：是很难。所以他家人也犹豫了好久。我们医生花了很多时间跟家人沟通，希望家人给个意见，到底来不来ICU。家人说他们还没有做好让爸爸离开的准备，还需要准备几天，得有个心理接受的时间。这就是我们在ICU常看到的场面。不马上给老人插管，三五分钟就走了，那时候子女都没有心理准备。去ICU抢救两三天，做好心理准备后，也能接受了，然后再选择。

董倩：但是这位老先生是极其清醒的，他非常知道自己在经受着什么。也就是说，家人心理上求得安稳了，但是老人要难受这几天。

王艳芳：这个难受怎么讲呢？我们ICU也是有一些措施的，现在有好多特别好的镇静镇痛药物，能够减轻病人痛苦。

董倩：这位老先生最后写的那几个字"拔掉，就了"，对你们来说也很矛盾。

王艳芳：是。对不可逆疾病的病人，我们的护理目标要从恢复健康，转变到减轻痛苦。

董倩：这位老先生在ICU最后那5天，是减轻他的痛苦了，还是加重他的痛苦？

王艳芳：增加他的痛苦。对双方都是两难选择。

董倩：当时您在现场，看到了什么？

王艳芳：我们把两张床的床栏放下来，把两个老人并在了一起。老太太侧过身，用手握住老爷爷的手，当时老爷爷眼眶就湿润了，老奶奶说的几句话很感动。她说，"老头子，你好好走吧，我会照顾我自己的，你不用担心。"当时我看到这一幕，就觉得我们这么做值了。一个人在生命临终的时候，能跟自己相濡以沫60多年的人说一声再见，道一声别，真的很值得。我希望在我的人生终点，也能和自己相爱的人道一声别。直接离开，这个人是有点遗憾的。

董倩：如果人们对于死亡能有及早的认识和准备，会有什么不同？

王艳芳：会更坦然。自己和家人能够坦然地接受死亡。死就像生一样那么自然。

董倩：您在这工作了那么久，人们在生死关头，求生的多还是求死的多？

王艳芳：那肯定是想继续留下来求生的多。我碰见过一个独居老人，有个晚上突然心脏病发作了，正好有一个老伙伴过来看他，给子女打电话把他送到医院里。抢救过来以后，他就给我讲："其实昨天晚上我要走的话，没有遗憾，也不痛苦，挺好的。现在孩子的生活都那么好，房子车子工作什么都挺好的。"我说他想得挺开的，挺好的。其实死亡可能也没有我们想象得那么可怕，可能一下子就走了。但是对死亡恐惧的人还是占大多数，70%—80%的人是恐惧的，20%—30%的人是坦然的，所以我觉得这就是我们护士需要进一步做的工作，必须告诉人们死亡是什么，让他们理解死亡没那么可怕，这是一个很自然的过程。

后续

2017年10月27日，由宁波大学创作的音乐剧《牵手》如期上演，制作人梁卿曾向老奶奶发出邀请，请她来看一场有关自己的爱情故事，可是老奶奶在首演前离世了。剧组把剧场最好的两个座位——7排1号和2号留下，在上面放上了两捧玫瑰花。相信那夜，爷爷奶奶都来了，一起重温了美好的时光。

2018年12月，音乐剧《牵手》在北京展开演出。中国科学院院士韩启德带领北京大学医学人文研究院50多名科研人员一起看了演出。结束后，韩启德院士说："在生命最后阶段，每位病人都有独特感人的故事，医生看病时一定要想到每个病人的这些故事和情感，这是医学人文的最根本。通过了解病人的故事来理解病人的情况，这才是好医生。"

（文字整理：梁卿、陈剑平）

母爱

MU'AI

• 朱晓娟

一个女人的母爱有多少？会不会用光？正常生活里，没人会去想这些。母爱仿佛是乳汁一样自然流淌出来的，是细水长流的陪伴。

朱晓娟年轻的时候，只想好好地把儿子养大，让他像自己和丈夫一样，有个殷实的家庭、读好大学、找体面工作、结婚生子，就这样延续下去。

但她怎么也不会想到，这一辈子竟会被母亲这个角色紧紧地束缚住。丢孩子，找孩子；大孩子，二孩子；真孩子，假孩子……操劳了20多年，本来一个美满的家被打散了，自己亲生儿子的一生被毁了，自己却含辛茹苦地养大一个没有血缘关系的孩子。

这个荒诞经历的起源，是那个农妇。她自己生下的两个男孩相继夭折，听人说要抱来一个"挡挡厄运"才能继续生出健康的孩子，于是她想到去城里做保姆偷孩子。就这样，当上保姆的她把朱晓娟的儿子抱回了农村，给自己"挡厄运"。这个愚昧村妇极其不负责任地把自己的厄运转嫁给了朱晓娟一家。在选择面前，她做了一件恶毒的事情：轻而易举地用一个家庭的幸福和一个孩子的人生，"挡住"了自己多年的苦难。她果真很快就怀孕了，朱晓娟的儿子如同中药药渣，对她不再有任何作用，留下只是负担。于是她把男孩弃之不顾，随意丢给了老人。多年之后，朱晓娟很难理解，那个农妇这样想要孩子，却怎么会像处理垃圾一样对待孩子。

与此同时，朱晓娟一家在一次次绝望中寻找着儿子。直到4年之后，顺着一条线索找到河南，看到了一个有几分相似的被拐小孩，河南省高级人民法院做了DNA比对之后，告诉他们夫妻，这就是他们丢失的孩子，DNA85%比对上了。失而复得才知珍贵，从此，朱晓娟想用加倍的母爱弥补给丢失的儿子，甚至把小儿子送到奶奶家，专心致志给大孩子还母爱的债。她要把失去的4年补回来，给大儿子一个好教育，让她有一个好前程。

大儿子失踪期间，朱晓娟夫妻俩生下了新孩子。朱晓娟丈夫从部队转业后，在一连串困厄面前，想通过挣钱证明自己，但心急火燎和孤注一掷的结果是血本无归。眼见着丈夫走火入魔不肯回头，朱晓娟的这个家也保不住了。离婚后的朱晓娟，更是把所有精力都用在了孩子身上。

接下去的20年时间，生活琐碎而平静，直到一名记者一通电话，把朱晓娟的天捅破了一个巨大窟窿。记者告诉她的就是一句话，她被保姆偷走的儿子找到了，那个保姆良心发现，要把孩子送回亲生父母身边。曾经丢掉的那块拼图，找到了。可是她不是已经找到拼图，并且已经拼起生活的版图了吗？那她找到的是谁？如果记者说的是真的，就是说自己养大的孩子根本就不是自己生下的？

重庆市警方不知道朱晓娟在他们之前找回了一个孩子，只想着帮她和孩子团圆。他们不明就里，很不理解朱晓娟为何迟迟不愿跟着他们去做DNA比对。谁愿意去呢？如果比对成功，那朱晓娟过去的20年不就是一个笑话？那为什么当年河南省高级人民法院要做出一个错误的DNA比对结果呢？法院做的科学检测，怎么能出这样的大错？

朱晓娟彻夜难眠。如果说那是法院的一个错，那么这个错造成的结果，是让几个人的人生变得无法收场。怎么能犯下这样的错呢？在这样重大的问题上，不允许犯错，更犯不起错。况且，如果从结果来评估，这犯下的哪里是错，简直就是罪，甚至比那个保姆还甚。

直觉告诉朱晓娟，警方找到的应该是她的亲生骨肉。DNA鉴定结果确是如此。上一次见到他，他还只有1岁多一点，如今已是30多岁的成年男人。看着被警方领到面前的真儿子，瘦小、猥琐、脏乱，却张口喊了一声"妈"，朱晓娟的世界塌了。

20多年，做了一场梦。梦里才是真的生活，而醒来的一切无法面对，更无法处置。假的做真了，那个不知到底是谁家孩子的儿子资质本在平均线下，被她培养成一个基本合格的人；真骨肉却被一连串命运的错误毁掉了，被保姆偷来又弃掉，没受过完整教育，沉迷于网吧，身体、精神都被荒废了。朱晓娟本能地想爱他，但是她没力气了，感觉再也没有足够的情感去爱了。

最大胆的编剧也不见得敢写出这样离奇的剧情。朱晓娟的经历让人感慨。但这不是命运，是人的愚昧和不负责，造成了这样动荡的人生。

朱晓娟：1992年孩子1岁，我在企业医院里面上班。27岁生的这个小孩，生完3个月我就去上班了。生下来就请保姆看护，一直是保姆带孩子。我母亲也在上班，休息就帮我看一下。

董倩：怎么找到的这个保姆？

朱晓娟：1992年6月3日，我前夫下午4点多钟到劳务市场请了一个保姆。她说她只有十八九岁，但看上去比实际年龄大。我想着可能从农村里面出来务工，面貌显得年龄有些大，也没在意。

董倩：带孩子的时候家长都不在，就她一个人，你们会不会多加一些戒心？

朱晓娟：没想过那个保姆要偷小孩，只是防备她可能在家里面虐待小孩和偷东西这两方面的事。

董倩：你们防备她欺负孩子，可是没防备她把孩子偷走。你们想到过这一层吗？

朱晓娟：当时确实没有往那方面想。

（20世纪90年代，劳务市场缺乏管理，朱晓娟夫妇从劳务市场请来保姆后唯一的防范措施是查看她的身份证，把身份证信息记录下来。身份证上，新请来的保姆名叫罗选菊，家住四川忠县，刚满18岁。）

董倩：这个保姆进家的时候，身份证上的照片和她本人比照过吗？是不是一个人？

朱晓娟：看了。1992年是第一代身份证，手写的一张纸，农村出来的身份证都不正规，照片很模糊。她照片上半截是黑的，看得到一个人的轮廓，但是仔细比对不是很容易。她就住在家里，家里如果有其他人带孩子，她就做点简单家务。

6月9日我前夫陪领导到下面区县检查工作，10日早上7点，我交代了几句就上班。中午12点左右，我母亲知道我们两个都不在就到家里看看，结果发现房门开着，人不在了。邻居说早上看到保姆把小孩抱出去，说去买菜，但再没看到回来。她走的时候带了自己两三件衣服，小孩东西一样都没带。我妈还在想是不是带小孩出去玩，但后来分析带小孩出去玩也不可能只带自己衣服。我在医院上班，听到都蒙了，马上报警，到所有地方，包括车站、码头去找。

董倩：当时你猜测她有可能去哪儿？

朱晓娟：她是农村的，有可能坐汽车或火车走了。我通知了孩子爸爸，他一接电话暴跳如雷。在他们家他是哥哥，有一个妹妹，只有那么一个孙子。他们单位马上派车把他送回来了。

董倩：你们能做的有什么，除了报警之外？

朱晓娟：只能自己找，求助单位去找。当时我想有可能在重庆附近农村，有可能被卖到福建、广东甚至贵州。

董倩：找孩子很需要时间，班还能上吗？

朱晓娟：那个年代，我们双方单位比较好，大概有半年时间我们没怎么上班。在重庆电视台打广告，在重庆各大报纸上打广告，还在重庆周边区县做排查，委托当地武装部帮我们找。

董倩：你们抄下来保姆身份证上面的联系方式了，有没有去她家找？

朱晓娟：身份证上写的四川忠县，就跑到她家里面去找她。她家里很穷很穷，就是一间茅草屋，做饭和睡觉都在里面。问他爸爸，他女儿现在到哪儿去了？他拿了封信出来，山东寄来的，信上写要他拿600块钱把女儿赎回来。他说他60块钱也拿不出来，死活都管不了她，半年前出去打工，一直没消息，不知道怎么回事。我们随后跑到山东去找那个人，找到一看，我前夫傻眼了，不是那个保姆。

董倩：到你们家来做保姆的那个人用的是假身份证，所有的信息都是假的。一切信息都断了，你们接下来是怎么找的？

朱晓娟：当时这件事在重庆市还是比较轰动的，一个部队军人的小孩走丢了，我们依靠这种特殊身份，打了很多广告。有人给我们提供大量的信息，我们只要觉得有价值的，都会去找。

董倩：孩子没有被人抱走之前你们家生活条件怎么样？

朱晓娟：我前夫是部队政治部的干事，我是医院护士，我爸爸是医生，妈妈是重庆本地人，我还有一个妹妹。家庭条件应该说算是比较好的，我从小得到父母宠爱，算是衣食无忧。我后来读了重庆医科大学护理专业，在我那个年代，护士一般考的是中专的专业，而我是第一批考大学护士专业的人。结婚以后我和前夫感情挺好，27岁生下小孩后更好了。小孩生下来身体很健康，7斤多，所有人都羡慕，说我儿子好乖，眼睛大，皮肤又白。我一直以为我是个很幸福的女人，衣食无忧，工作稳定，家里面没什么负担，一切都很好。

董倩：但是孩子一出事，你们两个就要去找，出去的路费、吃、住，钱够花吗？

朱晓娟：我们两个多多少少还是存了一点钱。但找小孩，一年积蓄就没了。我们走了太多的地方，买了很多飞机票、火车票、汽车票，出去住宿吃饭，后面单位组建专案组，也不能白让别人去找。我们找孩子的3年半时间一共花了20多万，1992年这笔钱可以买套房子了。大家都说找到的可能性太小，让我别抱希望。但别人提供的线索又给了我希望，便一直没放弃。

董倩：为什么当时决定再要一个小孩？

朱晓娟：其实要第二个小孩属于意外。本来我是想不要的，小孩丢了还处在阴影里面。我前夫说既然有了，就生下来。

董倩：如果生下第二个小孩，是不是意味着承认前一个小孩从家里消失了？

朱晓娟：没那么想。我前夫找小孩很执着，他的意志一般人比不上。怀孕那段时间都是他出去找。生了第二个小孩，外婆退休了，她帮我带孩子，双方老人都说不能请保姆了，再好都不请。

董倩：后来怎么到的河南呢？

朱晓娟：我妈妈看《华西都市报》，登了十几个小孩的照片，都是从四川拐卖到河南去的。她同事看其中一个小孩有点像我们的娃娃，我妈妈也说有点像，但是拿不准，把报纸拿回来给我们看。报纸登的照片很模糊，黑白的，轮廓有点像，大脸盘，大眼睛，差不多都是三五岁。我们觉得有点像，就给河南安阳那边的公安局打了一个电话，他们说觉得像的话可以来看一下。我们两个请假跑到河南安阳，结果看了都不像，就排除了。

公安局守门的一个老大爷对我们说："昨天从贵州来了一个女的，也是来找小孩，听说兰考县有十几个小孩全是从你们四川买来的，你们可以再去打听一下。"第二天是星期天，没人，问不到，我们就坐火车回重庆，星期一通过电话查询找到了公安局的人，说有那么回事，让我们寄照片过去。我们给他寄去孩子1岁时候的照片，看过后他打来电话，说："有个小孩有点像，但唯一不像的是耳朵，你们小孩耳朵大，这个小孩不是。看你们自己，觉得有必要来兰考看一下。"我们在家里商量了两三天，最后还是决定去。

董倩：商量那么久？

朱晓娟：我们走了全国各地，找小孩筋疲力尽了，每一次人家给我们提供线索，过去都是落空。真的很无奈，不光是经济上，精神上负担更重。但肯定还要去，因为我不想放过任何一次希望。

董倩：新小孩会不会影响到找孩子的动力？

朱晓娟：没有影响。我前夫找小孩比我还执着，他不怕花钱，哪怕借钱也要去。我们11月份去开封，那个孩子当时生病了，在开封市儿童医院。见到孩子，我有点失望，本能觉得不是，印象中我的小孩丢失之前的五官形象，和那个小孩差异有点大。我前夫觉得好像有点像，我们两个意见不是很统一。

董倩：这种感觉以前有过吗？

朱晓娟：没有，第一次。我们看过那么多小孩，他从来没说哪个小孩像，但那个小孩，我前夫觉得他的眼睛百分之七八十都像，眼睛和嘴巴对得上，耳朵对不上。周围人都说我的小孩1岁3个月丢了，现在已经快5岁了，3年半时间小孩的样貌可能会有点变化，如耳朵变小了。听到他们那么讲，当时就查了一个血型。我儿子是A型血，他爸爸是O型血，血型对上了。但全国A型和O型的太多了，根本不能说明问题。

董倩：当时有做DNA比对吗？

朱晓娟：有。去河南省高级人民法院把血一抽就回家等结果。20天过后他们还没有通知，我前夫都有点着急了。

董倩：等待的过程心里什么感觉？

朱晓娟：很纠结很焦虑。纠结到底是还是不是。我前夫给河南省高级人民法院打电话，那边说突然停电，所以只做了85%，最后一部分结果没出来。我前夫让那边把85%的结果告诉我，那边的人说要等100%结果出来了才能出报告，我们能理解。又等了20天，他们打过电话来说结果出来了，他们现在做了85%，基本能断定那个小孩就是我们的。因为85%都比对上了，但是不能给我们下结论。我们心里面感觉肯定是找到了。

董倩：最后的结果是什么时候出来的？

朱晓娟：1995年12月，又做了第二次。那边的人打电话通知，结果出来，现在已经可以肯定100%是我们的小孩。我前夫接的电话，很激动。我们的儿子找到了。

董倩：心里的疑问打消了没有？儿子是大耳朵，但是这个小孩是小耳朵。

朱晓娟：说实话，亲子鉴定结果出来了，我的疑问就打消了，因为我也相信小孩随着年龄的增长，耳朵会有变化。

董倩：接孩子回来的路上孩子什么样？

朱晓娟：接回来的路上，他生怕我们不见了，我走到哪儿他就跟到哪儿，特别亲。

董倩：这个小孩口音变了吗？

朱晓娟：口音变了，河南口音加点普通话。

董倩：回来之后，生活怎么往下继续？

朱晓娟：回来正好过春节。奶奶跟我们讲，现在我们有两个小孩了，小儿子就放到她那边。

董倩：那为什么不能把两个孩子都放在身边，非要送走一个呢？

朱晓娟：找回来的儿子马上快5岁了，把小儿子送到奶奶那里，奶奶和姑姑两个人一边上班一边带他。大儿子我们接回重庆，早晨送幼儿园，晚上接回来，都用不着请保姆了。

董倩：把这个孩子带回家以后，您会观察他吧？

朱晓娟：亲子鉴定认定是，我肯定认为他就是了，从来没想过哪一点不对头。他有些调皮，读书坐不住，我就想估计是在外头受了刺激，3岁以前的事有影响，没有得到很好的教育，所以一直用很宽容的心态对他。我希望他有个一技之长，跟其他小孩一样上大学，考硕士、博士，能够有更高的学历，起码不能低于我们。

董倩：您在这个孩子身上花的精力有多少？

朱晓娟：小儿子都不管了，把全部精力放在他身上。小儿子初中快毕业才回来的。因为我觉得大儿子受了苦，应该把所有心血都付给他，弥补他过去的损失。小时候让他读很好的学校，但他确实读不得书。当时我很奇怪，我和他爸爸两个人都能够正常读书，他怎么读不得？老师来告状，孩子上课不听讲做小动作，注意力不集中，不爱学习。我就想他不爱学习没有关系，他喜欢唱歌，就去报一个唱歌的班，又给他报少儿合唱团。唱了之后说想学画画，我给他买笔，画水彩画，又给他报画画的班。他看同学学跆拳道，自己也想学，我给他报跆拳道的班。这些他都没有坚持学下去。我觉得他最重要的是要有一点特长，坚持学出来，对今后也有帮助。

董倩：后来他学习怎么样？考上大学没有？

朱晓娟：没考上大学，就读了一个专科，我有点失望。初中之后，他慢慢懂事了，跟我讲，他要去挣钱，我支持他的想法。我一个朋友开厂，他去那工作挣了几天钱就不做了，一个月不到。回来跟我说，还是要听我的话，他说那些工人都是农村的，挣不到钱又辛苦，还是想好好读书。实际上我晓得他做不长，我想通过那种方法刺激他。初中、高中过后就很听话了。他跟我讲他很后悔，现在过了读书年龄，只读到这么一个文凭。我说没关系的，人只要能认识到自己有哪些缺点和错误就能改，今后在工作中，并不是学历越高越有出息。现在他工作还行，能够自食其力。

董倩：二儿子怎么样？

朱晓娟：今年还没满25岁，已经大学毕业工作了。大学专业学的是工程造价。

董倩：在二儿子身上你花的工夫，不如在大儿子身上花得多吧？

朱晓娟：精力上，在大儿子身上花得要多一些。

董倩：您自己有没有想过这俩儿子怎么这么不一样，大儿子怎么学都不行，二儿子没怎么管过他，就能轻轻松松考上大学，这是怎么回事？

朱晓娟：我觉得大儿子1岁就丢了，快5岁才找回来，那段经历对他终生有影响，所以之后我对他要求不是很高，能读到哪儿就读到哪儿，只要学历是正规的就行了。我对二儿子的学习没怎么操过心。

董倩：他爸爸什么时候离开的？

朱晓娟：孩子读高中的时候。跟孩子的事情有关系，丢孩子这件事在很大程度上对他有很长时间的影响。他想快速挣钱，要把我们家的房子抵押去炒期货股票。我就跟他讲，如果他再做，我和他真的要离婚了。我再不跟他离婚，我可能要去睡大街了。一开始他不愿意离婚，后头他可能想通了。我们两个为小孩的事情吵了不少架，家里面也发生了不少矛盾。

董倩：如果孩子不出这事，你们这个家也是安安稳稳的。

朱晓娟：应该是安安稳稳的，也很幸福，算是一个中产阶层家庭。

董倩：这个事情什么时候突变的？

朱晓娟：大概在今年（2018年）1月份。有天晚上10点多钟，一个记者跑到我妈妈家，他问我们家二十几年前是不是丢了一个小孩，我母亲说二十几年前就找回来了，小孩都工作了。他说找到我的小孩了。我妈搞不懂，就打我的电话，记者说他们了解到有个保姆现在说她二十几年前在主人家里偷了一个小孩，现在想把那个小孩还回来，她想赎罪，为这个小孩找亲生父母。当时记者加了我的微信并给我发了照片，他说这是小孩去年的照片，很像我的小儿子。当时我有点蒙，就跟小儿子讲，这个娃的照片好像他。他说是，眼神特别像，脸型也像。

董倩：可不可以把所有的信息都屏蔽掉，不听也不看？因为现在的生活平静稳定，多一些这样的信息过来明显就要影响到现在的生活了。

朱晓娟：其实我也想那么做。因为我的确想跟你说的那样，生活也平静了，我不想让那种事情干扰我的生活。

董倩：但是为什么又跟着往前走了呢？

朱晓娟：不是我想往前走，是他们逼我向前。那个保姆一心想找到我们，就通过那个记者找到重庆市公安局，今年1月开始查。渝中区刑侦支队说必须把这个事情查清楚，到底是怎么回事，可能他们当时觉得，是不是我们自己的小孩丢了又去拐了别人的小孩，我想逃都逃不掉。星期五晚上打电话给我，要我们配合做亲子鉴定。我说我大儿二十几年前已经找到，现在都长大了。警察说不行，必须配合调查，这个事情上面追查起来，必须把这个案子破了。于是我和孩子爸爸都去抽血了。说实话，我内心不期待结果，心情太复杂了。

董倩：亲子鉴定结果出来之前，你是怎么打算的呢？

朱晓娟：也没什么打算。实际上我也想证实到底是不是。

董倩：如果证实了的话，那就说明自己当年找错孩子了。

朱晓娟：就是啊。但是错了我要追究责任，为什么法院要给我出个错误的鉴定啊？所以我想把这个事情搞清楚。

董倩：已经过去20多年了，没法去追究谁做错了，到底是错在哪儿，生活已经是这样了。

朱晓娟：但是不可能把这个事情弄成永久的谜！这个儿子既然他们证实是我的，也排除了那个小孩不是我的，那我总得搞清楚到底是怎么回事。

董倩：但是您敢吗？这个谜底一旦揭开的话。

朱晓娟：我从1月份晓得那个事情之后，一直到前段时间，一直都很痛苦，特别是看到我亲生儿子的那种状况。

董倩：等待DNA比对结果这段时间是怎么过的？

朱晓娟：很纠结。想知道结果，又怕结果给我带来伤害。

董倩：结果一出来肯定会对您的生活带来伤害。

朱晓娟：对。但我也没办法，他们给我的结果我只能接受，因为那个结果是他们逼着我必须去弄清楚的。1月底，我打电话问的。

董倩：既然想躲，为什么还主动打这个电话？

朱晓娟：你今天躲掉了，这个结果你迟早会知道，躲不掉的。一周左右我就打电话，问他们怎么还不出鉴定报告？他们跟我说没有鉴定报告，但是那个时候他们已经知道了。

董倩：DNA比对结果出来了，这个孩子就是亲生儿子。怎么面对？

朱晓娟：没有办法，儿子我肯定认，毕竟他是我的亲生儿子。但是接下来我会想，既然他们给我送来了亲生儿子，那原来那个儿子又是谁？他的父母又是哪个？当年DNA鉴定又是怎么做出来的？这一系列的问题我必须搞清楚，因为现在问题已经推到我面前了。

2月初，他们通知我说公安局明天要把那个小孩送到重庆跟我见面。说不出来的感觉，又想见面又害怕，因为当时我还不了解孩子的现状，我认为他最差不过是农民，没有文化，没想到其他。头天晚上有点失眠。

第二天上午，公安局的人陪他来的，在重庆市刑侦队见的面，因为案子也是他们当时查的。之前我和小孩已经沟通过。1月底我已经肯定是怎么回事，心里有底了。我通过那个记者要了孩子的电话，我想了解他的生活方式和生活的环境是怎样的，那么多年是怎么过来的。在电话里面我问记者："你们两个在一起？那你跟我讲一下他现在抽不抽烟？"他说抽，两天抽一包。隔了两天，那个记者又跟我讲："小孩才初中毕业，到时候见你要做好思想准备。"

董倩：为什么他说这个？

朱晓娟：见面之前我问记者孩子抽不抽烟、喝不喝酒，我还问他一句感觉那个小孩怎么样，有没有别的恶习？他说还好，其他的不好说。他没多说，我也没多问。那个娃我不知道是身体问题，还是其他问题，肯定是哪方面出了点问题，不是很正常。

董倩：您见到这个孩子第一感觉亲吗？

朱晓娟：说不出来，真的说不出来。假如我自己没找到前面那个小孩，我见他的第一感觉可能很亲。那么多年了，我所有的精力全部的爱都给那个小孩了。我觉得我再见到他，心情太复杂了，我真说不出来当时的感觉。

董倩：您觉得是陌生人吗？

朱晓娟：也不是，很复杂的心情。他个子不高，我心里有一点不舒服，一个男孩那么矮小。

董倩：那您从河南抱回来的孩子最后养到多高？

朱晓娟：1米81左右。小儿子1米73。虽然我和他爸爸个子不高，但是我们家里面其他人的个子比较高。这个孩子圆脸蛋，身体很瘦，全是白头发。我觉得很奇怪，27岁怎么可能全是白头发？我想不出他到底是在什么样的环境里长大的，即使是农村小孩，也不可能全是白头发。

董倩：那个保姆人在哪儿？她出没出现？

朱晓娟：保姆没来。公安干警怕我不晓得我亲生儿子的现状，怕我见那个小孩之后不接他回家。

董倩：会这么做吗？

朱晓娟：我肯定不可能那么做，毕竟是我亲儿子，不可能不把他带回家。我也想了解他到底是怎么回事。

董倩：接下来怎么办呢？

朱晓娟：说实话，我心里面不知道拿他怎么办，但我还是把他领回家了。

董倩：那儿子看到您什么反应？

朱晓娟：我看他没有反应。但他毕竟知道我是他的亲生母亲，他也知道我的情况。我从他的眼神中能看出来。

董倩：就那么一刹那您能看到这么多的内容？

朱晓娟：当时我没有那么想，这是后来我了解了一些情况之后想的。

董倩：母亲和孩子分别了20多年，母子之间的那种联系，还能找到吗？

朱晓娟：当时找不到，也确实找不到。毕竟，你想一下，1岁丢了，再没见过了，25年后突然在你身边出现，说是你的儿子。给我感觉就是一个陌生男人，我不知道怎么办。

董倩：他回家什么反应？

朱晓娟：他好像很乖。我们两个打电话，我还没开口，他第一句话就喊我妈妈，而且还没见面，我感觉他急于找到我。酸甜苦辣真是说不出来。

董倩：听到这个人管你叫妈妈了，亲不亲？

朱晓娟：我说不出来，真的太远了，二十几年了。我把我所有的爱都给那个找回来的儿子了。那个儿子这么多年都是我在管他、教育他、培养他，应该说我们两个的关系更近一些。

董倩：这事不就拧巴了吗？跟自己亲生儿子不亲，跟一个真正陌生的孩子反而是亲的。

朱晓娟：就是啊。

董倩：当天晚上把这孩子领回家，住哪儿？

朱晓娟：书房。那天晚上我问了他很多问题。他头发很长，衣服穿得脏兮兮的，样子很落魄。我心疼啊，亲儿子现在变成这个样子，无法用语言来形容，我心理负担很重。我想了解他的过去，但是他头几天不跟我讲他的事，躲着不说。我说那个保姆好不好，他说还好，毕竟养了他二十几年，也叫那个保姆那么多年的妈妈。他也是去年才知道这个事情，所以不管好与坏，他无话可说。

董倩：听他说这些话，您心里更难受。以前他是孩子，一切都有修复的可能，可他现在都成大人了，您能做什么？

朱晓娟：我只能侧面教育他，帮助他，让他自己养活自己，不能靠别人养活或者依靠谁。

董倩：对一个成年人来说，这些话管用吗？

朱晓娟：不是很管用。

董倩：他现在跟您住一块吗？

朱晓娟：没跟我住一块，春节住了几天。来的时候内裤、袜子也没带，都没换洗的。

董倩：他拿这当家吗？

朱晓娟：说不出来，我把小儿子的新内裤给他。春节待了一个星期。

董倩：这个小孩回来的时候叫什么？

朱晓娟：刘金心。是那个保姆死去儿子的名字。

董倩：当时被拐走的时候叫什么名字？

朱晓娟：程若麟。

董倩：您抱回来的儿子叫什么？

朱晓娟：程俊齐。

董倩：为什么不叫若麟呢？

朱晓娟：家人觉得"麟"字不好，该改名字了。

董倩：您现在怎么叫亲儿子？

朱晓娟：还是叫金心。

董倩：所以您只能承认现状，他叫什么就是什么了？

朱晓娟：实际上我们家里也想过把名字改了，改姓程，但是现在不合适。改名字也好，不改名字也好，反正现状都是那样子了。觉得没意义，就不改了。

董倩：您怎么跟抱来的那个儿子交代这一切？

朱晓娟：当时不敢讲真相，憋了一个多月后才告诉他。

董倩：他不知道你们不是他的亲爸爸妈妈？

朱晓娟：对，做梦都没想到。

董倩：怎么开口说的？

朱晓娟：我没有说，其他朋友说的。

董倩：人家怎么开的口？

朱晓娟：我也不晓得当时是怎么讲的，家里人告诉的。

董倩：这个事不是由您亲口告诉他，对他伤害不是更大吗？

朱晓娟：我觉得还好一些。他很聪明，回老家过年，他其实已经知道了，但他不开口提这件事。

董倩：小儿子知道吗？

朱晓娟：所有人都知道，但是没有把事情挑明。

董倩：这个抱来的儿子，他最关心的是什么？

朱晓娟：我说我养你二十几年了，没让你吃一点苦，你是我们家的孩子，你放心好了。他说妈妈你放心，我也大了，我会正确对待这个事情的，你放心吧。

董倩：刘金心回来以后关心的是什么事？

朱晓娟：我问他，他也不跟我交流，我也不知道他最关心什么。

董倩：从1月份回到您身边到现在半年时间，您对他了解多少？

朱晓娟：慢慢时间长了，我才了解，他在农村里面，基本上没人管。那个保姆把他送到前夫家，她前夫到外面打工，爷爷一个人带一个小孩，年龄大了，没人教。农村那个家庭条件很差，在外面惹了事，邻居小孩还要欺负他。他上小学就在网吧上网，7天7夜，让学校开除了。他后来转了学校又逃学，不上学又转学，反反复复的。初中都没毕业，就读了几天。

董倩：保姆既然抱走自己养，为什么这事不管？

朱晓娟：她把小孩抱去不是为了养，是为了"正命"。她前面两个儿子都死了，邻居告诉她，必须到外头抱一个小孩来"正命"，然后才能有自己的小孩，她小孩1991年死了，1992年6月她就到我们家里来。

董倩：他管那个人叫妈吗？

朱晓娟：叫妈。如果亲妈要追究养母的责任，就断绝母子关系。

董倩：您怎么看待这个选择？

朱晓娟：我觉得他很幼稚，那么大了，应该有辨别是非的能力了。

董倩：您现在对这个刘金心抱有什么希望吗？

朱晓娟：抱有希望，希望他变好。

董倩：现在还会在他身上花精力，付出爱吗？

朱晓娟：肯定，毕竟还是我自己的儿子。他从16岁开始就在外面打工。保姆跟他讲，他亲生父母当年条件很好，很有钱，如果现在找到他们的话，可能会更好。

董倩：想甩掉这个孩子，是吧？

朱晓娟：对。他影响了我的一生，很无奈。35岁那年我能出国留学，家里人都劝我，小孩废了，个人发展了又有什么意义？我最后决定放弃出去，把精力和时间放他身上。

董倩：如果找不到这个孩子，可能心里还会保留一份爱。

朱晓娟：肯定一直留着，我还会继续找小孩，找回来了也会给予这份爱。命运开了一个很大很大的玩笑。

董倩：如果从最乐观的角度看待这件事情，您现在有3个儿子了。

朱晓娟：说实话，儿子养多了，有出息，也有本事，我会很自豪。如果当中一个有问题，就是悲剧，我还得管他，担忧他的生存问题。对我来说后半生都会有很大阴影。

董倩：换一个角度讲，刘金心虽然认亲了，但他已经成年，您过您的，他过他的呢？

朱晓娟：他毕竟是我的儿子，我是母亲，我还得去关心。

董倩：这么久都没有联系了，要是狠狠心，从心里面把他抹掉，做得到吗？

朱晓娟：做不到，想过那么做，但肯定做不到。

董倩：下一步准备怎么办？

朱晓娟：准备走司法程序。我会告相关的人，我要维护自己的权利。

（文字整理：陈俊余、陈剑平）